To: Dennis Sharp
May this book stimulate your interest in Brazilian architecture and improve your knowledge of Dutch. It was great to work on Oscar Niemeyer with you!
Paul Meurs 25 IX '98

Brazilië

laboratorium van architectuur en stedenbouw

Braz

NAi Uitgevers

zilië

laboratorium van architectuur en stedenbouw

redactie

Paul Meurs en Esther Agricola

Deze publicatie werd mogelijk gemaakt dankzij financiële steun van:

ENCI, 's-Hertogenbosch
Nederlands Instituut voor Ruimtelijke Ordening en Volkshuisvesting (NIROV), Den Haag
Mabon bv, Rijswijk
Febelcem, Gent
Van Eesteren, Fluck en Van Lohuizen Stichting, Den Haag
Rijksdienst voor de Monumentenzorg, Zeist
Rijksplanologische Dienst, Den Haag
VARIG Brazilian Airlines, Schiphol
dienst Stedebouw + Volkshuisvesting, gemeente Rotterdam
Gemeentebestuur Groningen
Dienst Stadsontwikkeling en grondzaken, gemeente Maastricht
Dienst Stedelijke Ontwikkeling/RO, gemeente Den Haag
Milieudienst, gemeente Amsterdam
The Urban Fabric, Utrecht
Architectenbureau W. Grotebreg, Zutphen
de architectengroep, Amsterdam
Architekten Associatie Van Heumen + Thole, Zaltbommel
Architektenburo Van der Laan bv, 's-Hertogenbosch
Archivolt Architecten bna, Amsterdam
Bureau Ria Smit Architect, Amsterdam
bv Ontwerpbureau Teun Koolhaas Associates, Almere
Claus en Kaan Architecten bna, Amsterdam/Rotterdam
Daad Architecten, Borger
EGM Architecten, Dordrecht
Hein Struben Advies bv, Overveen
Kokon Architecten, Rotterdam
Kuiper Compagnons, Arnhem/Rotterdam
Roelf Steenhuis Architecten bv, Delft
W/E adviseurs duurzaam bouwen, Gouda

hoofdsponsor

ENCI

RIO
JAN

DE
IRO

Voorwoord

Een studiereis naar Brazilië zet aan tot discussie; discussies over mens en maatschappij, kunst en cultuur, techniek en economie. Prikkelende discussies en inspirerende stimulansen hebben we nodig om verstarring te voorkomen en nieuwe visies te ontwikkelen.

Deze publicatie is ontstaan uit zo'n studiereis. Een reis vol indringende confrontaties met stedenbouw en architectuur in Brazilië. Het Nederlands Instituut voor Ruimtelijke Ordening en Volkshuisvesting (NIROV) organiseerde deze reis (voorjaar 1997) op verzoek van de Nederlandse cementindustrie. Het programma van de reis is ontwikkeld en begeleid door The Urban Fabric.

Het idee voor de reis moet worden geplaatst in het kader van de Nederlandse bouwopgave voor de komende jaren op het gebied van de stedelijke vernieuwing en verdichting. Deze opgave is complex en vergt een brede visie op zowel maatschappij als techniek. Brazilië is daarvoor een rijke inspiratiebron. In Brazilië zijn immers vele interessante voorbeelden te vinden van geslaagde en minder geslaagde oplossingen voor het bouwen met hoge dichtheden en meervoudig grondgebruik, het inrichten van de openbare ruimte en het omgaan met onvoorziene ontwikkelingen.

Deze publicatie is meer dan een neerslag van impressies en reflecties van de deelnemers aan de reis. Het is ook en vooral een documentatie van de belangrijkste stedenbouwkundige en architectonische ontwikkelingen in Brazilië. Behalve de vier bezochte steden Rio de Janeiro, São Paulo, Brasília en Salvador wordt in dit boek ook aandacht besteed aan de stad

Curitiba. Dankzij essays van prominente Braziliaanse auteurs en korte bijdragen van Nederlandse vakgenoten die een speciale band hebben met Brazilië, is een bijzonder waardevol document ontstaan dat ook op zichzelf zal stimuleren tot dynamisch vakmanschap in de Nederlandse ontwerpwereld.

Architecten en stedenbouwers zijn voor de Nederlandse cementindustrie zelden directe gesprekspartners. De tussenstap is beton. Namens de Nederlandse cementindustrie, ENCI, spreekt de brancheorganisatie VNC de ontwerpers aan op creatief en optimaal gebruik van de eigen aardigheden van beton en wil daarmee zelf ook aangesproken worden op ondersteuning en ontwikkeling. Dat verklaart de participatie in deze publicatie.

Vele personen en partijen hebben met financiële en inhoudelijke bijdragen deze uitgave mogelijk gemaakt. Meer dan een opsomming van alle betrokkenen overtuigt het lezen van en kijken naar de gebundelde kwaliteit in dit boek. Het resultaat van de gezamenlijke inspanningen verdient een groot compliment.

Hans Köhne
ENCI Marketing, 's-Hertogenbosch

BRAS

SÍLIA

CURI

TIBA

Inleiding

Ruim vijf jaar geleden, in december 1993, organiseerde het Nederlands Instituut voor Ruimtelijke Ordening en Volkshuisvesting (NIROV) een internationale conferentie in Dordrecht. Onder de titel *Ecological Strategies for Cities* werden *best practices* uit allerlei landen gepresenteerd. De Braziliaanse stad Curitiba was het onderwerp van één van de presentaties. Zij werd toegelicht door Lianna Vallicelli van het planningsinstituut in deze stad, IPPUC.

Jenneken Berends van de Rijksplanologische Dienst had vooraf gesuggereerd Paul Meurs (The Urban Fabric) als gast uit te nodigen, want hij kende het geval Curitiba. Na afloop van de conferentie deed Meurs mij het voorstel in Curitiba te gaan kijken. Zo ontstond het plan een studiereis te organiseren om vakgenoten en bestuurders kennis te laten maken met deze ecologische parel van het zuidelijk halfrond. Ik had zo mijn twijfels of er wel voldoende interesse zou zijn, maar Meurs hield aan en we schreven een programma.

In het voorjaar van 1995 vertrok een veertigtal Nederlandse bestuurders en stadsplanners richting Curitiba om de stad met eigen ogen te aanschouwen. Het werd de eerste van een serie studiereizen naar Brazilië. De deelnemers kregen de reis niet voor niks: er was een zwaar programma, veel verplichte documentatie en professionele uitwisselingen ten kantore van de gemeentelijke diensten in Curitiba.

Curitiba is een fenomeen van de eerste orde: hier wordt duurzame stedenbouw gerealiseerd, waarvan een groot deel van de bevolking profijt trekt. Hoe dit succes precies moet worden verklaard, is moeilijk te zeggen. Ik houd het op de juiste bestuurders met het juiste concept op het juiste tijdstip.[1] Eigenlijk wordt dit wonder pas echt duidelijk door de confrontatie met de rest van Brazilië. Uit behoefte aan dit bredere referentiekader werden tijdens de studiereizen in 1996 en 1997 dan ook andere steden in Brazilië aan het reisschema toegevoegd.

De enorme verschillen in stedelijke cultuur in Brazilië bieden een staalkaart van stedenbouwkundige concepten, moderne architectuur en planning. Brazilië is een bruisend laboratorium van architectuur en stedenbouw.[2] Curitiba kreeg wereldwijde faam als duurzame metropool, als groene utopie. De hoofdstad Brasília is de meest complete modernistische ideaalstad die werd gebouwd en prijkt als zodanig zelfs op de lijst van werelderfgoed van UNESCO. Brasília en Curitiba zijn tegenpolen. Een ander aansprekend koppel wordt gevormd door de megapolen São Paulo en Rio de Janeiro. São Paulo ontwikkelde zich in een eeuw tijd van een provinciestadje tot het economische hart van Zuid-Amerika met achttien miljoen inwoners. Hier kan de vrije marktwerking in al zijn extremen worden ervaren. In Rio de Janeiro, *the marvelous city*, heeft de miljoenenstad zich genesteld in een exuberant landschap van bergen, de Guanabarabaai en de oceaan. De overal voelbare natuur heeft het stedelijk leven gekleurd en een groots stadslandschap opgeleverd. Ten slotte geeft de koloniale stad Salvador da Bahia het begrip historische stad een nieuwe dimensie. De Europese, Afrikaanse en Zuid-Amerikaanse invloeden zijn hier versmolten tot een even vitale als meeslepende Bahiaanse cultuur.

De steden van Brazilië zijn een onuitputtelijke inspiratiebron, vol voorbeelden van durf, ambitie, originaliteit en solidariteit met de gewone Braziliaan. Maar de medaille heeft ook een keerzijde van moedwil en misverstand – verkeerde concepten van verkeerde bestuurders op het verkeerde moment – in een context van soms negentiende-eeuws kapitalisme.

SALVA
Gem's

ADOR
SENAC
PELOURINHO
RESTAURANTE ESCOLA

Het spectaculaire van het land komt vooral tot uitdrukking in de veelheid, de snelheid, de schaal en de extremiteit.[3] In São Paulo kan men het stadscentrum letterlijk zien verschuiven. In de satellieten van Brasília zijn de verschillende groeistadia van de Braziliaanse stad zichtbaar in tal van nieuwe nederzettingen; de schaal van de openbare ruimte is hier zelfs met een panoramacamera niet te vangen. En de snelheid waarmee het monumentale centrum van Salvador werd gerestaureerd is ronduit adembenemend.

Voor Nederlandse ontwerpers en planners bieden de Braziliaanse steden talloze aanknopingspunten voor de eigen bouwpraktijk. Voorbeelden zijn het gestapeld wonen in het groen in Parque Guinle in Rio de Janeiro of de fraaie staaltjes van intensief ruimtegebruik in São Paulo. Maar ook de *gated communities* waar de *upper middle-class* en de rijken zich in hoogbouw hebben verschanst achter hoge muren en de opkomst van de semi-openbare ruimte geven inzicht in ontwikkelingen waar we in ons land nog maar sinds kort mee worden geconfronteerd.

Aantrekkelijk en afschrikwekkend tegelijk, het leven in vol ornaat. Ik denk dat de fascinatie voor Brazilië ook met de contrasten heeft te maken. Wij leven (nog) in een beschermd hoekje van de wereld en zien in Brazilië een *struggle for life* die met grote vitaliteit en vaak ook vrolijkheid wordt gevoerd.[4] Brazilië leert dat de mens een taai fenomeen is, die ook onder moeilijke omstandigheden tot grootse dingen in staat is. Dat geeft de burger, en de vakgenoot, moed.

Deze bundel biedt een breed scala aan beelden en beschouwingen van de vele deelnemers aan de studiereizen in de afgelopen jaren. Daarnaast waren we in de gelegenheid teksten van Nederlandse collega's als Jo Coenen, Aldo van Eyck en Hubert-Jan Henket op te nemen, die op een andere wijze met Brazilië in aanraking zijn gekomen. Bovendien hebben we, evenals tijdens de studiereizen, zo veel mogelijk ruimte gegeven aan Braziliaanse collega's teneinde hen ook hun eigen verhaal te laten vertellen. Zo werd het boek een caleidoscoop van ervaringen, impressies en achtergronden. Een bron van inspiratie en naar we hopen een stimulans voor iedereen die zijn horizon wil verruimen.

Jaap Modder
directeur NIROV, Den Haag

1 Jonathan Rabinovitch en Josef Leitman, 'Urban Planning in Curitiba', *The Scientific American*, maart 1996, pp. 26-33.

2 Ineke Holtwijk, 'Het hoeft niet perse netjes', *de Volkskrant*, 13 mei 1997.

3 Zie ook *Archis* 1997, nr. 11 en 1998, nr. 1 grotendeels gewijd aan Brazilië, met artikelen van Hans van Dijk, Paul Meurs en Hugo Segawa.

4 De correspondente Latijns Amerika van *de Volkskrant*, Ineke Holtwijk, schreef er een kleurrijk boek over: *Kannibalen in Rio. Impressies uit Brazilië*, Amsterdam 1995.

SÃO
PAU

Schetsen Hans Putter

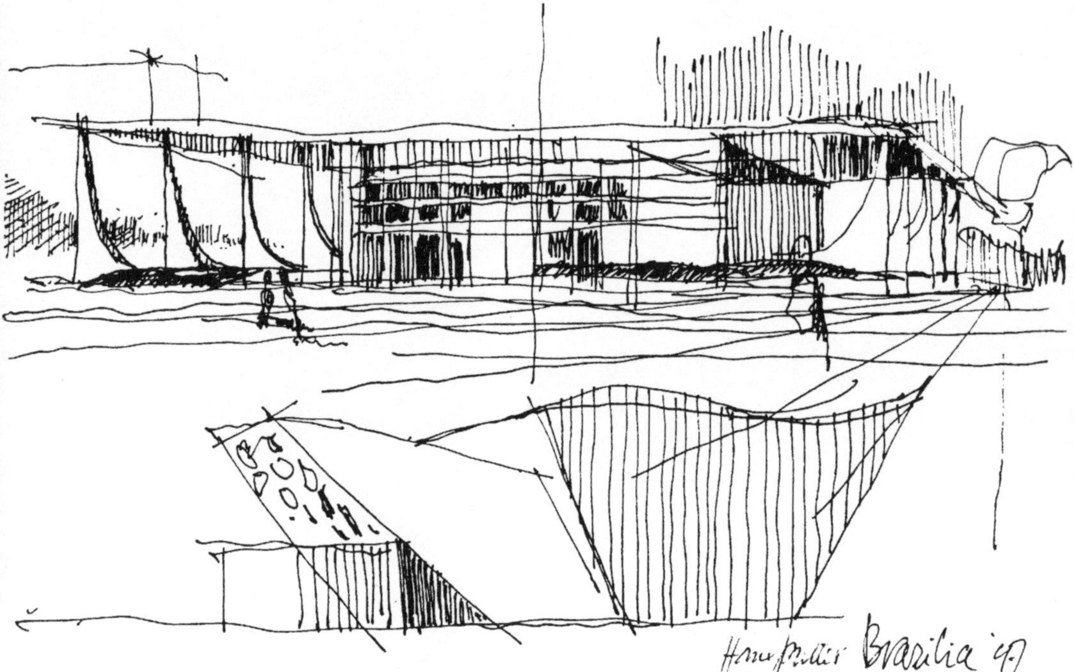
Brasilia '97

Salvador 99

Hans Petter

geel en grijs
beige
Flamenco park
'97
Hans Ruijssenaars

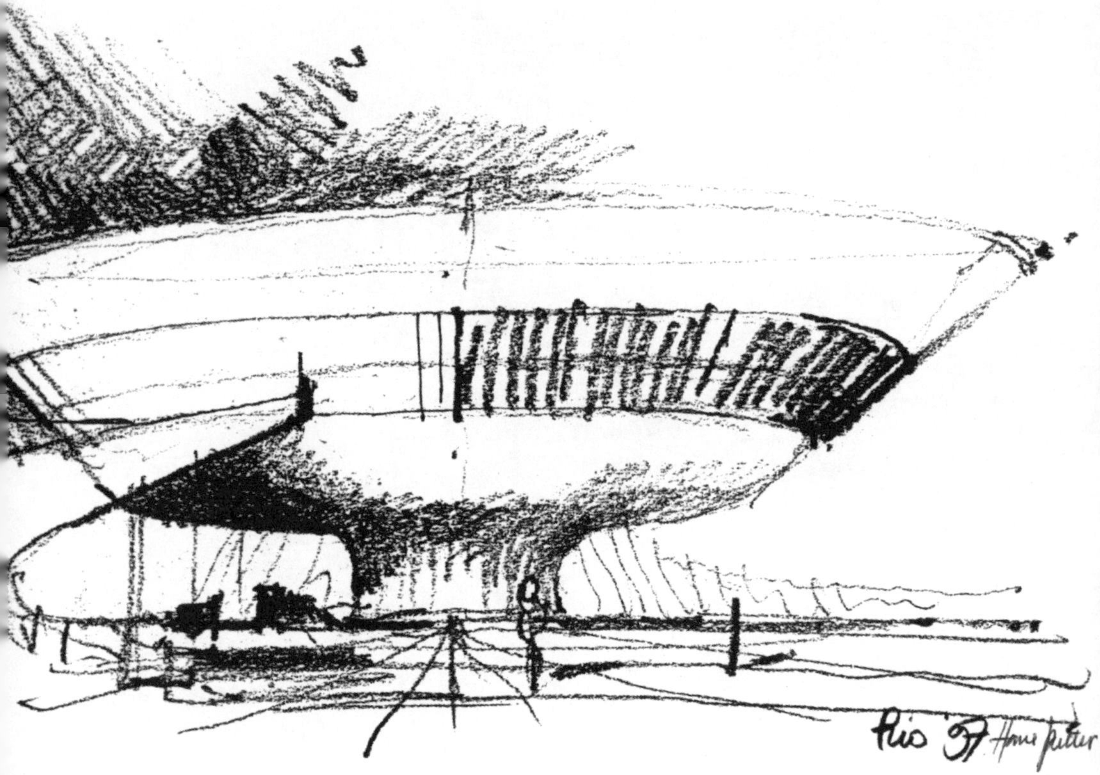
Rio '97 Hans Peter

Schetsen Peter Thole

30/4 97 NIEMEYER EN ROUTE

30/4/99 MAISON DE FRANCE (LI
ACAD. BRAS DE LETRAS (MI

6/5 99
LINA BB
SAO PAULO

9
3 97

Rio de Janeiro

Het stadsbeeld van Rio de Janeiro wordt bepaald door de natuur: de zee, de bergen, de baai en middenin de stad liggen twee natuurgebieden, de Floresta da Tijuca en de Floresta do Maciço da Pedra Branca. Het eerstgenoemde gebied is het grootste stadsbos ter wereld en bekend vanwege de Corcovado met het Christusbeeld.

Rio de Janeiro ontstond in 1567 als Portugees bruggenhoofd in de Guanabarabaai. Het werd de hoofdstad van de kolonie in 1763, nadat goud was gevonden in het binnenland van de staat Minas Gerais. In 1808 vluchtte de Portugese hofhouding voor Napoleon naar Rio. Na het vertrek van de Portugese koning in 1822 werd Brazilië onafhankelijk, eerst als keizerrijk en na 1890 als republiek. Al die tijd bleef Rio de Janeiro de hoofdstad. In 1960 kwam daar een eind aan met de bouw van Brasília. Behalve de politieke macht verdween toen ook een deel van de economische macht uit Rio naar São Paulo. Toch produceert de stad nog steeds negen procent van het Braziliaanse bruto nationaal product. Met veertig miljard dollar is de economie van Rio de Janeiro zo groot als die van heel Chili.

Rio heeft een lange traditie van op Europese leest geschoeide stedenbouw. Men trachtte zowel met de natuurlijke omstandigheden af te rekenen (door

tunnels, aanplempingen en egalisaties), als er optimaal profijt van de trekken (in natuurgebieden, stranden, boulevards en verfraaiingsplannen). Vanwege het gebrek aan ruimte tussen de bergen en de zee hebben de rijke woonwijken een zeer hoge dichtheid. Voorbeelden zijn Flamengo, Botafogo, Copacabana, Leblon, Ipanema en Jardim Botânico. In het centrum van Rio liggen koloniale pleinen met monumenten, boulevards in de stijl van Haussmann en modernistische snelwegen naast en over elkaar heen. Het project Corredor Cultural richt zich al meer dan tien jaar op het opknappen van historische panden en traditionele pleinen. Het historische ensemble maakt dankzij dit project weer volop deel uit van het metropolitane stadshart. Bekende parken zijn de Passeio Público in het centrum en de eeuwenoude Botanische Tuin aan de voet van de Corcovadoberg. In de keten van uitbreidingswijken die vanuit het centrum van Rio de Janeiro langs de baai en de oceaan voert, liggen diverse projecten van Roberto Burle Marx. Hij ontwierp het Flamengopark met een snelweg op een strook grond die in de baai is aangeplempt. Verder was hij verantwoordelijk voor het project Avenida Atlântica in Copacabana: de strandboulevard met een bestrating van golfpatronen. Recente initiatieven voor het verbeteren van de openbare ruimte zijn gebundeld in het project Rio Cidade, dat gebaseerd is op Barcelona. Een ander project van de gemeente heet Favela-Bairro. Dit stelt zich ten doel de krottenwijken (favelas) in de stad op te nemen en ze te veranderen in gewone woonwijken (bairros). Bij deze meer op volkshuisvesting en sociale verbetering gerichte activiteit is de inrichting van de openbare ruimte een belangrijk instrument.

De architect Oscar Niemeyer heeft vanaf de jaren dertig tot op de dag van vandaag met generatiegenoten als Lúcio Costa (stedenbouw en monumentenzorg), Affonso Eduardo Reidy (parken en sociale projecten) en Roberto Burle Marx (landschapsarchitectuur) het gezicht van de Braziliaanse architectuur bepaald. Vanaf 1936, toen Le Corbusier met zes jonge Braziliaanse architecten (waaronder Costa, Niemeyer en Reidy) het Ministerie van Onderwijs en Gezondheidszorg ontwierp, werd in Rio de Janeiro een regionale, moderne stijl ontwikkeld die vooral in de jaren vijftig wereldwijd de aandacht trok. Kenmerkend zijn de grootschalige betontoepassingen. Verder werden in verband met het klimaat dubbele gevels, **brises,** ***overstekken en traliewerken gebruikt en werd de begane grond vaak opengelaten teneinde een doorlopende buitenruimte en beschutte terrassen te creëren.***

Ondanks de prachtige omstandigheden is Rio de Janeiro ook een metropool vol verval. Nergens in Brazilië is het contrast en het conflict tussen het paradijselijke en het infernale zo duidelijk als in deze stad. Dat uit zich onder meer in de architectuur en de stedenbouw. Enerzijds is Rio de Janeiro de stad van de beroemde ontwerpers Niemeyer, Costa en Burle Marx. Anderzijds staat in Rio de berg Favela, tegenwoordig het Braziliaanse synoniem voor krottenwijk. Zelfs op de heerlijke stranden Ipanema en Copacabana valt niet te ontsnappen aan dit andere Brazilië, dat in de vorm van krottenwijken tegen de berghellingen op woekert.

Braziliaanse architectuur en de mythen van het paradijs

Margareth da Silva Pereira

De Europeanen die kort na 1500 Brazilië aandeden, zoals Caminha en Vespucci, toonden zich in hun reisverslagen verrukt en verward over het Braziliaanse landschap. Zij zagen zich plotseling geplaatst voor een maagdelijke natuur die van een oneindige grootsheid was. Met recht was dit de Nieuwe Wereld, want het Europese referentiekader bood geen enkel houvast. Ieder teken van menselijk handelen of geschiedenis ontbrak. Moest deze wildernis door de beschaving getemd worden of was er sprake van een aards paradijs waaraan niets viel toe te voegen?

De Franse antropoloog Claude Lévi-Strauss die in de jaren dertig onderzoek deed in Brazilië en hieraan het boek *Tristes tropiques* (1955) wijdde, voelde eenzelfde vervreemding ten opzichte van het landschap als vier eeuwen eerder de ontdekkingsreizigers. Hij verbaasde zich over de radicale tegenstelling tussen mens en natuur. In Europa, waar het landschap door de mens was gevormd, bestond volgens hem zoiets allang niet meer. Zelfs de meest woeste gebieden waren daar beschreven, vastgelegd en zo onderdeel van de geschiedenis geworden.

De spanning tussen het kunstmatige en het natuurlijke vormt al bijna vijfhonderd jaar een constante in Brazilië. Steeds keren drie soorten reacties op de natuur terug. Ten eerste het idee dat de mens zich kan overgeven aan de orde en kalmte van het net ontdekte Arcadië.

Copacabana, Rio de Janeiro. De stad ingeklemd tussen de Atlantische Oceaan en de bergen.

Verblind door de overweldigende natuur en bevangen door loomheid laat men zich opgaan in het paradijs. Een andere reactie is precies de tegenovergestelde, namelijk het scheppen van een tweede, 'menselijke' natuur als grondslag van orde. Men zoekt naar de vertrouwdheid van een citadel of serene tuin, naar een eiland van stabiliteit in de excessieve, inheemse natuur. Een derde streven behelst de paradoxale opgave te bouwen in het paradijs en te zoeken naar een dialoog tussen de vestiging van de mens en de aanwezigheid van de natuur door middel van intermediaire ruimten met een natuurlijke kunstmatigheid of kunstmatige natuurlijkheid.

De ontdekking van het paradijs

De intense smaken, geluiden, kleuren en geuren van Brazilië zetten de eerste zeevaarders en kolonisators aan tot scherpe observaties. Hun verslagen en visies getuigen van een ongebruikelijke waarneming van bomen, vruchten, dieren, zelfs van andere mensen alsook van de ruimte die zich aan hen openbaarde. Het onbekende universum droeg bij tot de 'ontgoddelijking' van de natuur en bracht haar terug tot een empirische realiteit die door de mens ontdekt, verkend en benut kon worden. Maar de natuur was ook een gevaarlijke bron van verleiding en zonde. De reizigers waanden zich in een wereld van tegenstellingen, overvloed en wellust. De natuur, mooi en gevaarlijk tegelijk, putte de zintuigen uit zonder de mensen tot God te brengen of hen ontvankelijk te maken voor zijn gratie.

Gedreven door geloof, ketterij, hebzucht of wellust ontdekten de 'ontaarde Europeanen' elk op eigen wijze de haast goddelijke kracht van de menselijke geest. Het uit Europa vertrouwde wereldbeeld deed zich in Brazilië voor als een ruïne of een fata morgana. Men ging zich beseffen dat in de Nieuwe Wereld het ideaal niet te vinden was in het beheersen van de natuur of het corrigeren van de geschiedenis, maar in een toekomst die nog gestalte moest krijgen en daarom nog zonder gezicht en zonder plaats was. Deze Europeanen ontdekten dat het menselijk bestaan zich kon onttrekken aan een vooropgezet doel, aan principes of wetten, en zich kon voordoen als zuiver toeval.[1] Het model van de Nieuwe Wereld liet zich niet in het heden of verleden plaatsen maar in de toekomst, in utopieën. Het feit dat deze visie op de natuur het verleden isoleerde en zich alleen richtte op toekomstige ontwikkelingen gaf de Europeanen een compleet oorspronkelijke houding (van ongemak) ten aanzien van natuur en geschiedenis.

De gevoeligheid ten opzichte van de grootse en ongebruikelijke landschappen spreekt sterk uit de culturele productie van Hollanders die tussen 1635 en 1654 Noordoost-Brazilië koloniseerden. Dat geldt vooral voor het werk van de schilders in het gevolg van gouverneur Maurits van Nassau. Albert Eckhout bijvoorbeeld, richtte zijn blik op passievruchten, watermeloenen, zeeschildpadden en *mamelucos* (Indiaanse halfbloeden) en bracht deze minutieus in beeld. Hij leverde daarmee een belangrijke bijdrage aan de etnografie van Brazilië. Eenzelfde gevoeligheid, maar anders uitgewerkt, zit in het werk van Frans Post en Gillis Peeters. Zij reflecteerden op het handelen van de mens door nieuwe werelden te schilderen, werelden waar de geschiedenis in duigen lag en de toekomst in vage contouren was gehuld. De ruïnes van Olinda, de stad die op de Portugezen was veroverd en grotendeels was verwoest, vormden dan ook een geliefd thema.

Post en Peeters schilderden een samenleving in staat van paraatheid, die zich vanuit de ratio wilde vormen. Op de voorgrond beeldden ze echter steevast de beperkingen van dit project af. Zo liet Peeters in een doek met uitzicht vanaf de ruïnes van Olinda naar Recife zien dat de menselijke werken werden geboren uit een nieuw plan, de complexe fortificaties rond Recife, maar dat het ontwerp nog open was; de contouren gingen verloren in het diffuse licht. Uit de schilderijen van Frans Post spreekt eveneens de onzekerheid en onbestemdheid van de Nieuwe Wereld: het verleden bestaat uit ruïnes en de toekomst is nog onduidelijk. De voorstelling wordt tot in het oneindige omgeven door natuur, een paar mannen liggen lui te slapen en anderen lopen heen en weer, zijn voortdurend in beweging. De scènes zijn tragisch, dramatisch of banaal, maar het is vrijwel onmogelijk om direct het onderwerp te begrijpen: het zijn brokstukken van een gefragmentariseerde realiteit. Ze laten mensen zonder oorsprong en zonder bestemming zien. De figuren van Post zijn gevangen in de onzekerheid te bouwen of te vechten, te gaan of te komen, te leven of te overleven.

Reflecties op Europa

De verslagen uit de Nieuwe Wereld hadden een weerslag op het denken in Europa. Zo droegen de beschrijvingen van de natuur bij tot een theologische crisis. De jezuïet Simão de Vasconcelos schreef halverwege de zeventiende eeuw over een aards paradijs dat zich iets ten zuiden van de evenaar zou bevinden. Deze veronderstelling was, misschien nog wel meer dan de geschriften van Luther en Calvijn, een kiem van ketterij en ontwrichting omdat het paradijs in verband werd gebracht met observaties van 'verkeerde mannen' zonder geloof, zonder wet en zonder koning. Ze suggereerden in zekere zin dat het goddelijke woord in werkelijkheid een menselijke en overbodige kunstmatigheid was.

De spanning tussen het natuurlijke en het kunstmatige, het kenmerkende van de opbouw van de Braziliaanse kolonie, liep in feite vooruit op de geschriften die tijdens de Verlichting in Europa aan dit onderwerp werden gewijd. De Engelsman John Dennis sprak aan het einde van de zeventiende eeuw over de verschillende gedaanten van de natuur. Hij bracht een onderscheid aan tussen de kalme natuur van valleien en tuinen (een plaats voor meditatie) en de wilde natuur van het berglandschap – 'ruïnes van een oerwereld' – die geweld en extase opwekt (een appèl aan de passies). Diderot stelde de natuur voor als een vrouw die steeds een ander masker opzet en zo ongrijpbaar, ondenkbaar en onbestaanbaar blijft. Voltaire zag de natuur als een uitdrukking van de mens en noemde haar kunstmatig omdat alles was onderworpen aan wetmatigheden en regels: de getijden op zee, het verrijzen van de bergen, het stromen van de rivieren. In de Verlichting kreeg de natuur aldus contouren van realiteit, maar tegelijk verstopte ze zich in een veelheid aan betekenissen: esthetisch, universeel, onveranderlijk, spontaan, onberekend, noodzakelijk, geordend. De vele aspecten van de natuur konden nooit in één concept worden gevangen.[2]

Het kunstmatige paradijs: import van geschiedenis en natuur

Het idee van natuurlijke natuur en menselijke natuur zoals dat tijdens de Verlichting in Europa vorm kreeg, had in de achttiende en negentiende eeuw in Brazilië grote invloed op architectuur, stedenbouw en schilderkunst. Anders dan tijdens de eerste eeuwen van de kolonisatie werd de natuur niet langer beschouwd als teken van een beschaving in verval. De relatie tussen natuur en artefact riep geen conflict meer op, maar continuïteit: de natuur werd opgevat als geschiedenis. Zij vormde de historische context van nederzettingen die verspreid waren over alle uithoeken van het Amerikaanse continent.[3]

De zoektocht naar mythische paradijzen werd beëindigd omdat de Nieuwe Wereld met zijn wildernis niet een plotselinge verschijning van het goddelijke bracht; dat bleek juist in alles afwezig te zijn. De vochtige gebieden met hun kleine dieren, baardloze Indianen en hun onbegrensdheid vol slangen en reptielen reflecteerden slechts een beschaving in haar kinderschoenen.[4] Voortaan werden de rustige landschappen van de Hof van Eden gemaakt door landschapsarchitecten die een ideale natuur samenstelden uit bomen, stenen, meren, dieren en kunstmatige constructies. De tuinkunst als oefening van het pittoreske won terrein. De Braziliaanse steden kwamen vol te staan met bomen en pleinen en de pleinen vulden zich op hun beurt met bustes en beelden. Niet alleen de concepten, maar ook de materialen werden ingevoerd. De meeste planten en bomen die de steden opluisterden, kwamen oorspronkelijk niet in Brazilië voor.

In de negentiende eeuw overheerste het positieve idee dat steden georganiseerd konden worden met behulp van kunstzinnige en historische monumenten. Deze opvatting beïnvloedde zelfs de visies op het paradijs. De palmen die vanaf de Carta Mundus Novus van Vespucci alle plaatwerken over Brazilië opluisterden en die sindsdien hadden gediend als dak boven het huis van Adam in het paradijs, kregen een plaats in de verbeelding van de natie. Tientallen (uitheemse) keizerlijke palmbomen werden geplant rondom adellijke woonhuizen en openbare gebouwen. Meer dan een markering van de aanwezigheid van het Portugese hof in Rio, wat de gebruikelijke verklaring voor hun plaatsing in tuinen en bij paleizen is, bleven zij zwijgend de poorten van het paradijs bewaken.

De tweede, kunstmatige natuur kreeg in Brazilië te maken met iets dat in Europa niet bestond. Zij moest concurreren met de werkelijke natuur, een op voorhand onmogelijke opgave. Zo werd de Passeio Público in Rio de Janeiro ingericht met bloembedden, beelden, een fontein en zeldzame, exotische plantensoorten, maar daarmee werd het landschap van de Guanabarabaai niet overtroffen, integendeel. Zelfs de beroemde tuin van Solar da Bandeira, 'de parel en de trots van Bahia', kon de kracht van het natuurlijke landschap rond de Allerheiligenbaai niet breken. De tuin werd ondanks de prachtige aanleg afgeschilderd als een 'slecht gemaakte grot van vulgaire schelpen, misplaatst in het land met grootse natuur en de schone variëteit ervan'.[5] Tal van reizigers die Brazilië in de negentiende eeuw aandeden, bleven dromen van de immense, natuurlijke 'panorama's' als plaats van overdenking, ook al lagen in datzelfde landschap de nachtmerrie, het lijden en zelfs de waanzin verscholen.

Het is niet verwonderlijk dat, om een antwoord te kunnen geven op de werkelijke, exotische natuur van Brazilië, vooral steden die veel contact hadden met Europa de westerse traditie importeerden. Deze traditie zou twee eeuwen lang de Braziliaanse bouwkunst bepalen; de wereld als harmonieuze, goddelijke schepping kon slechts doorgrond worden door de wetten van de natuur te onderzoeken. Het klassieke ideaal had tot doel de mens van de barbaarsheid te redden en hem beschaving te brengen.

In 1816 werd een groep Franse kunstenaars naar Brazilië gehaald. Zij zouden veel invloed hebben op het artistieke klimaat van de negentiende eeuw. De architect Grandjean de Montigny stichtte in Rio de Janeiro de Escola Nacional de Belas Artes, die vergelijkbaar was met de Franse Académie des Beaux Arts, en ontwierp geheel volgens de traditie van deze school tal van classicistische gebouwen. Dankzij het architectuuronderwijs kregen de ideeën die op de Escola Nacional werden verkondigd overal in het land navolging; de kunst diende het volk te onderrichten met voorbeelden die de autoriteit en de universele, allesomvattende dimensie van de geschiedenis bevestigden. Dit gold zowel voor de meeste stedelijke projecten van Grandjean de Montigny als voor het op Haussmann gebaseerde reconstructieplan voor Rio de Janeiro uit 1910.

Moderne architectuur: bouwen in het paradijs

Met de moderne beweging en vooral na het bezoek van Le Corbusier werd de potentie van het exuberante, tropische landschap opnieuw ontdekt. Aan het einde van de jaren twintig noteerde de Franse schrijver (en vriend van Le Corbusier) Blaise Cendrars: 'In Brazilië en in Rio wordt wat men ook doet met de kleine stedenbouw altijd verpletterd door het landschap'.[6] Le Corbusier gaf een uitweg aan door de geschiedschrijving opnieuw te formuleren en aanknopingspunten te geven voor een dialoog met de mythen: 'Vanwege een magnifieke ligging kan de mens hier nogmaals realiseren wat Griekenland deed met de Acropolis en Rome met de zeven heuvels: zich opdringen aan het landschap met de juiste architectuur. [...] Wanneer alles een feest is, wanneer uit de tropische zomer het groen ontspruit aan de azuurblauwe waterkanten rond de rozige rotsen, wanneer we in Rio de Janeiro zijn, de potloodblauwe baaien, hemel en water die zich opvolgen in bogen met witte kades en rozige stranden .. wanneer alles dus feest en spektakel is, alles in ons blijdschap is, alles bijeenkomt om een bloeiend idee te beschermen, worden we bevangen door een vurig verlangen, waanzinnig wellicht, om ook hier een menselijk avontuur te beginnen, het spel van de menselijke affirmatie tegen de aanwezigheid van de natuur'.[7]

volgende pagina's Een fragment van de gesloopte Escola Nacional de Belas Artes (1826) werd in 1940 door Lúcio Costa in de Jardim Botânico opgesteld (links). Frans Post, *Braziliaans landschap,* 1667 (rechts).

Deze woorden brachten de droom die een eeuw lang bedekt was geweest door het gewicht van de geschiedenis weer tot leven, en nu explodeerde hij in al zijn hevigheid. Het was de wens om nieuw te bouwen. De tuin werd een antagonisme: de vruchten werden verbonden met de handen van de mens, de architect, waardoor een nieuwe geschiedenis kon worden geschreven. In naam van deze geschiedenis werd de fixatie op neoklassieke en eclectische gebouwen ontmanteld en vervangen door een nieuwe taal die tegelijk het tijdloze ambieerde. Zelfs het gebouw van de Escola Nacional de Belas Artes, het symbool van kunst en geschiedenis, bezweek onder de nieuwe principes. Het voorportaal werd uit de ruïne gered en in 1940 opgesteld in de Jardim Botânico, omgeven door palmbomen en overwoekerd door bamboe; een overwinning van de 'vrije republiek van planten' en de naturalistische ideologie.

Tussen 1940 en 1960 vond de architectuurpraktijk in Brazilië – vooral de praktijk die zich presenteerde met de corbusiaanse stem van een gewurgde droom – zijn kracht in de inventie en wel door uitgerekend het oude spel van menselijke affirmatie tegenover de aanwezigheid van de natuur te bepleiten. De vormen werden steeds opener: *fenêtres en longeur,* patio's, terrassen, warandes en zelfs series van ruimten of elementen op de grens van natuur en constructie gaven de gebouwen betekenis als schuilplaats voor het ervaren en overdenken van de natuur.

De *pilotis* die in het oorspronkelijke corbusiaanse voorstel zaten, kwamen in de voorstellen van de architecten uit Rio in oneindig veel varianten terug en herstelden zo de aloude relatie met de natuur. Portalen, open en halfopen warandes, overdekte en open passages, patio's, pergola's, *brises,* houten rasters, keramische gaaswerken en geperforeerde betonelementen waren oplossingen die op de tekentafels ontstonden. De gebouwen waren niet langer manifesten van cultuur tegenover natuur, maar werden het gezicht van de dialoog met de natuur. Om deze toenadering te realiseren, betraden architectuur en landschapsarchitectuur elkaars terrein. Het grensgebied tussen natuur en artefact werd niet alleen verrijkt met architectonische ruimten en elementen, maar ook met landschapsontwerpen. Roberto Burle Marx, die nauw samenwerkte met moderne architecten, leidde in zijn tuinontwerpen de architectuur naar het landschap.

Van de als modern gekwalificeerde generatie architecten werd Lúcio Costa de grote theoreticus. Meer dan te schrijven over het nieuwe, richtte hij zich op het blootleggen van de relatie tussen artefact en natuur. Hij actualiseerde de mythische vertellingen en plaatste ze op zijn manier terug in de geschiedenis. Costa's bijdrage aan de Braziliaanse architectuur was niet zozeer een half dozijn reproduceerbare vormen, als wel een rijke erfenis van vraagstukken.

In Costa's werk moet niet de euforie maar de melancholie in relatie tot architectuur en natuur nog verder worden onderzocht. De euforie resulteerde in het Ministerie van Onderwijs (1936) en in de stad Brasília (1957), het ultieme voorbeeld van geloof in de mogelijkheden van het menselijke gebaar. Zijn enthousiasme voor Barra da Tijuca (1969) en Parque Guinle (1948), beide in Rio, is complexer omdat er een zekere melancholie uit spreekt. Deze melancholie stelt de architectuur in staat om met een reeks grenzen de overgang van artefact naar landschap op te heffen en zo de mens tot pure overdenking van de natuur te brengen.

volgende pagina's De Suikerbroodberg (Pão de Açúcar) markeert aan de ingang van de Guanabarabaai de plaats waar Rio de Janeiro ontstond. Op de voorgrond de wijk Botafogo (links). De strandboulevard van Ipanema (rechts).

Cuidado!

Riposatevi (rust uit) was het devies van Costa's project voor het Braziliaanse paviljoen op de Dertiende Triënnale van Milaan in 1964, een opstelling van veertien hangmatten en enkele gitaren met foto's van Brasília aan de wand. Rust sprak eveneens uit de vage schetsen van een bananenboom en een hangmat in het ontwerp voor de arbeidershuizen in Monlevade (1934). En rust lijkt tot slot te heersen in zowel de perspectieven met honderden palmbomen van het project Cidade Universitária (1936-1937) als de open keramische rasterwerken van de balkons van Parque Guinle. De ramen die in deze open vliesgevel zijn uitgespaard, onderstrepen de krachtige ervaring van bezinning die het begrip tijd overstijgt. Het gaat om de ongerepte, bucolische natuur, zo stelt Costa, waarin het pittoreske geheel afwezig is. Het artefact en de natuur hebben hier niet dezelfde historische continuïteit, maar veroorzaken evenmin een breuk. Beide zijn overgelaten aan de toevalligheid.

Ramen, rasters, open of gesloten warandes, *muxarabis* (moorse vensters), in werkelijkheid doet het er niet toe waar je bergen, zee, palmbomen of parken aanschouwt. Het raadselachtige van de projecten van Lúcio Costa is dat natuur en cultuur tot elkaar zijn veroordeeld en elkaar continu voeden met een gebaar. Een bevestigend en onvoorspelbaar gebaar, dat niet voortkomt uit een externe noodzaak. Het is een gebaar van zoete melancholie, van artefacten die zichzelf lijken op te willen lossen en daarmee de grens van materiële, architectonische objecten willen bereiken. Het is architectuur die details als afwerking veracht – zelfs de voorkeur geeft aan slecht afgewerkte of helemaal niet afgewerkte details – en door de tijd lijkt achterhaald. Architectuur die elke ambitie tot eeuwigheidswaarde ontbeert. Architectuur die minutieus geconcipieerd is en op die manier het paradijs wil roepen. Een paradijs dat doorsneden is met artefacten die zijn bestaan weerspreken, met objecten die ondanks hun extreme zelfontkenning de mens een confrontatie bezorgen. Niet met de tuin maar met het artefact zelf, de ruimte waarin het artefact met elk gebaar, hoe precair ook, zijn noodzakelijkheid bewijst.

Deze tekst is een verkorte en bewerkte versie van: Margareth da Silva Pereira, 'A Arquitetura Brasileira e o Mito: Notas Sobre um Velho Jogo entre "Afirmação-Homem" e "Presença-Natureza"', *Gávea 8, Revista de História da Arte e Arquitetura,* Rio de Janeiro 1990, pp. 2-21.

1 Clement Rosset, *A Anti-Natureza: elementos para uma filosofia trágica,* Rio de Janeiro 1989.

2 Ibidem. Zie het hoofdstuk 'A miragem naturalista'.

3 Zie voor de veranderde utopische ideeën in de theorievorming over de organisatie van stad en samenleving: Françoise Choay, *La règle et le modèle,* Parijs 1978.

4 Zie het hoofdstuk 'Buffon, la interioridad de las especies animales en América', in: Gerbi Antonello, *La disputa del Nuevo Mundo, história de uma polêmica; 1705-1900,* Mexico s.a.

5 Th. Lindley, *Authentic narrative of a voyage from the Cape of Good Hope to Brazil a portuguese settlement in South America in 1802-1803,* Londen 1808, p. 132.

6 Cecília Rodrigues dos Santos, Margareth e Romão da Silva Pereira en Vasco Caldeira, *Le Corbusier e o Brasil,* São Paulo 1987, p. 71.

7 Ibidem, pp. 79-98.

De elegante lijn

Schoonheid in het werk van Burle Marx

Lodewijk Baljon

De tuinen, pleinen en parken van Roberto Burle Marx (1909-1994) hebben een eigen stijl. Ze getuigen van een krachtige mix van primitieve Indiaanse culturen met complexe Afrikaanse invloeden, gecombineerd met de vindingen van de barok en verwezenlijkt met de overweldigende uitbundigheid van de tropische vegetatie.

De plekken zijn uitgesproken vormgegeven: sculpturaal met bijzondere groeivormen als blikvangers. Rijk getextuurde vlakken met rood en geel gekleurde bodembedekkers lijken geschilderd. Bladkleuren, permanent en massief, krijgen in de tuinen van Burle Marx meer nadruk dan losse bloemen; het zijn incidenten in plaats en tijd. Voortdurend spreekt uit de begroeiing een daadwerkelijke liefde voor planten, een liefde die menig hedendaags ontwerper ontbeert. De beplanting is uitbundig maar blijft in het ontwerp altijd onder controle, een kunstwerk waardig.

De grillige vorm van de individuele plant is gevat in de soms complexe geometrie van de bestrating. Tegenover het heldere en strakke van de ruimte werkt het losse en weelderige van de beplantingen als contrast. In het werk van Burle Marx zien we vaak muren die als het ware de tuin – de bewerkte natuur – afschermen van de ongerepte natuur daarbuiten. Het ontwerp wordt opgevat als een harmoniserende interventie in de natuurlijke omgeving.

vorige pagina's Drie ontwerpen van Roberto Burle Marx: tuinen bij het Ministério da Educação e Saúde in Rio de Janeiro, 1938 (linksboven); het park tegenover het militaire hoofdkwartier in

De vloeiende vormen zijn gebaseerd op een informele functionaliteit, zoals we die ook in de gebouwen van Oscar Niemeyer zien. De lijnen hebben een beweging die de beschouwer aanzet tot een aangenaam verglijden in het perspectief. Het is een lust voor het oog. Door de ene ruimte golft een zachtvloeiende kromme, door het andere ontwerp schiet doelbewust en zelfverzekerd een strakke schicht. Beide zijn een uitdrukking van spanning en kunstmatigheid.

Vaak wordt de kromme of de slinger gezien als de beste verbeelding van de natuur. Ook in de vormgeving van Burle Marx zijn lijnen vloeiend, bijvoorbeeld de oevers van een vijver, maar niet in de eerste plaats om de natuur te imiteren. Zo drijven vrij gevormde, maar strak gesneden vlekken van gras in het water en worden waterlelies in solitaire cirkels onder water op hun plaats gehouden door betonnen ringen. Het gaat om elegantie en schoonheid, om het contrast met de rechtlijnige bebouwing. Of zoals Niemeyer het formuleert: 'een vorm die schoonheid geeft, vindt daarin haar rechtvaardiging.'

De lichte en zwierige krommingen zijn doordrongen van sensualiteit – de basis van de vrije, behaagzuchtige lijn kan in de geheimzinnige kromming van een boomwortel liggen –, maar uiteindelijk roept de schoonheid van de lijn een kracht op die de natuur overstijgt.

Brasília, 1970 (linksonder); de Avenida Atlântica in Copacabana, 1970 (rechts).

Aterro do Flamengo

Het centrum van Rio ontstond tussen enkele kleine bergen aan de oever van de Guanabarabaai. Rond de eeuwwisseling raakten de bergen bebouwd met krotwoningen en werd het gebied een bron van gele koorts en andere ziekten. Als remedie besloot de gemeente enkele bergen af te graven, wat tegelijkertijd ruimte opleverde voor brede boulevards en grote gebouwen. Zo maakte de berg Morro do Castelo in 1922 plaats voor een wijk met ministeries (onder meer het beroemde Ministerie van Onderwijs). Het puin van de berg werd gebruikt voor landaanwinning in de baai. Hier werd pal voor het centrum het vliegveld Santos Dumont aangelegd, op een locatie vergelijkbaar met die van het Centraal Station in Amsterdam.

In 1950 verdween ook de berg Morro de Santo Antônio en kon een snelweg door het centrum worden aangelegd. Op de aangeplempte grond in de baai ontstond een brede uitvalsweg langs de wijken Glória en Flamengo in de richting van Botafogo, Copacabana en Ipanema. Deze strook, Aterro do Flamengo genaamd, werd in 1962 ontworpen als een parkweg en beslaat honderdtwintig hectare. Affonso Eduardo Reidy, destijds directeur Stedenbouw van Rio de Janeiro, maakte het schema voor snelwegen en een park en was verantwoordelijk voor de uitgewerkte ontwerpen voor de gebouwen. Burle Marx werkte het ontwerp voor het park en de tuinen uit. Hij ontwierp een wandelweg en een nieuw strand langs de baai, talloze sportvelden en kinderspeelplaatsen, een theater, musea, bosschages en open gedeelten. De gehele strook heeft een groen uiterlijk, waardoor men vanaf de snelweg door een park naar de stad rijdt. Ter gelegenheid van de milieuconferentie Eco'92 werd het park opgeknapt.

Bij het strand van Copacabana, eveneeens een lineair project van Burle Marx, is de sfeer heel anders. Daar beperkte hij zich tot het organiseren van een flauw gebogen strook van vier kilometer, waarop alle activiteiten van de Avenida Atlântica zich afspelen: de boardwalk met kiosken, de avenues, parkeerplaatsen, een strook voor benzinestations en trottoirs voor de woongebouwen.

Met het plaatsen van stationsverlichting over de volle lengte van het strand is Copacabana een openbare ruimte geworden, die vierentwintig per dag het toneel is van een steeds wisselende, stedelijke dynamiek. Het ontwerp van de bestrating, waarin golven van witte en zwarte steentjes zijn verwerkt, is een van de symbolen van Rio de Janeiro geworden.

De behoefte aan een snelweg van de zuidelijke wijken naar het centrum vormde in 1962 tevens de aanleiding voor de aanleg van het Parque do Flamengo.

Parque Guinle

Parque Guinle in Rio is een oase van rust omdat het doodloopt tegen de bergen. Het park wordt gedomineerd door het Palácio das Laranjeiras. De eigenaar hiervan besloot in de jaren veertig om zijn bezit gedeeltelijk te gelde te maken door de rand van het landgoed te verstedelijken. Lúcio Costa maakte het ontwerp: een krans van zes woonblokken die vanuit het park worden ontsloten. Het project werd voor de helft uitgevoerd, waarna de gebroeders Roberto het afmaakten in een veel hogere dichtheid.

De woongebouwen van Costa bevatten zes bouwlagen met appartementen en staan op pilotis. Het park loopt door tot onder de woningen waardoor op de begane grond een aangenaam verblijfsgebied is ontstaan. Voor de glazen gevels werd tegen de zon een dunne vliesgevel gezet. Deze bestaat uit keramische rasters, metalen lamellen en houten gaaswerken. De afwisseling van de open materialen geeft de gebouwen aan de buitenkant een abstracte indruk. Vanuit het interieur vormen de rasters een soort zeef, waar doorheen het licht en de natuur de huizen binnendringt. Prachtig zijn de vierkante openingen in de keramische vitrage die de omringende natuur als het ware omkaderen.

Ontwerpschets uit de jaren veertig van het Palácio das Laranjeiras omgeven door woonblokken (onder). De gevel van een van de woonblokken (boven).

Stadsuitbreiding Baixada de Jacarepaguá

De ontwikkeling van Rio de Janeiro langs de Atlantische Oceaan ging een nieuwe fase in met de ontsluiting van de Baixada (laagvlakte) de Jacarepaguá, een gebied met een oppervlakte van 105 vierkante kilometer. Lúcio Costa, de stedenbouwer van Brasília, maakte in 1969 het stedenbouwkundig plan voor Baixada de Jacarepaguá, een stadsuitbreiding van 120 vierkante kilometer langs de Atlantische Oceaan. In dit ontwerp streefde Costa naar samensmelting van de stad met de prachtige natuur. Zijn concept ging uit van autonome hoogbouwkernen die als stedelijke eilanden in het betoverende landschap vol lagunes, duinen en stranden zouden liggen. Door de stedelijkheid te concentreren zou een maximale hoeveelheid natuur ongerept kunnen worden gelaten. 'Wonen op de plek waar je de vakantie wilt doorbrengen', was de bijbehorende leuze.

In de plantoelichting gaf Costa in zes stappen zijn visie op de groei van Rio de Janeiro. Hij voorspelde dat het centrum van de metropool zou verschuiven naar de top van de driehoekige laagvlakte van Jacarepaguá, de plek waar het arme Noorden en het rijke Zuiden samenkomen. In de brede basis van de driehoek projecteerde Costa een stedelijk natuurgebied.

Evenals bij het ontwerp voor Brasília ontbeert het plan een visie op sociale vraagstukken. In de praktijk leent het concept zich dan ook vooral voor grootschalige, geprivatiseerde stadsdelen. De laagstbetaalden, die in dit gebied wel werk konden vinden maar voor wie geen woonruimte was gereserveerd, bouwden zelf immense *favelas* in de natuurgebieden en langs de rivieroevers.

De woonwijk Alfabarra is een van de meest karakteristieke uitwerkingen van het stedenbouwkundig plan voor Barra da Tijuca en Baixada de Jacarepaguá. Het complex, ontworpen door de huidige burgemeester van Rio (Luiz Paulo Conde), ligt op een schiereiland tussen de Atlantische Oceaan en de lagune van Marapendi. De wijk wordt gevormd door corbusiaanse torens (24 verdiepingen), drie scholen en een keur aan hoogwaardige voorzieningen.
De stedenbouwkundige principes van het modernisme mengen zich hier met trends in de particuliere marktontwikkeling, zoals veel aandacht voor veiligheid en het privatiseren van de collectieve ruimte. Niet ver van Alfabarra ligt Shopping Barra, een van de grootste winkelcentra van het land.

Hoogbouwkernen langs de Atlantische Oceaan.

Corredor Cultural: marktgerichte monumentenzorg in het centrum

Het verval van het centrum van Rio de Janeiro vormde in 1979 de aanzet tot de Corredor Cultural, een initiatief om de oude architectuur te behouden. Dit project markeert een omslag in het denken over de stad; hygiëne of verkeerscirculatie werd niet meer aanvaard als excuus om te slopen. Door middel van wetgeving en het instellen van een projectteam ontstond een kader waarbinnen derden herstelprogramma's konden uitvoeren. De gemeente ontwikkelde juridische instrumenten voor het behoud. Zo trad voor vier gebieden een bestemmingsplan met bijbehorende zonering en een speciale bouwverordening in werking. De rooilijnen en de verkavelingen werden vastgelegd. Waar men voorheen veertig verdiepingen hoog mocht bouwen en de rooilijnen voor het verkeer naar achteren werden verplaatst, werd nu de bestaande stadsvorm als richtlijn genomen. De opzet van de Corredor Cultural is even dwingend als een monumentenwet: voor dertienhonderd panden gelden restricties bij verbouwingen en nieuwbouw is gebonden aan bepalingen. Ter compensatie krijgen gebouwen die aan de spelregels voldoen een korting op de onroerend goedbelasting.

De doelstelling van de Corredor Cultural reikte echter verder dan het behoud van oude gebouwen. Het ging om tradities, om het veiligstellen van diversiteit en om de kwaliteit van het leven op straat. Uitgangspunt was niet een modelvisie op de stad of een kunsthistorische uitleg van gebouwen, maar een grondige lezing van de plaats. Daarbij hoorde alles: koloniale, keizerlijke, republikeinse en modernistische aspecten. Een topstuk was even belangrijk als de bastaardstijlen omstreeks 1900 want, zo vond men, lelijkheid hoort bij het leven.

Door de centrale ligging komen dagelijks twee miljoen voetgangers in de Corredor Cultural, en dit maakt het gebied nog interessanter. Nu blijkt dat restauratie van gebouwen commercieel succes oplevert, investeren de eigenaars op grote schaal. Hoe dichter een straat bij de avenues ligt, des te meer huizen worden er opgeknapt. Bij nieuwbouw gebruikt men afwijkende materialen en dito vormgeving, zonder de harmonie te verstoren. Het ritme van de gevels en de proporties van de openingen ligt vast, maar pastiche is verboden. Aan de randen van de beschermde zones waar de bouwhoogte soms van tien naar vijfenzeventig meter stijgt, is het de bedoeling om de hoogbouw op een plint te zetten die aansluit op de oude bebouwing.

Projectteams werken aan de herinrichting van de openbare ruimte, waarbij vooral het aan banden leggen van de straathandel problemen oplevert. Doordeweeks functioneert de Corredor Cultural optimaal. In het weekend of 's avonds is het echter een niemandsland. Een ander punt is dat de formule geen oplossing biedt voor woonwijken. Morro da Conceição, een van de traditionele buurten in het centrum, maakt geen deel uit van het project.

Voor de eigenaars is een handboek gemaakt waarin staat beschreven hoe men moet, mag of kan bouwen. Bij de haven zijn deze suggesties gebruikt voor chique restaurants en antiquariaten. Elders dienen de modeloplossingen voor het herstel van eenvoudige winkelstraten: gevels die achter reclame, schermen of luifels waren weggestopt, worden nu afgepeld en gerestaureerd; nieuwe elementen als airconditioning, zonneschermen en reclames worden op zorgvuldige wijze ingepast; uithangborden of op de gevel geschilderde boodschappen zijn binnen strikte regels toegestaan. Alleen op straatniveau heeft het belang van de koopman voorrang gekregen boven de oude pui-indeling. Kleur is een onderwerp apart: een scala 'historisch verantwoorde' kleuren en mogelijke kleurcombinaties is vastgelegd. De eigenaar mag kiezen.

Met de Corredor Cultural wordt het verleden allerminst tot leven gewekt, want het oude hart van Rio overleeft als kantine voor het financiële centrum en als openluchtwarenhuis voor miljoenen inwoners. Door de fragmentatie van het centrum ontstaat echter wel een situatie waarin de oude architectuur beter kan worden behouden dan in de talloze centra die als entiteit in structureel verval zijn geraakt.

Stadsdoorsnede van het oude centrum van Rio de Janeiro. Tegenwoordig maakt deze wijk deel uit van het moderne stadscentrum.

Corredor Cultural: een nieuwe strategie voor een oud probleem

Hans van der Laan

De term Corredor Cultural werd in 1979 gegeven aan het project dat tot doel had het oude stadscentrum van Rio de Janeiro te rehabiliteren. De koloniale verkavelingsstructuur en de karakteristieke bebouwing van omstreeks 1900 hadden de tand des tijds goed weten te doorstaan, ondanks de voortdurende druk op beschikbare ruimte in de zich expanderende stad en de rigoureuze ingrepen die daarmee gepaard gingen. Blijkbaar voorzag en voorziet deze centrumbebouwing op een vitale manier in een essentiële stedelijke behoefte. Dit blijkt ook uit het feit dat dagelijks twee miljoen mensen het centrum bezoeken om te winkelen, te lunchen of gewoon te flaneren.

Bij de ontwikkeling van het project werd prioriteit gegeven aan aspecten die klaarblijkelijk tot de attracties van het gebied behoren: de historische rooilijnen en verkavelingsstructuur en de beperkte, vrij constante bouwhoogte van zo'n tien à twaalf meter. Deze enclaves van kleinschaligheid vormen een groot contrast met de manhattanachtige avenues die het gebied doorsnijden: de Avenida Rio Branco en de Avenida Presidente Vargas, beide aan weerszijden bebouwd met wolkenkrabbers en corbusiaanse megablokken.

Merktekens in de tijd

De actie tot behoud van het historische centrum van Rio betekende een radicale ommezwaai in het denken over de stad. Ongeveer vijftig jaar lang, van de vroege jaren dertig tot het begin van de jaren tachtig, had het gedachtegoed van het modernisme model gestaan voor de stedelijke ontwikkeling. Nu werd echter niet alleen gestreefd naar een systematische planning wat betreft functiescheiding en schaalvergroting in de geest van CIAM, maar ook naar een specifieke synthese van historisch en utopisch denken zoals gepropageerd en geëffectueerd door Lúcio Costa, de peetvader van de Braziliaanse stedenbouw.

Het modernistische gedachtegoed was rechtstreeks ontleend aan het Charter van Athene (1933), dat stelde dat het behoud van historische objecten slechts zinvol is als zij een zuivere uitdrukking van een vroegere levensvorm vormt en als zodanig van algemeen belang is. Het regeringsbeleid en de uitwerking daarvan door de SPHAN (Secretaria do Patrimônio Histórico e Artístico Nacional) in 1937 liet over het volgen van dit uitgangspunt geen enkele twijfel bestaan. Het gevolg is dat de weinige gebouwen die als monument werden gewaardeerd, als geïsoleerde kunstwerken in de stedelijke uitleg van Rio zijn opgenomen; afgezonderd in een groen decor ter bezinning of in zichzelf gekeerd als een stedelijk baken. Niet de continuïteit van de architectonische ontwikkeling werd van belang geacht, maar een helder contrast tussen oud en nieuw. Alleen de eerste, meest 'primitieve' architectonische verschijningsvorm werd als essentieel erfgoed beschouwd en het 'terugrestaureren' was volstrekt legitiem.

De behoefte om een authentiek Braziliaanse identiteit te verbinden met de metropool sloot perfect aan bij het streven om in de Nieuwe Wereld een utopische, moderne stad op

Confeitaria Colombo, Rua Gonçalves Dias, 32: een van de meest traditionele adressen in het oude centrum van Rio de Janeiro (bouw 1894, verbouwing 1912).

ongekende schaal te creëren; als een exotische variant op Le Corbusiers Plan Voisin voor Parijs. De *Cidade Maravilhosa* moest niet alleen worden gekenmerkt door de landschappelijke ligging van grootschalige woonblokken in een sprookjesachtige, tropische entourage, maar ook door de direct daaraan gekoppelde cultuurhistorische wegwijzers, zoals de hooggelegen Glóriakerk (teruggerestaureerd naar haar koloniale Portugese gedaante), de Candeláriakerk in de as van de enorme 'haussmannboulevard' en het beeldbepalende aquaduct Arcos da Lapa.

Maar misschien is wel het meest kenmerkende en in onze ogen meest ironische voorbeeld van deze bijzondere vorm van monumentenzorg, de overgebleven portiek van de Escola Nacional de Belas Artes, ontworpen door de Franse architect Auguste Grandjean de Montigny. De gevel van dit in 1938 gesloopte negentiende-eeuwse gebouw werd op voorstel van Lúcio Costa en met actieve participatie van SPHAN, in de Botanische Tuin van Rio tegen een tropische, groene achtergrond opgesteld. Monumentenbehoud herleid tot een architectonisch citaat, een kijkobject in een stedelijk museale context!

SUCOS
LANCHES

Een historisch continuüm

In 1979, ruim veertig jaar na de oprichting van SPHAN, kreeg men plotseling een andere opvatting met betrekking tot historische objecten in de nog steeds snelgroeiende stad. Het begon met verwondering over het feit dat de centraal gelegen oude wijken zo goed bestand zijn tegen de oprukkende verstedelijking. Gezellige winkel- en uitgaansstraatjes als Lapa-Cinelândia, Praça XV, Largo de São Francisco en Saara leken bestaanszekerheid te hebben verworven door hun kleinschalige structuur van gesloten bouwblokken en door een openbare ruimte die was toegesneden op de voetganger.

De voor deze wijken zo kenmerkende ontvankelijkheid voor het openbare straatleven was echter een groot probleem bij de revitalisering van het gebied. De zesduizend straathandelaren in het centrum van Rio deden de omzet van de reguliere winkels dalen met grofweg dertig procent, waardoor de ontwikkeling van de wijken stagneerde en de verkrotting van de bebouwing een continue bedreiging was. Om dit probleem te ondervangen, werd een deel van de straathandel die als kleine werkgelegenheid essentieel is voor de economische groei van Rio, ondergebracht in reguliere markten zodat ook daar het stimuleringsbeleid zijn vruchten kon afwerpen.

De laatste jaren beginnen eigenaars in de vier deelgebieden van de Corredor Cultural op grote schaal te investeren; de restauratie blijkt commercieel succes op te leveren. De uitvoerende instanties van het project, IplanRio en RioArte, hebben voor eigenaars en gebruikers een handleiding opgesteld waarin een inventarisatie wordt gegeven van alle mogelijke

vorige pagina's Historische en moderne bebouwing in Rio de Janeiro (links). Pal achter het keizerlijk paleis (Paço Imperial) werd in 1977 het kolossale Edifício Cândido Mendes neergezet (rechts).

praktische problemen en oplossingen: een leidraad voor een uiterst pragmatische, resultaatgerichte en levendige vorm van monumentenzorg. Daarbij is het opvallend dat de richtlijnen voor nieuwbouwkavels die incidenteel ontstaan door de onherroepelijke sloop van vervallen panden, direct zijn gerelateerd aan die voor bestaande achttiende- en negentiende-eeuwse panden met rijk gedecoreerde en goed geproportioneerde straatgevels. Op die manier moet een vanzelfsprekend historisch continuüm van oud en nieuw in een samenhangend stilistisch idioom tot stand komen.

De hele aanpak van de Corredor Cultural illustreert dat een omslag in het denken heeft plaatsgevonden. De visie op architectuur en stedenbouw in Brazilië wordt niet meer uitsluitend door iconen van het utopisch modernisme met al dan niet een romantisch koloniaal sausje bepaald, maar de Braziliaanse cultuurhistorische identiteit is in zijn volle breedte een onderwerp van studie en ontwikkeling geworden. Men beseft dat het oude hart van Rio niet alleen dienst kan doen als lunchgelegenheid voor het zakencentrum of als openluchtwarenhuis voor miljoenen mensen, maar ook kan functioneren als proeftuin voor een ongedwongen omgang met het rijkgeschakeerde verleden door een nieuwe generatie Brazilianen. Daarbij zijn de stedelijke fragmenten, die op de stadsdoorsnede zo pittoresk tegen elkaar aftekenen, in hun onderlinge samenhang veelbetekenend en inspirerend: de enorme afgeknotte kegel van de kathedraal, het daarvoor gelegen aquaduct van de Arcos da Lapa, het fijnmazige straatbeeld van de wijk Lapa-Cinelândia en als blikvanger de Glóriakerk op de achtergelegen helling. De twee grote aspiraties van de twintigste eeuw, de utopische stad van het modernisme en de gefragmenteerde, veelzijdige metropool van na de Tweede Wereldoorlog, worden hier in één beeld gevangen, in evenwicht gehouden en gewaardeerd.

Rio Cidade

De afgelopen jaren is Rio behoorlijk overhoop gehaald voor het project Rio Cidade. In tegenstelling tot voorgaande grootschalige interventies in de stad stond ditmaal niet de auto maar de voetganger centraal. Met het project probeerde de overheid de verloedering van de stad een halt toe te roepen. De strategie was om de openbare ruimte te herstellen, terug te geven aan de bewoners, en zo een podium te bieden voor integratie en interactie. Rio Cidade leunde sterk op ervaringen in Barcelona en het is dan ook niet verwonderlijk dat de stad alles in het werk stelde om de Olympische Spelen van 2004 in huis te halen. Een droom die inmiddels voorbij is.

Rio Cidade begon met een prijsvraag voor twaalf locaties in de stad. Vervolgens werd aan zeventien van de 42 deelnemers gevraagd om in een wijk van de stad aan de slag te gaan. Er werd gestreefd naar een zo integraal mogelijke benadering, dat wil zeggen zowel naar herstel van de infrastructuur, aandacht voor groenvoorziening, plaatsing van straatmeubilair, verlichting en bushaltes als naar spelregels met betrekking tot beeldvervuiling. Het project werd tegelijkertijd in rijke en armere wijken van de stad uitgevoerd.

Ondanks de overlast en het onvermijdelijke geweeklaag van automobilisten kreeg het programma brede steun. De verantwoordelijke wethouder, de architect Luiz Paulo Conde, won zelfs dankzij Rio Cidade de burgemeestersverkiezingen van 1996.

Decoratie van een kruispunt in de Rua Visconde de Pirajá (Ipanema) in het kader van het project Rio Cidade.

Stad en landschap

Machiel van der Torre

In Rio de Janeiro kun je langs het strand lopen en een wandeling door de beboste bergen maken. De natuur is ten volle opgenomen in de stad. De meest armoedige sloppenwijken hebben vaak een dramatische situering of een schitterend uitzicht op zee. In Brasília dringt het open landschap van de hoogvlakte door tot in het hart van de stad. In Salvador da Bahia is de stad onlosmakelijk verbonden met de baai en de eilanden daarin. Alleen in São Paulo maakt het natuurlijke landschap geen deel uit van de stad en wordt het pas zichtbaar in de spectaculaire afdaling naar de kust.

Het besef dat een stedelijke samenleving een nauwe relatie met de natuur nodig heeft, leidt tot de opgave stad en natuur samen te brengen in een nieuw landschap, waarin de twee werelden naast elkaar aanwezig zijn zonder elkaar te overheersen. In het bebouwde, stedelijke gebied is de mens maatgevend voor de inrichting van het landschap waarin wonen en werken, landbouw en industrie en stad en platteland naast elkaar en door elkaar voorkomen. In het natuurlijke gebied past de mens zich aan zijn omgeving aan en geeft hij de ruimte aan andere vormen van leven.

Een caleidoscoop van moderne architectuur

Hugo Segawa

Een van de grootste verrassingen op de wereldtentoonstelling in New York in 1939 was het paviljoen van Brazilië. Tijdschriften als *Architectural Review* en *Architectural Forum* schreven er lovend over, zonder te vervallen in gratuit paternalisme. De jonge toen nog onbekende ontwerpers van het project, Lúcio Costa en Oscar Niemeyer, werden geïntroduceerd als leerlingen van Le Corbusier.

In 1943 organiseerde het Museum of Modern Art in New York de tentoonstelling Brazil Builds: Architecture New and Old. De prachtige, tweehonderd pagina's tellende catalogus bevat foto's en tekeningen van de ongewone moderne architectuur in Brazilië, een land dat op dat moment nauwelijks bekend was in Noord-Amerika. Het initiatief kan niet los worden gezien van de *good-neighbour*-politiek die de Verenigde Staten in geheel Latijns Amerika voerde, een politiek die werd gevoed door angst voor het groeiende nazisme in Zuid-Amerika. Dit beleid leidde tot culturele uitwisselingen tussen de beide landen: Orson Welles maakte een film in Brazilië, Walt Disney creëerde Joe Carioca – een kleurrijke papegaai waar de bewoners van Rio model voor stonden –, Coca Cola werd in Brazilië geïntroduceerd en Carmen Miranda ging naar de Verenigde Staten om daar triomfen te vieren.

De faam van de Braziliaanse architectuur verspreidde zich na 1945 over de hele wereld. Belangrijke tijdschriften als *L'Architecture d'Aujourd'hui, Architectural Review, Arkitektur, Domus, Casabella, Architectural Record* en *Architectural Design* besteedden met de regelmaat van de klok aandacht aan het land. Vooraanstaande architectuurhistorici en critici schreven gunstige, maar ook minder gunstige, recensies over Braziliaanse architectuur. Na 1960 wijdden de overzichtswerken, bijvoorbeeld van Leonardo Benevolo, Kenneth Frampton, Charles Jencks, Spiro Kostof, Josep Maria Montaner en William Curtis, soms complete hoofdstukken aan het naoorlogse Brazilië. Het werk van architecten als Niemeyer, Costa, Roberto Burle Marx, Affonso Eduardo Reidy en de gebroeders Marcelo, Milton en Maurício Roberto werd getypeerd als Braziliaanse school, Cariocaschool, de eerste nationale stijl van de moderne architectuur, neobarok of nieuw sensualisme.

De architectuurhistoricus Nikolaus Pevsner was profetisch op een manier die destijds, in 1961, slechts weinig Europese of Amerikaanse critici begrepen. Volgens hem bracht de Braziliaanse architectuur verwarring in het functionalistische establishment. Hij kwalificeerde het ensemble van gebouwen dat Niemeyer in 1942 rond het meer van Pampulha bij Belo Horizonte schiep, als provocerend ten aanzien van de heersende normen van het naoorlogse modernisme. Niemeyers gebouwen vond hij krachtig en origineel, maar niet behorend tot de Internationale Stijl. Hij beschouwde ze als producten van een postmodern antirationalisme. De bouw van Brasília, voltooid in slechts drie jaar tijd (1957-1960), vormde volgens Pevsner het hoogtepunt van deze architectuur.

De nieuwe hoofdstad werd zo beroemd dat ze deel ging uitmaken van het internationale stereotype van Brazilië als het land van koffie, voetbal en architectuur. In eigen land diende Brasília als voorbeeld van het artistieke en intellectuele modernisme en als vertrekpunt voor de nieuwste generatie architecten. De jongeren verwezen niet alleen naar Le Corbusier, Walter Gropius, Ludwig Mies van der Rohe of Frank Lloyd Wright, maar ook naar Costa, Niemeyer, Reidy, Burle Marx en Sérgio Bernardes. De lokale helden werden als vanzelfsprekend op één lijn gesteld met de belangrijkste internationale meesters. Ze waren de idolen van jonge architecten wier opleiding samenviel met een economische en politieke fase in Brazilië die was doordrongen van een nationalistische ontwikkelingsideologie. De bouw van Brasília is hiervan het beste voorbeeld.

De Braziliaanse architecten stelden zich een sociaal gezond en cultureel geëmancipeerd land voor, een natie welker architectuur eigen referenties had en in staat zou zijn om passende ruimte voor de eigen burgers te construeren. Ze wilden meewerken aan de opbouw van een nieuwe, haast utopische natie. Ondanks het zoeken naar een eigen nationale identiteit bleven ze echter trouw aan de universele wortels van de moderne beweging.

De militaire coup in 1964 maakte een eind aan de dromen over een nieuw Brazilië. Tijdens het militaire regime onderging het land weliswaar sterke economische groei (1967-1974), maar ook rigide politieke en culturele onderdrukking. Het was de periode van het zogenoemde *milagre econômico,* oftewel het economische wonder: het bruto nationaal product steeg tien procent per jaar. Het beleid verscherpte evenwel de sociale tegenstellingen onder de bevolking en leidde in de jaren tachtig tot instorting van de economie. De jaren van recessie worden wel gekenschetst als het verloren decennium van Latijns Amerika. Behalve voor de economie geldt dat ook voor de cultuur, de architectuur incluis.

Pioniers in Rio de Janeiro en São Paulo

Het beeld van de Braziliaanse moderne architectuur, zoals dat vooral in het buitenland bestaat, valt vrijwel geheel samen met het werk van een kleine groep architecten uit Rio de Janeiro. De centrale figuur en inspirator hiervan was aanvankelijk Lúcio Costa. In 1931 werd hij benoemd tot directeur van de Escola Nacional de Belas Artes. Als docent nodigde hij Gregori Warchavchik uit, een architect uit Odessa die in Rome was opgeleid en zich in São Paulo had gevestigd. Warchavchik stelde Reidy aan als assistent. Onder de leerlingen bevonden zich Niemeyer, Marcelo Roberto, Luiz Nunes, Alcides da Rocha Miranda en Álvaro Vital Brazil. Hoewel Costa slechts enkele maanden aan de school was verbonden, vormde deze periode het begin van een langdurige vriendschap en samenwerking tussen de architecten.

In 1936 kreeg Costa de belangrijke opdracht een ontwerp voor het Ministerie van Onderwijs en Gezondheidszorg te maken. Hij betrok daarbij vijf jonge Braziliaanse architecten en liet Le Corbusier als adviseur naar Brazilië komen. Het project luidde de doorbraak van Niemeyer in en vormde de opmaat voor een imponerende productie van de moderne architecten, die culmineerde in Brasília. Niemeyer nam de rol van Costa als spil van de groep over. Zijn architectuur werd het boegbeeld van de zogenoemde Cariocastroming, een term die verwijst naar de algemene aanduiding voor de inwoners van Rio de Janeiro.

Het is een misverstand om de plastische architectuur van de architecten uit Rio gelijk te stellen met de moderne Braziliaanse architectuur als geheel. Deze omvatte beduidend meer. Zo ontstonden in de jaren zestig afgeleide stromingen in de deelstaten São Paulo en Pernambuco. Met name de architecten uit São Paulo (de Paulistas) kregen veel invloed in Brazilië. Ze leunden sterk op het succes dat door de Cariocastroming was behaald; Niemeyer en Reidy waren belangrijke inspiratiebronnen. Verder profiteerden ze van het feit dat de groep uit Rio de moderne architectuur in Brazilië aanzien en erkenning had gegeven. Een belangrijk verschil was echter dat in de ontwerpen van de Paulistas techniek en industrie richtinggevende aspecten waren.

Visie van Le Corbusier op de toekomst van Rio de Janeiro: de stad die als een 100 meter hoog gebouw door het landschap slingert, met op het dak een snelweg (schets 1936).

São Paulo was en is nog steeds het centrum van de Braziliaanse industrie. Al vanaf de jaren veertig werd er geëxperimenteerd met industriële producten en industrialisatie van de bouw. Architecten als Rino Levi en Oswaldo Bratke ontwikkelden destijds hoogstaande bouwtechnische concepten. Ze realiseerden een verzorgde architectuur waaruit technisch meesterschap sprak, maar die geen politieke of ideologische doelstellingen nastreefde. Vanaf de jaren zestig kwam hierin verandering onder invloed van João Baptista Vilanova Artigas. Zijn werk lag in de lijn van de pragmatische projecten van Bratke en Levi, aangevuld met een politiek-theoretisch kader en uitgedragen in het architectuuronderwijs. Evenals Niemeyer was Artigas een communist. Hij meende dat architectuur de samenleving kon veranderen en hij zag techniek als een middel tot culturele en politieke ontwikkeling. Vooral door geavanceerde betontoepassingen zou het onderontwikkelde Brazilië zijn technisch vernuft kunnen demonstreren.

Terwijl voor Niemeyer beton als het meest uitgelezen bouwmateriaal van het moment uitdrukking gaf aan een tijdperk, zagen de Paulistas beton als metafoor voor een geëmancipeerd en onafhankelijk Brazilië. Vanuit deze optiek konden overspanningen en overstekken niet groot genoeg zijn. Het beton bleef in zijn brute vorm in het zicht. De wil om het technisch kunnen te tonen, was voor de Paulistas zelfs zo groot dat ze niet altijd de meest simpele of rationele oplossing kozen. Voorgangers als Bratke en Levi bouwden nooit op die manier, omdat ze vanuit hun constructieve rationaliteit streefden naar eenvoud en zochten naar een economische, onderhoudsarme afwerking. Typerend voor de Paulistas was verder de ontwikkeling van typologieën. Net als bij Frank Lloyd Wright of de Californische architectuur vloeiden ruimten in elkaar over met zo min mogelijk barrières. Ook hiervoor was een ideologische reden, namelijk het doorbreken van de hiërarchische opzet van plattegronden met een strikte (sociale) scheiding tussen hoofd- en dienstvertrekken.

De gedurfde, 'overdreven' en exhibitionistische architectuur uit São Paulo met grote overspanningen, grootschaligheid, industriële producten, geavanceerde techniek en een overvloedig gebruik van gewapend beton wordt wel het Brutalismo Paulista genoemd. Naast Vilanova Artigas behoorde ook Lina Bo Bardi tot de Paulistas. Ze genoot haar opleiding elders, in Rome, maar was net als Artigas communist en deelde zijn utopie. Het belangrijkste ontwerp van Artigas is de architectuurfaculteit van de Universiteit van São Paulo (FAU USP). Bo Bardi realiseerde het Museu de Arte de São Paulo (MASP) met een vrije overspanning van zeventig meter en een revolutionaire museuminrichting. Een ander bekend project van haar is SESC Pompéia, een vrijetijdscentrum waarin een oude fabriek en een brute betonkolos van sporthallen werden samengebracht.

Zowel in Rio de Janeiro als in São Paulo maakten beide architectuurstromingen school. In feite zijn alle Braziliaanse architecten van vijftig jaar en ouder opgeleid met de moderniteit van de jaren vijftig en zestig. Tot de volgende lichting architecten uit São Paulo behoort Paulo Mendes da Rocha. Hij bleef trouw aan de uitgangspunten van Artigas en aan zichzelf, maar door zowel meer pragmatische architecten als door aanhangers van het postmodernisme werd hij als achterhaald gezien. Toch behield hij zijn radicaliteit in ideologie en in architectuur, wat spreekt uit zijn compromisloze betonnen woonhuizen of het Braziliaanse beeldenmuseum Museu Brasileiro de Escultura (MUBE) in São Paulo.

Een architect die doorging op Niemeyer is João Filgueiras Lima, beter bekend als Lelé. Zijn vormgeving ligt in de lijn van Niemeyer, maar de projecten zijn minder ambachtelijk. Lelé slaagde er in zijn ontwerpen technisch verder uit te werken en te perfectioneren. Bovendien maakte hij de gebouwen dienstbaar aan de gebruikers. Door alle schaalniveaus te beheersen, van het stedenbouwkundig ensemble tot en met het meubilair, maken zijn complexen een krachtig gebaar zonder zich te verliezen in detaillering. Lelé heeft esthetiek gekoppeld aan rationaliteit en technisch vernuft. Met gebruikmaking van prefab elementen slaagt hij er in visueel aantrekkelijke architectuur te realiseren. De menselijke schaal staat centraal. Door de subtiele integratie van architectuur, constructie en de verschillende schaalniveaus heeft Lelé in zekere zin Niemeyer overtroffen.

Dogmatische moderniteit

Het is onmogelijk om over de Braziliaanse architectuur van na Brasília te spreken zonder te refereren aan het politieke en economische klimaat. Tijdens de militaire dictatuur (1964-1985) was de discussievrijheid beperkt. Architecten debatteerden in het geheim over sociale en politieke kwesties, maar niet over architectuur. Terwijl in de rest van de wereld architectuur werd beïnvloed door de sociologie en zich rekenschap gaf van de ideeën van de protest-beweging in de Verenigde Staten en de gebeurtenissen van mei 1968 in Europa, kwamen Braziliaanse architecten door politieke omstandigheden op een zijspoor van het architectuur-debat terecht. Ze adopteerden en radicaliseerden linkse politieke ideeën die in Europa waren geformuleerd. Maar hun inzet was niet om de maatschappij te transformeren, het doel was om een einde te maken aan de dictatuur. Anders dan tijdens de oorlog in Europa lag er niet een architectonisch plan gereed voor de opbouw van het land na de bevrijding.

Niemeyers ballingschap in Frankrijk, zijn lidmaatschap van de Communistische Partij en de vervolging van andere belangrijke kopstukken in Brazilië, hebben geleid tot een verzets-beweging die zich kenmerkte door een onverzoenlijke verdediging van de architectonische waarden van de jaren vijftig en zestig. Deze normen werden vervolgens uitgedragen op architectuuropleidingen. De kritische houding, zo noodzakelijk en kenmerkend voor de ontwikkeling van architectuur, werd vervangen door een keurslijf. Tijdens het economische wonder was er veel werk, maar de Braziliaanse architectuur had weinig inhoud. Ze was louter kritiekloze reproductie van een modernistisch maniërisme.

De architecten die nu tussen de veertig en vijftig jaar oud zijn en in de jaren zeventig afstudeerden, leden onder de gevolgen van de dictatuur en de crisis van de jaren tachtig. Deze situatie leidde tot gebrek aan zelfvertrouwen bij de architectonische intelligentsia. Door het ontbreken van een maatschappelijk doel ontstond een inhoudelijk vacuüm en kreeg een orthodox modernisme de alleenheerschappij. Architectuurkritiek werd opgevat als verhulde censuur en derhalve niet geduld; er kwam een einde aan de internationale dialoog. Hervormingen en onderzoek naar de modernistische beweging zoals die in Europa en Amerika in de jaren zeventig plaats vonden, gingen aan Brazilië voorbij. In het buitenland werd de architectuur van de jaren vijftig en zestig wel aan kritiek onderworpen met als gevolg dat ook de Braziliaanse verworvenheden – op onterechte wijze – werden veroordeeld.

Het versnipperde beeld van de jaren negentig

De moderne architectuur in Brazilië is jonger dan bijvoorbeeld die in Europa en begint nu pas geschiedenis te worden. Waar de moderne beweging onder invloed van het postmoderne debat elders al schipbreuk leed, is men in Brazilië nog niet aan die conclusie toe. Tijdens de nadagen van de dictatuur vervielen de hoogtepunten van architectuur uit de periode 1940-1960

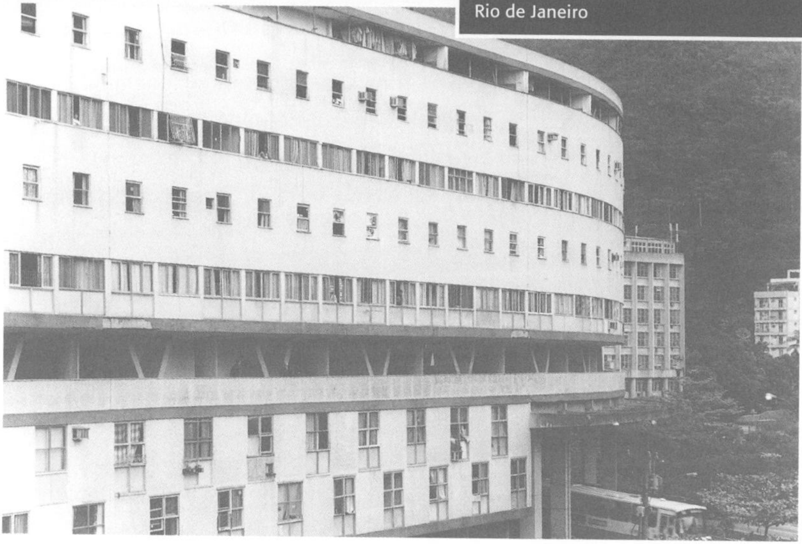

Twee ontwerpen van Affonso Eduardo Reidy in Rio de Janeiro: Conjunto da Gávea, 1952 (boven) en het Museu de Arte Moderna, 1953 (linksonder). Paulo Mendes da Rocha ontwierp

langzaam tot ruïnes van het Braziliaanse modernisme. De bouwproductie van de jaren zeventig werd bekritiseerd vanwege zijn weelderigheid en monumentaliteit, en als symbool van verspilling en bureaucratie gezien. Ondanks de crisis van de moderne beweging, aangeduid als het *mal-estar da modernidade,* kwam het niet tot vernieuwing. In de centra São Paulo en Rio de Janeiro ontbrak een goede diagnose van de situatie en overheerste de xenofobie. Het orthodoxe en conservatieve modernisme behield zijn machtige positie. Inmiddels bestaat er weliswaar meer afstand tot de moderne architectuur, zowel in tijd als in de aard van de huidige bouwopgave, maar van een kritische analyse is nog geen sprake.

Vanaf het einde van de jaren tachtig manifesteerde zich een nieuw soort belangstelling voor de moderne architectuur, ditmaal niet als doctrine maar als inspiratiebron vanuit een historische invalshoek. Er verschenen talloze buitenlandse publicaties over Braziliaanse architectuur met de nadruk op de heroïsche periode. De eerste studie van eigen bodem dateert uit 1982. Dit werk van de hand van Sylvia Ficher en Marlene Acayaba besteedde voor het eerst aandacht aan regionale ontwikkelingen. Sindsdien is een stroom monografieën over Braziliaanse architecten op gang gekomen. Toch is er niet alleen behoefte aan informatie over de eigen geschiedenis, maar ook veel interesse voor ontwikkelingen in de rest van de wereld.

De hegemonie van de moderne beweging heeft sinds het onderwijs over het land is verspreid, plaatsgemaakt voor een groot aantal regionale tendensen. Deze trend is onomkeerbaar. In het Amazonegebied speelt de architectuur sterk op het klimaat in en wordt met hout geëxperimenteerd (Severiano Porto en João Castro Filho). Het Noordoosten ontwikkelde een tropische architectuur waarin bont kleurgebruik vermengd wordt met de vormentaal uit Rio

het Museu Brasileiro de Escultura in São Paulo, 1988-1995
(rechtsonder).

(Acácio Gil Borsói). Minas Gerais kent een postmoderne stroming (Éolo Maia, Sylvio de Podestá, Gustavo Penna en Veveco Hardy). Brasília wordt beïnvloed door de verschillende regio's van het land (Paulo Zimbres, José Galbinski, Sérgio Parada en Milton Ramos). In Porto Alegre is een zekere internationale invloed te bespeuren door de nabijheid van Argentinië en Uruguay, alsmede door de contacten met Amerika en Europa. São Paulo biedt momenteel voornamelijk commerciële architectuur (Giancarlo Gasperini, Carlos Bratke, Botti en Rubin, Köningsberger en Vannucchi). In Rio de Janeiro is de Cariocastroming resoluut verworpen en overheerst eveneens de commerciële architectuur (Pontual, Paulo Casé, Edison en Edmundo Musa).

De internationale belangstelling die met het einde van de dictatuur weer op gang is gekomen, gaat niet alleen uit naar het architectonische erfgoed, maar richt zich ook op de stedenbouw. Curitiba heeft wereldfaam opgebouwd op het gebied van duurzame planning. De architect Jaime Lerner slaagde er als politicus in een alternatief voor Brasília te vinden. In plaats van het bouwen van een ideale stad, koos hij voor een pragmatische koers door de werkelijke stad te erkennen en deze met kleine stappen te verbeteren. De hechte relatie tussen architectuur en stedenbouw, zo kenmerkend voor Brasília, is in Curitiba losgelaten. Niet als ontwerper, maar als burgemeester en later als gouverneur bracht Lerner deze evolutionaire revolutie tot stand. Het architectonische antwoord op Brasília en op de moderne architectuur laat nog op zich wachten. Wellicht heeft dit te maken met de scheiding tussen architectuur en stedenbouw; de gebouwen komen voornamelijk als losstaande artefacten tot stand en niet in stedelijke ensembles of door stedenbouwkundige interventies.

Van de generatie die in de jaren tachtig is afgestudeerd, kan nog weinig worden gezegd. Braziliaanse architecten krijgen nauwelijks opdrachten van het openbaar bestuur vanwege de institutionele crisis die het land teistert. Toch zijn de ingrediënten voor een nieuwe bloeiperiode van de architectuur aanwezig. De nieuwsgierigheid naar de eigen geschiedenis en naar hetgeen in het buitenland gebeurt, bewijzen dat er behoefte is aan vernieuwing. Dankzij de politieke en economische stabiliteit van de laatste jaren groeit de hoeveelheid opdrachten van private ondernemingen gestaag. Aangezien er nog weinig buitenlandse architecten worden aangetrokken, zou dat kunnen betekenen dat de komende tijd een beroep zal worden gedaan op lokaal Braziliaans talent. Wat echter ontbreekt is een nationaal project voor Brazilië; bouwopdrachten zoals Mitterand die formuleerde voor Parijs of een evenement als de Olympische Spelen dat doorgaans om vele nieuwe gebouwen vraagt. Met een dergelijk initiatief, waarbij de overheid of de private sector de architectonische kwaliteit stimuleert, zou de Braziliaanse architectuur haar zelfbewustzijn kunnen terugvinden. Vooralsnog blijft het evenwel onduidelijk naar welke kant de balans zal doorslaan; naar vernieuwing op basis van kritische lezing van het eigen moderne verleden en de ontwikkelingen in het buitenland, of een volgzaam maar onzeker formalisme.

Dit essay is gebaseerd op gesprekken van de auteur met Paul Meurs en op de volgende artikelen: Hugo Segawa, 'The Essentials of Brazilian Modernism', *Design Book Review,* (1994)32/33, pp. 64-68 en Hugo Segawa, 'Veroordeeld tot moderniteit. Recente architectuur in Brazilië', *Archis,* (1997)11, pp. 73-79.

Filmdecors van gewapend beton

Het werk van Oscar Niemeyer

Tracy Metz

'L'Architecture, c'est la beauté, c'est la surprise!'. Architectuur, vindt Oscar Niemeyer, moet groots en meeslepend zijn. 'Met mijn gebouwen wil ik het hart en de zintuigen van de toeschouwer beroeren', zegt hij, en wijst bij wijze van vergelijking naar het magnifieke uitzicht tien verdiepingen lager: de sierlijke zwart-witte bestrating van de boulevard van Copacabana, het sikkelvormige strand vol gebronsde billen en kokosnootventers, daarachter de ansichtkaartblauwe zee en de hoge bult van Rio's beroemde Suikerbroodberg. Had Le Corbusier niet tegen de jonge Niemeyer gezegd: 'Oscar, je hebt de bergen van Rio in je ogen...'.

Oscar Ribeiro de Almeida de Niemeyer Soares (1907) is de bekendste architect van Brazilië, zelfs van Latijns Amerika van deze eeuw. Zijn werk is al internationaal bekend sinds de jaren dertig, toen hij in samenwerking met Le Corbusier een modernistisch gebouw ontwierp voor het Ministerie van Onderwijs in Rio. Zijn magnum opus stamt uit de tweede helft van de jaren vijftig: de monumentale, om niet te zeggen theatrale ontwerpen voor de nieuwe hoofdstad Brasília op een afgelegen hoogvlakte. Inmiddels telt zijn oeuvre honderden gebouwen, niet alleen overheidsgebouwen maar ook woonhuizen, hotels, scholen, universiteiten, kerken, paviljoens en musea. Behalve in eigen land heeft hij ook gebouwd in onder andere Algiers, Californië, New York, Milaan, Berlijn, Le Havre en Parijs, waar hij na de militaire staatsgreep van 1964 enige tijd in ballingschap leefde. En al is hij negentig, Niemeyer is nog steeds onstuitbaar. In recente jaren heeft hij behalve het museum voor een particuliere verzameling in Niterói, ook een sambastadion voor Rio ontworpen, een gebouw voor het Latijns Amerikaans parlement in São Paulo en een uitbreiding van het Hooggerechtshof en een kunstmuseum voor Brasília – ondanks het feit dat zijn vorige museum in die stad, het Museum voor de Indiaan, nog altijd leeg staat.

Brandende ambitie

Begin jaren dertig werkte Niemeyer nog als anonieme tekenaar op het bureau van Lúcio Costa, architect, stedenbouwer en directeur van de kunstacademie in Rio, toen nog hoofdstad van Brazilië. 'Hij viel toen in niets op behalve in zijn brandende ambitie', zou Costa later van zijn beschermeling zeggen. Costa was zeer geïnteresseerd in de omwenteling die het modernisme in de Europese architectuur had teweeggebracht. In 1936 nodigde hij Le Corbusier uit voor een serie lezingen en om te adviseren over het project waarmee hij bezig was, een nieuw gebouw voor het Ministerie van Onderwijs. Niemeyer eiste dat hij tot het ontwerpteam werd toegelaten, en het was ook Niemeyer die Corbu's voorstel ingrijpend aanpaste, onder andere door de zonwering beweegbaar en de *pilotis* waar het gebouw op staat, meer dan twee keer zo hoog te maken. Dit was het begin van een lange, vruchtbare samenwerking tussen Niemeyer en Costa, al snel aangevuld tot een driemanschap met de begaafde en bourgondische landschapsarchitect Roberto Burle Marx. Samen beschikten ze over de connecties om toonaangevende opdrachten in de wacht te slepen, waarmee ze het gezicht van het moderne Brazilië hebben bepaald. Niemeyers voornaamste verdienste is dat hij, geïnspireerd door de geest van vernieuwing van het Europese modernisme, een eigen architectuur voor het 'nieuwe' postkoloniale Brazilië heeft uitgevonden. Een architectuur waarmee zijn land zich kon afzetten tegen, ironisch genoeg, de Europese overheersing.

'Ons verleden is arm', heeft hij eens gezegd, 'daarom zijn wij vrij om vandaag het verleden van morgen te maken'. Als hij over Le Corbusier spreekt gaat er nog steeds een extra lichtje in zijn ogen aan. Maar de strakke vormen die voor het modernisme in Europa juist kenmerkend waren, pasten niet bij Latijns Amerika, vond hij. 'Ik heb een persoonlijke strijd tegen de rechte hoek gevoerd', zegt hij nu. En met een kwinkslag die hij vermoedelijk niet voor het eerst debiteert: 'In mijn werk is het niet *form follows function,* maar *form follows beauty.* Met hun glazen blokken deden de modernisten alsof architectuur alleen uit rationele bouwprocessen en rechte lijnen bestaat. Maar schoonheid, pure schoonheid – dát is de functie van de bouwkunst. Schoonheid is al genoeg.' Van zijn aforisme over vorm is nog een andere variant bekend: vorm volgt feminien.

Dansen aan het meer

De plasticiteit van Niemeyers architectuur is voor een groot deel te danken aan het wondermateriaal dat aan het begin van zijn carrière net opgeld deed: gewapend beton. Hij begreep al snel dat hiermee allerlei vloeiende lijnen en bogen en ontzagwekkende overspanningen mogelijk werden – kortom, dat de architect een ongekende vormvrijheid had verworven. Zijn mooiste gebouwen dateren uit de jaren veertig en vijftig, toen hij – zonder de hang naar het megalomane die zijn later werk zou karakteriseren – joyeus en lichtvoetig hiermee experimenteerde. In 1940 bijvoorbeeld kregen de Drie Musketiers, zoals hij, Costa en Burle

Marx werden genoemd, de opdracht om aan een kunstmatig meer in Pampulha, vlak buiten de stad Belo Horizonte, een speeltuin voor de *beau monde* te maken met een casino, een danszaal, een jachtclub en een kapel. Het is een staalkaart geworden van de vormen en materialen die Niemeyer zijn leven lang is blijven gebruiken. Het casino – nu museum en volgens criticus Kenneth Frampton in zijn *Modern Architecture: A Critical History* (1980) Niemeyers eerste meesterwerk – is een vierkante speelzaal vol hellingbanen, pilaren en balkons, die via een smalle passage is verbonden met een peervormig aanhangsel waar gedanst en gedineerd werd. De aankleding doet sterk denken aan Nederlands eigen exponent van een barok soort modernisme, Sybold van Ravensteyn. Hij had deze wonderlijke combinatie van doorschijnend groen natuursteen en aluminium, travertin en gecapitonneerd roze satijn vast prachtig gevonden. Verderop aan het meer staat de ronde danszaal, eigenlijk een luchtig paviljoen dat uit weinig meer bestaat dan een dak, wanden van grotendeels glas en een frivole blauwbetegelde pergola die tussen het meer en een watertuin van Burle Marx slingert. Een architectonisch snoepje is het, een liefdesverklaring aan het leven. Aan de andere kant van het meer staat de kapel van San Francisco, vier eveneens blauwbetegelde parabolen met ervoor iets wat het midden houdt tussen een gestileerd kruis en een zuil met luifel. De kapel was vanwege zijn vorm zo controversieel dat de aartsbisschop weigerde haar in te zegenen. Niemeyer, die in 1945 lid was geworden van de Communistische Partij, heeft later nogmaals last van dit ontwerp gehad: na de militaire machtsgreep in 1964 werd beweerd dat het kruis in feite een gestileerde hamer en sikkel was, en dreigde zij te worden gesloopt.

Uit 1954 (het jaar waarin hij voor het eerst Europa zou bezoeken) dateert een ander juweel van Niemeyers minder pompeuze, meer organische tijd: het Casa das Canoas dat hij voor zichzelf ontwierp in een buitenwijk van Rio. Vanaf de straat die steil omhoog gaat, loopt

de bezoeker naar beneden een trap af, waardoor het huis in een beschermd holletje lijkt te liggen. Middelpunt van het voorplein is een vijver; middelpunt van de vijver is een rotsblok dat doorloopt tot in het huis. Hier geen corbusiaanse *pilotis* maar een organische vorm die letterlijk in de natuur wortelt. Op de begane grond is de woonkamer met door Niemeyer zelf ontworpen meubelen; bij het rotsblok gaat een trap naar de slaapkamers beneden. Het dak is een grillig gevormde plak wit beton die ver uitsteekt boven de wanden, waardoor een beschutte overgang tussen binnen en buiten ontstaat. Ook hier zijn de wanden bijna helemaal van glas, waardoor je dwars door het huis de zee erachter kunt zien. Na een bezoek aan Casa das Canoas zei de Duitse modernist en Bauhaus-directeur Walter Gropius tegen de ontwerper: 'Uw huis is beeldschoon, maar laat zich niet in veelvoud produceren.' Een uitspraak die Niemeyer verder bevestigde in zijn afkeer van de Europese monotonie. 'Mijn protest', noteerde hij in het boek *Meu sósia e eu* (Mijn dubbelganger en ik), 'kwam voort uit mijn omgeving, met zijn witte stranden, zijn reusachtige bergen, zijn oude barokke kerken en zijn prachtige zonverbrande vrouwen.'

Machtssymbolen

Een van de paradoxen van het leven van Oscar Niemeyer, zelf afkomstig uit een gegoed milieu, is zijn verhouding tot de macht. Zelfs na alles wat er in Oost-Europa is gebeurd, beschouwt hij zichzelf nog steeds een communist. 'Ik ben als communist *geboren*'. Toch heeft hij altijd voor de heersende klasse hun machtssymbolen gebouwd, een voorbeeld is Brasília. En de machthebbers op hun beurt waren daarvoor afhankelijk van hem, de zelfgeproclameerde communist. Na de staatsgreep in Brazilië van 1964 nam hij de wijk naar Frankrijk, waar hij

vorige pagina's Edifício COPAN, São Paulo, 1952-1969. Ontwerp Oscar Niemeyer.

in Parijs het hoofdkantoor ontwierp voor de Franse Communistische Partij. Maar nog lang voor het einde van de militaire dictatuur, die ruim twintig jaar duurde, keerde hij terug naar zijn vaderland waar hij in 1968 een nieuw gebouw ontwierp voor het Ministerie van Defensie. 'Als architect kan ik niet alle onrecht in de wereld ongedaan maken', zegt hij nu. 'Ik kan er alleen iets tegenover zetten: een ervaring van schoonheid.' Zijn ontwerp voor het (nooit uitgevoerde) monument uit 1986, *Tortura Nunca Mais* (nooit meer marteling), voor de slachtoffers van twintig jaar militaire dictatuur, laat een vijfentwintig meter lange metalen speer zien, met aan het uiteinde een menselijk figuurtje gespietst. Met andere woorden: hij heeft heus wel oog voor het leed in de wereld. Door de schoonheid tot het hoogste doel van zijn architectuur te maken, probeerde hij de politieke problemen van zijn land op te lossen met esthetische middelen, die zijn critici bijtend beschreven als decadent formalisme. 'Wijzend op de klassieke bouwkunst', schreef Paul Meurs in *de Architect* (1993), 'constateert Niemeyer dat bouwsels van de meest verachtelijke regimes nu worden aanbeden vanwege hun schoonheid. Hij is ervan overtuigd dat ook zijn gebouwen de slechte tijden zullen doorstaan, als voorbodes van een verre, betere toekomst.' Bovendien: al vanaf het moment dat de moderne architectuur haar intrede deed in Brazilië, met het Ministerie van Onderwijs in Rio, was die als het ware in dienst van de heersende macht. Het 'esthetisch modernisme' was nationaal beleid geworden.

Regisseur

Gaandeweg zijn Niemeyers gebouwen steeds meer eenzame spektakelstukken geworden, zoals het vliegende schotel-museum op een rots aan de kust in Niterói. Kenneth Frampton

plaatst de breuk in zijn oeuvre in 1955, toen hij een museum voor de Venezolaanse stad Caracas ontwierp in de vorm van een omgekeerde piramide, evident de voorloper van Niterói. 'Deze piramide lijkt te duiden op een terugkeer naar het absolute van het classicisme', schrijft Frampton, 'en hetzelfde geldt voor zijn werk in Brasília, [...] waar onverzettelijke vorm tegen-over onverzoenlijke natuur werd geplaatst.' In de nieuwe hoofdstad Brasília (1957-1960) wist Niemeyer met losse, ontzagwekkende objecten – rechthoekige schijven voor de ministeries, de bol en de kom van de Eerste en de Tweede Kamer, de uitkragende betonnen ribben van de kathedraal, het presidentiële paleis – nog een regeringscentrum te creëren dat een samen-hangend geheel vormt. Een van de geraffineerde methodes die hij er gebruikt om visuele eenheid te scheppen is de zuilengalerij die voor veel van de witte gebouwen langs loopt. De zuilen zijn omgevormd tot sierlijke vliegers, nu eens smal dan eens breed, allemaal verschil-lend en toch verwant, en ze maken de gebouwen licht door ze net iets boven de grond te laten zweven. Maar lopend over de lege vlaktes van het Plein van de Drie Machten is het moeilijk je te onttrekken aan het gevoel in een talloze malen uitvergroot filmdecor te lopen. Niemeyer is een meesterlijke regisseur van de grote maat en het grote gebaar – zonder te beseffen dat zo veel drama en gemanipuleer ook verzet kan oproepen.

Deze tekst is een verkorte en bewerkte versie van het artikel: Tracy Metz, 'Filmdecors in gewapend beton. Gesprek met de Braziliaanse architect Oscar Niemeyer', *NRC Handelsblad*, 3 oktober 1997.

vorige pagina's Drie ontwerpen van Oscar Niemeyer in Belo Horizonte: Casa do Baile, 1942 (links); Igreja de São Francisco de Assis, 1943 (middenboven); appartemententoren, 1954 (rechts). Oscar Niemeyer, Copacabana, juli 1997 (middenonder).

Museu de Arte Contemporânea van Oscar Niemeyer

Max van Son

Van een afstand is het Museu de Arte Contemporânea (1991-1996), ontworpen door Oscar Niemeyer, een imposante en elegante verschijning. Het sculpturale bouwwerk lijkt vanuit het niets op overtuigende wijze zijn plek te hebben gevonden aan de Guanabarabaai (Niterói) met Rio de Janeiro aan de horizon.

De ondersteuning van de enorme betonnen schaal door slechts een ronde voet, in combinatie met de ogenschijnlijke abstractie in detaillering en de slingerende hellingbaan waarvan de vloer een sensuele dieproze kleur heeft, versterken dit beeld. Het museum vormt een harmonieus contrast met het landschap.

In de directe nabijheid van het gebouw vallen een paar dingen onmiddellijk op. De gevel is minder abstract dan aanvankelijk wordt gesuggereerd, vooral ter plaatse van het horizontaal doorlopende bandvenster. Een traditionele detaillering van de vliesgevel met zichtbare kozijnstijlen lijkt hier niet de meest geëigende oplossing. Ook de constructie en detaillering van de hellingbaan roepen vragen op. De draagconstructie van de hellingbaan en de balustrades maken een gekunstelde indruk. Bovendien is de ontmoeting tussen hellingbaan en gebouw niet erg subtiel. De 'vloeiende' beweging van de hellingbaan gaat ten dele verloren door de wijze van bevestiging en de enigszins banale keuze voor de balustrade. Het gebouw

verliest hierdoor aan kracht. Bijna automatisch ontstaat de gedachte aan een entree in de voet van het museum.

De eerste indruk van het interieur is er een van serene schoonheid. De ronde museumzaal is centraal gesitueerd en heeft aan de buitenzijde een brede omloop met gestucte wanden, waarlangs kunstwerken worden geëxposeerd. Tegelijkertijd wordt een prachtig panoramisch uitzicht geboden. Het besloten karakter van de zaal wordt direct gerelativeerd door het contact met de buitenwereld vanuit de rondlopende galerij. Deze relatie wordt extra benadrukt door de sterk naar buiten hellende gevel.

Het mooie uitzicht eist veel aandacht op. Het daglicht valt via het bandvenster bijna rechtstreeks op de schilderijen van hedendaagse Braziliaanse kunstenaars. Ook in de ronde museumzaal zou toepassing van indirect natuurlijk licht zeker een verrijking hebben betekend. De positionering en de gebogen vorm van de wanden met verticale openingen naar de ernaast gelegen galerij geven op geraffineerde wijze richting aan de ronde plattegrond. Er ontstaat een intrigerend beeld waardoor de bezoeker nieuwsgierig wordt gemaakt naar wat het museum verder heeft te bieden.

Het sculpturale karakter van het gebouw wordt nog duidelijker bij het betreden van de bovenliggende expositieruimte, die te bereiken is via een monumentale trap. Hier geven de dimensies en de gebogen wanden, vloer en plafonds een bijna magische sfeer aan het interieur, maar ze beperken de mogelijkheden voor exposities. De zaal staat niet primair in dienst van de kunst, maar is een concurrerende bezienswaardigheid. Aan de buitenzijde van de zaal worden vloer en plafonds slechts onderbroken door een rondom horizontaal terugliggende

vorige pagina's Museu de Arte Contemporânea, Niterói, 1991-1996.

verlichtingslijn. Uniek is de beleving van de besloten ruimte die direct wordt gecompenseerd door een gevoel van oneindigheid. Er ontstaat een kunstmatige horizon. De kleur van de verlichting doet niet direct vermoeden dat het hier om kunstverlichting gaat. Wellicht een teleurstelling, maar de ruimtelijke beleving is er niet minder om.

De uitgesproken architectuur in combinatie met de unieke locatie doen verlangen naar een uitbreiding van de functie van het gebouw. Een cultureel centrum of een restaurant zou een niet ondenkbare aanvulling op het museum kunnen zijn. Het Museu de Arte Contemporânea is nu al te klein voor de alsmaar groeiende kunstcollectie. Plannen voor een tweede (opzienbarend) museum in Niterói zijn in voorbereiding. Als de omstandigheden het toelaten zal de invloed van Oscar Niemeyer hierin zeker niet ontbreken.

volgende pagina's Drie ontwerpen van Oscar Niemeyer: Museu de Arte Contemporânea, Niterói, 1991-1996 (boven); de trap in het Palácio do Itamaraty, Brasília, 1962-1970 (onder); Grande Hotel, Ouro Preto, 1942 (rechts).

Niemeyers Grande Hotel te Ouro Preto

Sibylle Kalfsbeek-Bandel

'Apart from Niemeyer's Grande Hotel Ouro Preto and two other monstrosities, no 20th-century buildings defile this stunningly beautiful colonial city', zucht de *Lonely Planet Travel Survival Kit* in zijn beschrijving van het stadje Ouro Preto in de deelstaat Minas Gerais. Het is een mooi hotel maar niet op deze plek, vindt ook de plaatselijke bevolking. Al vanaf 1937 heeft Ouro Preto de status van nationaal monument en in 1980 werd de stad bovendien als eerste monument van het continent door UNESCO op de lijst van werelderfgoed geplaatst. Ouro Preto (zwart goud) is een van de best bewaarde steden uit het koloniale verleden van Brazilië. De rijkdom die hier over de ruggen van de slaven werd vergaard, bracht de stad tot ongekende culturele bloei. Nergens anders vindt men zo'n prachtig ensemble van schilderachtige straatjes, barokke architectuur en rijkgedecoreerde interieurs.

In 1938 kreeg Oscar Niemeyer de opdracht een hotel aan de rand van het centrum te ontwerpen. Op het smalle perceel tegen de steile helling, karakteristiek voor Ouro Preto, projecteerde hij een gebouw van drie verdiepingen met een open kolomstructuur. Het kenmerkt zich door zijn horizontaliteit en transparantie en verraadt onmiskenbaar de invloed van Le Corbusier. De begane grond is grotendeels open en heeft aan de rechterzijde een vergaderzaal met glazen wanden. Via een hellingbaan bereikt men de receptie op de eerste verdieping. Deze excentrische ontsluiting van de lounge en de hotelkamers op de etages daarboven heeft lange looplijnen tot gevolg en maakt dat men vanuit het gebouw overweldigd wordt door het panorama van de stad en de bergen.

Het exterieur is niet meer helemaal in de oorspronkelijke staat. De witgestucte muren, de witte kozijnen en het rode pannendak zijn origineel. De blauwe kleur van de eerste rij kolommen en van de decoratieve tegelplateaus aan de voorgevel en op het balkon van het restaurant is daarentegen wit geschilderd.

Ook het interieur is gewijzigd. Niemeyer werd in 1993 door de huidige eigenaar gevraagd het hotel uit te breiden en receptie, lounge en restaurant aan te passen. In laatstgenoemde ruimten bepalen pasteltinten het beeld. De receptie is bedekt met zachtblauwe velours, niet alleen de vloer maar ook de balie en de achterwand tot aan het plafond zijn hiermee bekleed. In de lounge zijn min of meer afgebakende ruimten gecreëerd door lichtgebogen wanden in zachtgeel, mintgroen en leverkleur vrij in de ruimte en haaks op de gevel te plaatsen. Het restaurant is sober en eenvoudig ingericht. Op de wanden tekende Niemeyer bij de verbouwing een liggend vrouwelijk naakt en een vrouwenportret.

De door Niemeyer voorgestelde uitbreiding van het hotel is tot op heden (nog) niet uitgevoerd. Aan de achterzijde zijn twee lagen gepland, die zeer krap zijn gevoegd tussen het hotel en de berghelling. Van een uitzicht zou nauwelijks meer sprake zijn. Aan de voorzijde zou aan het begin van de hellingbaan een zwembad moeten worden geplaatst, midden in de openbare ruimte. De oprit zou hiervoor moeten worden verplaatst en ingekort en de prachtige tuin van Burle Marx gesloopt. Voor de bovenste balkonstrook zijn achthoekige ramen voorzien. Deze vergroting van de hotelkamers zou het gebouw topzwaar maken en de plasticiteit van de gevel aantasten. Al deze voorstellen betekenen dus geen verbetering. Het voorheen zo ingetogen gebouw zal uit balans raken en voor het eerst een werkelijk storend element in de monumentale stad zijn. De helderheid van Niemeyers eerste ontwerpen maakt dan plaats voor het betekenisloze formalisme dat veel van zijn latere werk karakteriseert.

Casa das Canoas

Op zoek naar de sensualiteit van het wonen

Marc Dubois

De architect Oscar Niemeyer heeft met een aantal grote publieke bouwwerken en vooral met zijn ontwerpen voor de nieuwe stad Brasília ontegensprekelijk een plaats in de geschiedenis van de twintigste-eeuwse bouwkunst verworven. Binnen dit volumineuze oeuvre vormen individuele woningen een uitzondering. De inventaris vermeldt er slechts enkele: woning Kubitschek in Pampulha (1943), woning Mendes (1949) en woning Cavanelas (1954). Daarnaast nam Niemeyer tweemaal het initiatief tot het bouwen van een eigen woning: Lagoa in 1942 en Casa das Canoas in 1953, beide in Rio de Janeiro. Op het eerste gezicht lijken deze woonhuizen een te verwaarlozen onderdeel van zijn productie, maar dat is een verkeerde inschatting. Men kan zelfs stellen dat huis Canoas behoort tot de meest fascinerende individuele woningen die deze eeuw zijn gerealiseerd.

In zijn publicatie over Casa das Canoas in *Architectural Review* (1954) wijst Ernesto Rogers op het grote belang van de architectenwoning: 'The house an architect builds for himself may be considered in general a manifestation of his aspirations, a kind of witness, a confession of his sins, a holograph in which one can not only examine the visible text but also graphically trace the secret motives of the text and the deep-running roots of the poet's inspiration'. Welke ambities en aspiraties had Niemeyer bij het ontwerpen van zijn twee eigen woningen en wat zijn de verborgen motieven in zijn werk?

vorige pagina's Casa das Canoas, Rio de Janeiro, 1953 (links). Tekening Oscar Niemeyer (rechts).

In 1942 bouwde Niemeyer in het stadsdeel Lagoa in Rio de Janeiro zijn eerste woning. Het huis beantwoordt in grote mate aan de 'vijf punten van de nieuwe architectuur' zoals die door Le Corbusier waren gefomuleerd. Zowel het op *pilotis* plaatsen van het huis, het aanwenden van een hellingbaan in het interieur als de keuze voor het *plan libre* verwijzen hiernaar. Alleen het hellend dak wijkt af van de puristische doosvorm die de modernisten bepleitten.

Tien jaar later besloot Niemeyer opnieuw een eigen woning te bouwen. Het eindresultaat ligt ver verwijderd van de twee modernistische woningen die toen als referentiepunten werden beschouwd: het Farnsworth House van Mies van der Rohe (1946-1950) en het Glass House van Philip Johnson (1949). Niemeyer koos namelijk voor een organische vorm in plaats van de rechthoekige doosvorm met een maximale transparantie. Daarnaast is fundamenteel dat Niemeyer koos voor een andere relatie tussen gebouw en omgeving door de natuur te laten penetreren in het interieur. Een oplossing die overigens ook voorkomt in de privé-woning van Lina Bo Bardi, Casa de Vidro in São Paulo (1951).

De kracht van Casa das Canoas ligt echter in de eerste plaats in de binding met de unieke situering. Zo zijn het uitzicht op zee, de horizon en de bijna horizontale beëindiging van de nabijgelegen heuveltop richtinggevend geweest voor het dakontwerp. Vandaag de dag is deze ervaring grotendeels verdwenen door de weelderige begroeiing rondom de woning, maar foto's uit de jaren vijftig openbaren de bijna magische dimensie van de omgeving.

Ook de *promenade architecturale* die de bezoeker moet afleggen om de woning te bereiken, is nauw verbonden met de bouwlocatie. Met de wagen komt men via een slingerende weg bovenaan het bouwterrein. Vervolgens leidt een kronkelend voetpad naar de lagergelegen woning; de auto is dan resoluut uit het grondplan verbannen. Door deze wandeling wordt het betonnen dak ervaren als een grote schijf, geplaatst op ranke kolommen. Het monoliete

volgende pagina's Casa das Canoas: schets Oscar Niemeyer (linksboven); eethoek, hal en rotsblok in het interieur (linksonder); uitzicht op de Pedra da Gávea (rechts). Inmiddels is door de hoog opgeschoten begroeiing deze heuveltop aan het zicht onttrokken.

1950

karakter wordt nog versterkt door het ontbreken van een dakrand. Het horizontale dak bezit een continue, bewegende lijn. Misschien heeft Niemeyer onbewust een relatie met de omtreklijn van het meer in Pampulha gelegd, een locatie waar hij in het begin van de jaren veertig een aantal gebouwen realiseerde. De plasticiteit van de betonnen luifel van Casa do Baile in Pampulha (1942) sluit direct aan bij het dak van Casa das Canoas.

Het zwembad bij huis Canoas heeft door de rotspartij die doorloopt tot in het interieur meer dan een functionele betekenis. Het is een belangrijk scenisch element dat Niemeyer optimaal heeft uitgebuit. Het rotsvolume houdt als het ware het huis aan de bodem vast, een oplossing die verwantschap toont met die van Luis Barragan voor huis Prieto Lopez in Mexico (1948), maar Niemeyer wist met de rotsmassa tevens het exterieur met het interieur te verbinden. Rond het zwembad werden sculpturen van zijn vriend Alfredo Ceschiatti geplaatst. De elegante golvingen van de vrouwelijke lichamen sluiten perfect aan bij de beweeglijkheid van de architectuur. Door het samenbrengen van de gegoten betonschijf, de rotsmassa en de beelden ontstaat bovendien een subtiele positionering tussen natuur en cultuur.

Een opmerkelijke vaststelling is dat het huis geen voor- of achtergevel heeft: de continue beweging heeft een gevelomtrek met een vloeiend ritme doen ontstaan. In tegenstelling tot Mies van der Rohe en Philip Johnson wilde Niemeyer zijn woning zowel een transparant als een gesloten karakter geven. Dit laatste komt tot uiting in een gesloten en gebogen houten wand die geborgenheid en intimiteit aan de zitruimte geeft. In deze wand is aan de zuidzijde een klein, laaggeplaatst vierkantig raam aangebracht. Het is net een schilderij op het landschap, een opening die al zittend uitzicht op zee biedt. Misschien is het niet toevallig dat juist naast dit raam een tekening van Le Corbusier hangt, die is opgedragen aan Niemeyer!

Wat opvalt in diverse publicaties is dat vaak alleen het grondplan van het woongedeelte is afgedrukt. Het slaapgedeelte dat als een sokkel is aangebracht ontbreekt, terwijl dit een compleet andere configuratie dan de bovenliggende verdieping bezit. De twee bouwlagen zijn via een brede trap met elkaar verbonden. Onderaan de trap bevindt zich de bibliotheek en een open haard met een cirkelvormige opening. De wijze waarop Niemeyer de schoorsteen bijna onzichtbaar heeft geplaatst, is op zich reeds een interessant detail en bewijst dat hij het schoorsteenvolume als een storend element binnen zijn gave compositie ervaart.

In het woongedeelte heeft Niemeyer een aantal oplossingen geïntroduceerd die de fluïditeit van de ruimte versterken. Zo is een lichtgebogen wand aangebracht in de eethoek wat tot gevolg heeft dat hier alleen een cirkelvormige tafel tot haar recht komt. Deze combinatie verwijst duidelijk naar de oplossing die Mies van der Rohe introduceerde in het Tugendhat House in Brno (1930). De grens tussen binnen en buiten wordt op verschillende manieren opgeheven: er is gekozen voor dezelfde bevloering van de twee terrassen en het interieur, fascinerende tussengebieden zijn ontstaan door de aarde voor beplanting naar binnen door te laten lopen en hierin zelfs een kolom te situeren, boven de trap is een zone waar oorspronkelijk beplanting was aangebracht en nu een beeld van een liggende vrouw is geplaatst en ook in de details van het raamwerk is gezocht naar een uiterst zachte overgang.

Voor het interieur ontwierp Niemeyer zitbanken, maar voor de stoelen bij de tafel maakte hij gebruik van het klassieke thonetmodel. Er werd niet gestreefd naar eenheid in de meubilering. Archiefbeelden tonen een interieur waar oude meubelen en antieke sculpturen een plaats hebben gevonden. Niemeyer heeft zich altijd verzet tegen een interieur met enkel eigentijdse ontwerpen. De plaats waar de mens verblijft moet volgens hem geladen zijn met een geloof in het verleden en in de toekomst.

De poëzie en sensualiteit die Niemeyer in Casa das Canoas heeft samengebundeld, werd lange tijd ondergewaardeerd, zelfs afgewezen. Het huis is echter het krachtigste antwoord op Johnsons Glass House dat tot op heden is gegeven. Critici hebben er vaak op gewezen dat de gebogen lijn in het oeuvre van Niemeyer niet zozeer het resultaat is van een landschappelijke benadering als wel van zijn fascinatie voor het vrouwelijk lichaam. De erotiek wordt dan als een wezenlijk onderdeel van zijn architectuur gezien. Is het rotsblok het beeld van de venusheuvel? Is het zwembad het symbool van de baarmoeder, het vruchtwater waar iedereen eens verbleef? Is de zwarte wand met de open haard een cirkelvormige opening als een vagina, niet het beeld van het vurig verlangen naar intimiteit? Vuur en water krijgen zo een diepere betekenis dan het louter functionele. Het gaat er dan om de essentie van leven en dood in architectuur vast te houden.

Dit woonhuis is het meest sensuele bouwwerk, misschien wel het meest erotische huis dat een befaamde architect ooit heeft bedacht. Het is een betoverde plek, waar het heerlijk is om te vertoeven en om elkaar lief te hebben. Hier toont Niemeyer wat voor hem organische architectuur betekent: een uiterst elegante figuratie waar interieur en exterieur in harmonie in elkaar overgaan. Casa das Canoas is de synthese van een zoektocht die gestart is met het Braziliaanse Paviljoen in New York (1939) en de gebouwen in Pampulha. Het gaat om het samenbrengen van vrouwelijkheid met de dynamische ervaring van de Braziliaanse natuur. De vitale integratie van het huis in de natuur is dan ook sterk beïnvloed door het werk van Niemeyers vriend de landschapsarchitect Burle Marx, een uiterst belangrijke figuur om hem te begrijpen en correct te situeren. Zonder Burle Marx' visie op het landschap was Niemeyer misschien nooit tot dit sublieme woonhuis gekomen. Geschiedschrijving moet ook deze nuances aanbrengen om de intrinsieke kwaliteiten van het werk te achterhalen en te beklemtonen.

Conjunto Residencial Pedregulho en Conjunto da Gávea van Affonso Eduardo Reidy

Peter Thole

Als jong en veelbelovend architect leerde Affonso Eduardo Reidy omstreeks 1936 Le Corbusier kennen in het ontwerpteam dat onder leiding van Lúcio Costa werkte aan het Ministerie van Onderwijs en Gezondheidszorg in Rio de Janeiro. Le Corbusier trok in deze periode vooral de aandacht door zijn stedenbouwkundige studies. Ook tijdens een lange reis door Zuid-Amerika in 1929 had hij zijn visie op de moderne stad verkondigd en pleitte hij onder meer voor enorme slangachtige superstructuren boven het bestaande stedelijke en landschappelijke weefsel. Ongeacht de stedelijke context was voor Le Corbusier de grote woonstructuur hèt antwoord op stedelijke congestie, ruimtegebrek en krottenwijken. Door gebouwen boven het bestaande landschap te situeren, ontstond ruimte voor wonen in grote dichtheden met alle stedelijke voorzieningen in de nabijheid. Het verkeer werd onder of op de lineaire betonconstructies geplaatst. Voor Rio (1929, 1936) bedacht Le Corbusier een superstructuur van circa zes kilometer lengte en honderd meter hoogte, voor ongeveer 90.000 inwoners, met op het dak een snelweg. Dit laatste was wellicht geïnspireerd op de Fiatfabriek van Matteo Trucco in Turijn.

Toen Reidy, tien jaar na het bezoek van Le Corbusier, zich als hoofd van de afdeling Stedenbouw van Rio geplaatst zag voor de enorme problemen waarmee de stad worstelde, realiseerde hij twee opmerkelijke grootschalige woonstructuren: Conjunto Residencial de

Pedregulho (1947-1952) en Conjunto da Gávea (1952). Beïnvloed door Le Corbusier maar ook door de Engelse *neighbourhood units,* ontwierp hij sociale woningbouw, waarbij maatschappelijke, culturele en medische voorzieningen een essentieel onderdeel van het plan vormden. Hij lichtte dat als volgt toe: 'De bouw van woningen dichtbij het werk geeft de arbeider comfort en tijdsbesparing. [...] Het huisvestingsprobleem reikt veel verder dan het huis op zich en strekt zich uit over alle facetten van het leven in een gemeenschap. [...] Net zoals er water en straatverlichting wordt geleverd in nieuwbouwwijken, moet er een aanbod worden gecreëerd van voedsel, onderwijs, gezondheidszorg, ontspanning en sportbeoefening.'[1]

Voor de locatie van deze woningbouwprojecten waren slechts tweederangs terreinen beschikbaar. Pedregulho ligt op een helling met een verval van vijftig meter ten noorden van het centrum. Het project behelst drie woongebouwen voor in totaal 2400 inwoners en voorzieningen als een sporthal, zwembad, park, gezondheidscentrum, wasgelegenheid, markt, kinderopvang en scholen en speelterreinen. Het hoofdgebouw dat met een lengte van 260 meter met het terrein meegolft, staat op *pilotis* en heeft zeven lagen met ruim 270 appartementen. Het is onderverdeeld in twee lagen met eenkamerappartementen en twee dubbele lagen met maisonettes. Tussen de eenkamerappartementen en de maisonettes bevindt zich een open dek met een overdekte ontsluitingsstraat. Van daaruit zijn de appartementen via galerijen bereikbaar.

In 1952 ontwierp Reidy het Conjunto da Gávea, een slangachtig hoofdgebouw met 748 appartementen. Tegenover dit gebouw op poten waren voorzieningen gepland maar die zijn niet gerealiseerd. Wat overbleef was een 'restant plan', een gebouw dat zijn omgeving ontbeert. Het terrein is nu een rommelig gebied met een park, parkeerplaatsen en een

Conjunto Residencial Pedregulho, Rio de Janeiro, 1947-1952.
Vanuit een open verdieping worden de woningen op hoger en lager gelegen verdiepingen bereikt.

peuterschooltje als rudiment van een rijk concept. Het wordt afgebakend door een snelweg die tevens door het gebouw heen loopt: ten behoeve van de stedelijke verbinding in westelijke richting werd in 1982 een tunnel geboord door het rotsmassief en het ervoor gelegen hoofdgebouw. Hiervoor moesten enkele appartementen worden opgeofferd.

Ondanks het feit dat slechts het hoofdgebouw is gerealiseerd, domineert dit grijswitte, golvende gebouw de omgeving en geeft het aan de chaotische locatie een sterk beeldende begrenzing. De opbouw met appartementen en maisonettes is als in Pedregulho. Het open woondek heeft een sterk sprekende V-vormige schijfconstructie. Op de bovenste laag is een gemeenschappelijke was- en droogruimte gesitueerd. Reidy heeft het slingerende gebouw sterk horizontaal geleed. Aan de bovenkant tekent zich de belijning van de open wasverdieping met de doorlopende open verdieping van het woondek af. Daaronder wordt het lineaire effect veroorzaakt door de doorlopende raampartijen van de woonkamers.

Hoewel het woondek zich uitstekend lijkt te lenen voor sociale activiteiten is daar weinig van te merken. Het is leeg en schoon, en vertoont weinig sporen van gebruik. Voor het vormgeven van het informele Braziliaanse dagelijks leven mist dit gebouw kennelijk de verbinding en hechting met het maaiveld en de stedelijke context. Conjunto da Gávea is een prachtig ontwerp voor architecten, maar het werkelijke wonen lijkt zich elders af te spelen.

1 Affonso Eduardo Reidy, 'Pedregulho neighbourhood unit', *Architect's Yearbook*, (1955)6, p. 95.

Associação Brasileira de Imprensa (ABI) van Marcelo en Milton Roberto

Peter Thole

Het ABI-gebouw is ontworpen door de gebroeders Marcelo en Milton Roberto (hun bureau werd later nog versterkt met de derde broer Maurício), naar aanleiding van een prijsvraag die zij als zeer jonge architecten in 1936 hadden gewonnen. De talentvolle gebroeders Roberto behoorden reeds als *teenagers* tot de groep modernisten rond Costa, Niemeyer en Reidy, die sterke invloed had op de stedenbouwkundige en architectonische ontwikkelingen in Rio de Janeiro.

Het ABI-gebouw, onmiskenbaar beïnvloed door Le Corbusier, kan als prototype van het moderne kantoorgebouw in Brazilië worden gezien; hier werden voor het eerst op grote schaal *brise-soleils* (lamellen) toegepast. Het kantoor, gebouwd op de hoek van een bouwblok in het nieuwe centrum van Rio, is helder in zijn geometrische vorm. De gesloten gevel krijgt reliëf door de in een strak kader geplaatste verticale, betonnen lamellen die zowel een scherp grafisch als een dynamisch beeld opleveren. Er is sprake van een dubbele gevel, waarbij tussen de lamellen en de transparante binnengevel een zone ligt van circa 1,75 meter. Deze doet dienst als vlucht- en schoonmaakzone, buitenruimte voor de aangrenzende vertrekken, overdekt terras en als informele route naar het aangrenzende kantoor. Het licht in het interieur wordt door diagonaal geplaatste betonschijven gefilterd en getemperd, wat een intieme sfeer geeft. De lamellen waren oorspronkelijk in een lichtmetalen uitvoering gedacht.

Het concept van de gebroeders Roberto was voor die tijd vindingrijk en origineel: een formeel en eenvoudig exterieur met daarachter een grote diversiteit aan programma's. Ook het grondplan met de hoge *pilotis* was op dat moment nog nauwelijks toegepast. Opvallend is bovendien de positie van een drietal liften, die direct aan het overdekte entreegebied zijn gelegen, als uitloper van het trottoir.

Het gebouw kent naast winkels en parkeervoorzieningen op de begane grond, vier verdiepingen met werk- en kantoorruimten met een min of meer identieke indeling. Boven deze standaardverdiepingen bevindt zich een aantal open kantoorruimten met zicht op de buitengevel en de betonnen lamellen.

Hoewel er specifieke werkplekverlichting aanwezig is, werkt men hier in het halfduister. De systeemplafonds met afzuig- en koelvoorzieningen ontbreken maar dit wordt, naast een een enkele 'ventilator', gecompenseerd door de natuurlijke dwarsventilatie. Kenmerkend voor de lay-out van deze verdieping zijn de betonnen kolommen penanten (met afgeplatte ronde hoek), vrijgeplaatst in de ruimte en de lamellen die het overstek lijken te dragen. Het interieur komt op het eerste gezicht ouderwets over, maar in feite is hier sprake van een authentiek afwerkniveau en oorspronkelijke detaillering, bijvoorbeeld in de eenvoudige donkerbruine houten (multiplex) bekleding van liftpartijen, balies, kasten en bureaus.

Op de achtste verdieping bevinden zich de leeszaal en de archieven in één open L-vormige kantoorruimte. Een verrassing zijn de negende en tiende verdieping, waar een auditorium, een vergaderzaal, alsmede expositie- en ontvangstruimten over twee verdiepingen met vide en omloop zijn gesitueerd. In de gevel zijn deze ruimten verbijzonderd door een matglazen rechthoekige raampartij. Dit verschaft een rustige atmosfeer en houdt tegelijkertijd de stad buiten. Het zitmeubilair ziet er wederom authentiek uit; de tijd gaat hier heel langzaam!

Associação Brasileira de Imprensa, Rio de Janeiro, 1936.

Op de elfde en twaalfde verdieping zijn de recreatieve ruimten ('only for members') met biljartzaal, lounge, bar, bibliotheek en zelfs een kapper. Op de dertiende verdieping zijn het restaurant en de keuken ondergebracht. De dakopbouw van de bovenste vier verdiepingen is iets terugliggend en in een gebogen vorm, als deksel op een strakke doos. De daktuin, ontworpen door Burle Marx, is niet meer dan een betegeld terras maar het uitzicht over de stad is adembenemend.

Ministério da Educação e Saúde (MES)

De bouw van het Ministério da Educação e Saúde (Ministerie van Onderwijs en Gezondheidszorg, MES) tegenwoordig het Ministério da Educação e Cultura (Ministerie van Onderwijs en Cultuur, MEC), gaf minister Gustavo Capanema de gelegenheid zijn culturele ambities te tonen. Het winnende, eclectische plan van de door hem georganiseerde prijsvraag in 1935 schoof hij aan de kant – het was niet functioneel en zou in Europa achterhaald zijn – en hij gaf Lúcio Costa de opdracht iets moderners te bedenken. Costa op zijn beurt nodigde de architecten Leão, Moreira en Reidy uit om samen een ontwerp te maken. Niemeyer, destijds tekenaar op het bureau van Costa, stond erop ook in het team te worden opgenomen. Vasconcelos, de compagnon van Moreira, werd als zesde architect toegevoegd en in 1936 kreeg Costa van de president toestemming om Le Corbusier als adviseur naar Brazilië te halen. Le Corbusier drong aan op een andere locatie, aan de Guanabarabaai, ongeveer waar nu Reidy's museum voor moderne kunst staat. Gezamenlijk maakte de groep een ontwerp. Vlak voor het vertrek van Le Corbusier bleek echter dat de locatie aan de baai niet beschikbaar was. In allerijl paste Le Corbusier het ontwerp aan. Later werd deze aanpassing omgewerkt door Oscar Niemeyer. Het gebouw was in 1943 klaar en kwam drie jaar later op de monumentenlijst te staan als 'beslissende stap in de geschiedenis van de universele architectuur'.

Het ministerie valt op door de ruimteconceptie: het gebouw is in een hoge schijf geconcentreerd en op *pilotis* geplaatst waardoor het als een plein aan de stad wordt teruggegeven. Tussen de gesloten bouwblokken uit de directe omgeving werkt dit concept goed omdat het

een uitzondering is gebleven. In Brasília echter leverde hetzelfde concept een immense rij gebouwen in een gapende leegte op. Het ministerie in Rio werd als een paleis met (moderne) beelden, tapijten en schilderingen gedecoreerd.

Nog jaren later bakkeleiden Le Corbusier en de Brazilianen over honoraria en auteursrechten. Zo is, volgens Costa, de schets in Le Corbusiers *Oeuvre Complète* getekend naar een maquettefoto die uit Brazilië was opgestuurd. Aan deze fase van het ontwerp zou Le Corbusier geen aandeel meer hebben gehad.

Glazen gevel aan de zuidkant van het ministerie. Op de voorgrond: Bruno Giorgi, *Juventude,* 1943.

Brasília

Brasília is sinds 1960 de hoofdstad van Brazilië. De bouw begon in 1957, op basis van het schetsontwerp waarmee architect Lúcio Costa de prijsvraag had gewonnen: het Plano Piloto. *Dit ontwerp gaat uit van een kruising van twee assen: de as met de regeringsgebouwen (de Monumentale As) en de as met de woonblokken (de Residentiële As). Op het kruispunt van deze assen ligt het stadshart, dat bestaat uit een busstation en daaromheen wijken met algemene voorzieningen. Bij de verdere uitwerking van het grondplan werden bijna alle belangrijke gebouwen in de stad ontworpen door Oscar Niemeyer. Midden jaren tachtig kwam het* Plano Piloto *onder druk te staan en wilde men het stadsplan wijzigen. Als reactie werd Brasília door UNESCO uitgeroepen tot monument voor de gehele mensheid.*

Hoewel Brasília een gerealiseerde ideaalstad is en op het oog precies zo functioneert als Costa had voorzien, is de realiteit complexer. Ondanks het feit dat een half miljoen mensen deze stad bewonen, eveneens zoals Costa zich dat had voorgesteld, is het modernistische concept statisch en versimpeld. Driekwart van de bevolking van Brasília, en met hen een groot deel van de stedelijke dynamiek, werd verbannen naar verre satellietsteden. De poging van de overheid om stad, stadsopbouw en stadsvorm in detail

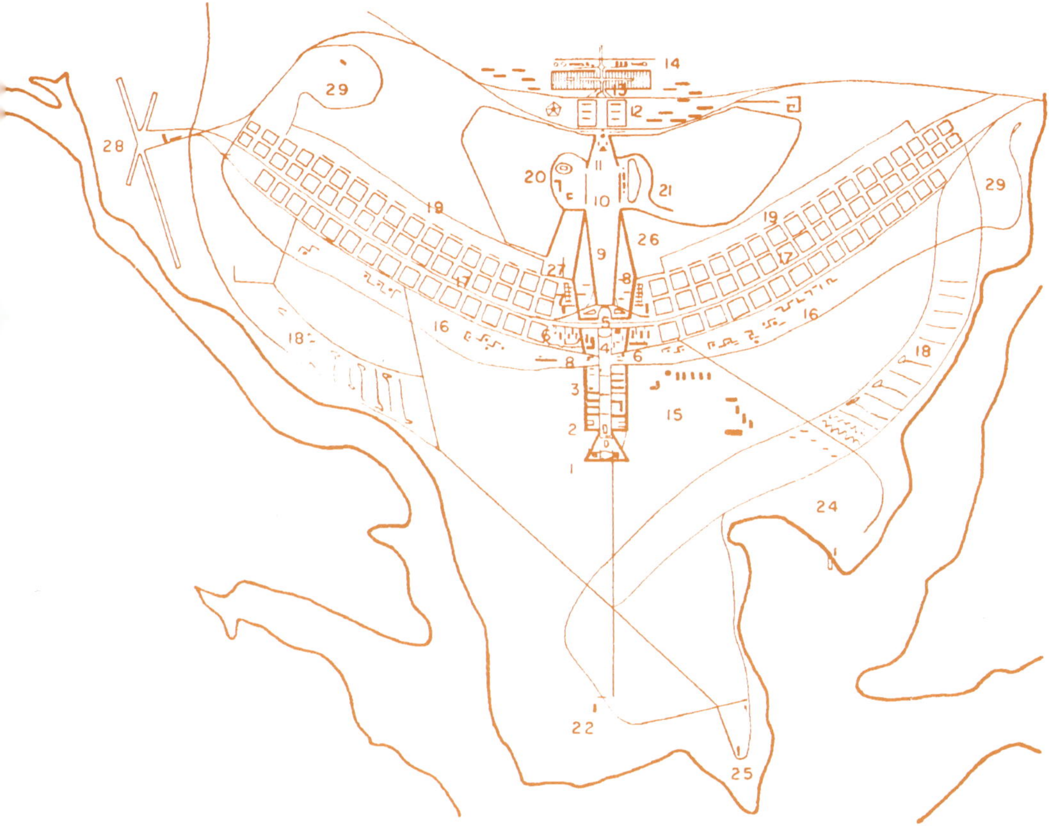

Prijsvraaginzending van Lúcio Costa voor het stedenbouwkundig plan van Brasília, 1957. Bij de uitwerking werd een rij *superquadras* toegevoegd en verschoof de stad iets naar het meer toe.

te controleren, ging mis. Het bleek niet mogelijk te zijn om vraagstukken met betrekking tot sterke groei, grote (economische) dynamiek en een snel breder wordende sociale kloof de baas te worden.

Het is verleidelijk om met terugwerkende kracht het concept van Brasília ter discussie te stellen, maar dat levert weinig op. De stad heeft met twee miljoen inwoners het stadium van papieren werkelijkheid al lang verlaten. Interessanter is de vraag hoe het in de toekomst verder moet. Door het Plano Piloto *op de monumentenlijst te plaatsen, gaf de regering een duidelijk antwoord: de initiërende lijnen van Costa en Niemeyer worden als eindproduct beschouwd. Het contrast tussen de in detail geregisseerde en verstarde modelstad en de werkelijke stad – die met veel moeite en op een onvoorspelbare manier in de periferie gestalte krijgt – wordt dusdanig aangescherpt, dat in de toekomst het zwaartepunt van Brasília zich zal verplaatsen naar de reeds aan elkaar gegroeide satellieten Taguatinga, Samambaia en Ceilândia. De bouw van een metro en de uitverkiezing van Taguatinga tot centrum van de regionale economie, onderstrepen deze ontwikkeling.*

Brasília: hoofdstad van het moderne

James Holston

Een van de uitgangspunten van de moderne beweging is het idee dat architecten en planners kunnen bijdragen aan de 'grote doeleinden van de samenleving'. Nationale projecten, meestal op het terrein van infrastructuur, stedenbouw en woningbouw, vormen de aanzet voor veranderingen in de collectieve en individuele gewoonten van een land. Een ongewenste realiteit maakt daarbij plaats voor een radicaal anders geplande toekomst. De projecten bieden bovendien de overheid de mogelijkheid haar daadkracht te tonen en de natie een identiteit te verschaffen.[1]

De bouw van Brasília is een schoolvoorbeeld van een dergelijke aanpak. Zo schreef de stichter van de stad, president Juscelino Kubitschek: 'Ik ben me er al lang van bewust dat de moderne architectuur in Brazilië meer is dan een esthetische trend of een uiting van een universele beweging in onze cultuur. Ze geeft ons de middelen om tot de beste oplossingen voor onze stedenbouw en volkshuisvesting te komen. Bovendien is de architectuur een sterke uiting van onze cultuur, misschien wel de origineelste en meest precieze uitdrukking van creatieve intelligentie in het moderne Brazilië'.[2] Het project voor Brasília werd voorgesteld als meer dan de bouw van een hoofdstad voor het industrialiserende Brazilië. De architectuur was het symbool van nationale moderniteit. Brasília vereiste als het ware een nieuwe natie; een staat waar de revolutionaire hoofdstad 'logisch bij zou horen', zoals haar ontwerper, Lúcio Costa, het omschreef.[3]

Aan het concept van Brasília lagen twee veronderstellingen ten grondslag. Allereerst gingen de bouwheren van Brasília ervan uit dat de stad de samenleving zou veranderen en een nieuwe sociale orde met zich zou meebrengen. Ten tweede meenden ze dat de innovaties van Brasília een blauwdruk voor verandering waren en het hele land in de gewenste richting zouden duwen. Brazilië kon dus een reuzensprong voorwaarts maken en alle ongewenste ontwikkelingsstadia overslaan. In werkelijkheid gebeurde echter iets heel anders. Na de inauguratie in 1960 werden de goede bedoelingen volledig verstoord door onvoorziene sociale processen die in de stad plaats vonden.

Een nieuwe sociale orde

De ruimtelijke en sociale opbouw van Brasília was gebaseerd op de manifesten van CIAM, Congrès Internationaux d'Architecture Moderne. Tussen ongeveer 1920 en 1970 vormden deze wereldwijd een referentiepunt voor de ontwikkeling van de moderne stad; in sommige delen van de wereld is dat zelfs nog steeds zo. Het centrale thema van CIAM is de ruimtelijke scheiding van sleutelfuncties van het stedelijk leven: wonen, werken, ontspanning en verkeer. CIAM stelde dat nationale regeringen prioriteit moesten geven aan collectieve belangen boven individuele belangen. In plaats van de chaos binnen de bestaande steden diende een nieuw soort ordening te worden gecreëerd, die was uitgewerkt in masterplannen. Elk conflict tussen de voorgestane en de bestaande samenleving loste dan op in de samenhang van de totale orde.

De manifesten van CIAM gingen ervan uit dat de staat de planning van de gebouwde omgeving volledig controleerde. De vorming van een modern staatsapparaat, als hoogste macht in de planning, was derhalve een voorwaarde. Door de nadruk op een krachtige staat, omarmden elites van allerlei politieke overtuigingen de concepten van CIAM; de geschiedenis van de stedenbouw is hiervan het bewijs. Brasília, ontworpen in de jaren vijftig door Lúcio Costa en Oscar Niemeyer, is het meest complete voorbeeld dat werd gerealiseerd.

Behalve de objectieve verandering van de ruimtelijke structuur, trachtte CIAM ook een subjectieve verandering van de sociale structuur van de stad te bewerkstelligen. De ruimtelijke context, bestaande gewoonten en zelfs de geschiedenis werden op revolutionaire wijze verworpen. De stedenbouwkundige en architectonische ontwerpen moesten nieuwe ervaringen oproepen, zodat de bestaande sociaal-maatschappelijke orde kon worden afgebroken en getransformeerd. Dankzij deze 'decontextualisatie' zou het mogelijk worden de kiem te leggen voor nieuwe manieren van collectiviteit, perceptie, sociale ervaring en individuele gewoonten.

De strategie van totale planning werkte in Brasília dubbel vervreemdend. Allereerst plaatste het masterplan de machtsbolwerken die vanouds ingekapseld lagen in de stad, open en bloot in de openbare ruimte. Ten tweede was door de uniforme architectuur noch het onderscheid tussen de functies van de verschillende instellingen, noch de scheiding tussen wonen en werken zichtbaar. Bovendien werden de *superquadras* (superblokken) op de Residentiële As rigoureus ingedeeld. Zo woonde het personeel van de Banco do Brasil in het ene superblok en het personeel van de luchtmacht in het andere.

Het modernisme draaide het dagelijks leven van Brasília om. De impliciet opgelegde sociale en esthetische normen dienden de menselijke aard te veranderen zoals elektronische condensatoren de aard van stroom omkeren, om een metafoor van het modernisme te gebruiken.

De bewuste vervreemding werkte uiterst 'effectief'. Een verhuizing naar Brasília werd door de meeste mensen ondergaan als een trauma. De eerste inwoners bedachten er een speciaal woord voor: *brasilite*, of Brasília-itis. Vanwege de institutionele indeling per sector en de architectonische uniformiteit van zowel wonen en werken, klaagden veel mensen dat ze hun weg niet konden vinden en dat het leek alsof ze op kantoor sliepen. Verder kregen de transparante woonblokken de bijnaam 'televisie van de *candango*'. Dit was de bijnaam van de bouwvakkers van Brasília; alsof deze zich vermaakten met het naar binnen gluren bij de middenklasse. De bewoners beantwoordden het gebrek aan privacy met het opwerpen van visuele barrières, zoals gordijnen, lamellen, planten en vogelkooien. Het idee te kijk te staan achter de glazen gevels van de appartementen gaf echter ook een ander gevoel van desoriëntatie. Het werd in verband gebracht met de moraliserende blik van een door de staat gepropageerde openheid.

Katalysator van ontwikkeling

Brasília bevatte alle ingrediënten van subjectieve en objectieve verandering, zowel in sociaal als in architectonisch opzicht. De nieuwe hoofdstad werd ontworpen om Brazilië een spiegel van de toekomst voor te houden. Brasília diende beschaving te brengen en een nieuw gevoel van nationale ruimte en tijd in te stellen. Deze strategie is duidelijk zichtbaar op landkaarten uit de jaren vijftig en zestig, waarop een netwerk van snelwegen Brasília verbindt met alle deelstaten. Maar vrijwel geen enkele weg bestond in werkelijkheid: de kaarten waren een verbeelding van de nieuwe nationale ruimte die met Brasília zou moeten worden gegenereerd.[4]

Taguatinga werd in 1959 gebouwd en is een van de oudste satellietsteden van Brasília. De stad heeft zich ontwikkeld tot een regionaal centrum.

Superpertinho
Pão de Açúcar
TAGUATINGA
Yasmin Flores
IDEAL
Mãos Vazias

Doordat met de bouw van Brasília werd getracht de toekomst naar de hand te zetten, ontstond tevens een nieuw besef van tijd. Tijdens de bouw, die dag en nacht voortging, stond het harde werken bekend als 'het ritme van Brasília'. Dit ritme verschilde wezenlijk van een Afrikaanse drum of een Portugees deuntje met een ondertoon van kolonialisme en corruptie. Volgens de overlevering hield het ritme 36 uur per dag aan – twaalf uur licht, twaalf uur donker en twaalf uur uit enthousiasme. Het was de uitdrukking van een nieuw ruimte-tijd bewustzijn. De weg naar de toekomst leek te kunnen worden ingekort, door ongewenste fasen van ontwikkeling over te slaan – zoals de failliete stedenbouw van de negentiende- en vroege twintigste-eeuw zijn erfenis had nagelaten in steden in Noord-Europa.

Het modernisme van de nieuwe hoofdstad Brasília onderstreepte de opkomst van Brazilië als een moderne staat. De stad brak met het koloniale verleden van onderontwikkeling en nam afstand van de stijlen uit het verleden. De Iberische en neoklassieke architectuur in andere steden waren de zichtbare uitdrukking van een erfenis die de overheid opzij wilde zetten. Hiervoor in de plaats kwamen industriële materialen en industriële vormgeving passend bij de nieuwe tijd. De stedenbouw baseerde zich nu op de auto en de esthetiek van snelheid.

Universele eigenheid

De CIAM-concepten en Le Corbusiers stedenbouw werden op briljante wijze gereproduceerd in Brasília. Toch is de stad niet slechts als een kopie te beschouwen. In Brasília kreeg het universele modernisme een Braziliaanse uitvoering en daarmee verzelfstandigde het zich van het oorspronkelijke model. De kopie die de stad aanvankelijk was, werd in hoge mate origineel en had een eigen dynamiek.

Met de stichting van Brasília deed de overheid in theatrale vorm van zich spreken, niet als acteur maar als regisseur. Onder president Kubitschek toonde Brazilië aan modern te zijn, simpelweg door dit te etaleren. De natie schiep zichzelf met spectaculaire openbare werken. De kracht van Brasília lag aanvankelijk vooral in de geste, want de economische en culturele macht zetelden in Rio de Janeiro en São Paulo. Ondertussen fungeerde de architectuur als index van Braziliës moderniteit, waarbij een – inderdaad wonderbaarlijk – verband tussen gebouwde omgeving en ideologie tot stand kwam.

De staat toonde zichzelf op charismatische wijze door met de bouw van de stad tevens aan een moderne natie te werken. Volgens Quentin Skinner, die een historische analyse maakte van de conceptuele stichting van naties, is de notie van een daadkrachtig bestuur vanouds een voorwaarde hiervoor.[5] Er bestaat volgens hem een wisselwerking tussen de goede status van de heerser (het majestueuze van de majesteit, de status regis) en de goede status van zijn rijk. Het eerste is een voorwaarde voor het tweede; zij ontlenen hun bestaansrecht aan elkaar. Skinner toonde aan, met verwijzing naar Clifford Geertz, dat in de voorstelling van de staat, de wisselwerking geloofwaardigheid krijgt dankzij openbare werken waarin de statigheid van de macht ordenend werkt.

In Brasília nam de charismatische conceptie van de staat op spectaculaire wijze een modernistische gedaante aan. De stad zou het land naar een nieuw tijdperk leiden. Om deze voorbeeldfunctie te kunnen vervullen, moest Brasília uniek zijn. Zoals president Kubitschek expliciet aangaf, moest het bestaande worden genegeerd. Costa deed in de toelichting op het masterplan dan ook alsof Brasília noch in Brazilië noch in de architectuur een voorloper had. Hij verklaarde het stadsontwerp met principes van de abstracte geometrie en de universele stedenbouw.[6] Op soortgelijke wijze ontkende de overheid dat de bouw van de stad drie jaar had geduurd. Bij de inauguratie werd een wonder onthuld: een glimmende, kant-en-klare stad die gereed was om haar bewoners te ontvangen. Deze presentatie van een bewoonbaar idee, alsof het een gebouw in plaats van een stad betrof, ging voorbij aan de Braziliaanse werkelijkheid die zich al in de stad had genesteld: de tienduizenden bouwvakkers.

Costa presenteerde Brasília als een tabula rasa, als product van een universele mythe. Maar met de bouw van de stad kwam ook de geschiedenis terug. Dit is de contradictie van de utopie. Om anders te kunnen zijn, moet zij autonoom zijn en het bestaande ontkennen. Wanneer zij geconcretiseerd wordt, komt haar gedaante evenwel per definitie voort uit de bestaande orde en verwatert de utopische dimensie. In het masterplan voor Brasília werd de tegenstelling tussen droom en realiteit bedekt onder een mantel van mythologische poëzie. De toelichting op het plan was vaag over de inrichting van de stad en de organisatie van de projecten. Zo werd de schijn gewekt, dat de bouw van Brasília ongevoelig was voor de tekorten en gebreken van Brazilië. Men wilde hiermee geen rekening houden, omdat dan de utopische dimensie verloren zou gaan.

Toch viel tijdens de bouw van Brasília de bestaande orde niet te ontkennen, daar kwam de stad nu eenmaal uit voort. Een uitweg uit de paradox zocht men in het aantrekken van een groot aantal arbeiders die, als de stad eenmaal zou zijn gebouwd, door een politiemacht moest worden verwijderd. Het negeren van 'de rest van Brazilië', zoals die werd verpersoonlijkt door de bouwvakkers, zou de zuiverheid van het concept garanderen. Ironisch genoeg werd juist door deze zuivering het utopische project vernietigd. Om hun ideaal te kunnen realiseren, bedienden de planners zich van sociale stratificatie en onderdrukking, terwijl ze precies deze fenomenen in Brasília hadden willen voorkomen. Het omgekeerde geschiedde:

De Setor Hoteleiro (hotelsector) aan weerszijden van de Monumentale As in Brasília.

de grondslagen en gebruiken van de bestaande samenleving tekenden zich al in de eerste contouren van Brasília af.

Brazilianisatie van Brasília

Sinds de bouw zijn steeds meer aspecten van het traditionele Brazilië in Brasília opgenomen. Dit wordt wel de brazilianisatie van het concept genoemd. Deze ontwikkeling had echter niet tot gevolg dat de stad terugkeerde naar oude, traditionele vormen; Brasília werd nimmer een gewone Braziliaanse stad want de fysieke structuur lag duidelijk vast. Maar Brasília werd evenmin de stad die de planners voor ogen hadden gehad. Het ontwikkelde zich in een spanningsveld van utopische en dystopische krachten. Er trad een wisselwerking op tussen modernistisch ruimtelijke logica en planning en pogingen van bewoners om de vertrouwde waarden en gewoonten terug te brengen. Dit proces van brazilianisatie zette de grondslagen van de stad op zijn kop.

Een van de opvallendste aspecten van de stad is de verkeerssituatie. Deze illustreert treffend hoe de ruimtelijke logica in tegenspraak kwam te staan met de sociale bedoelingen. In het stadsplan waren straten en pleinen vermeden, omdat ze te druk en te ongezond zouden zijn voor het machinetijdperk. De gevolgen waren ingrijpend. Met het verdwijnen van de straat verdween ook het straatleven, de stedelijke menigte en de kans op spontane ontmoetingen. Door de weidse openbare ruimte bleven de mensen binnen. Het sociale leven verplaatste zich van de openbare ruimte naar afgesloten ruimten in winkelcentra, clubs, huiskamers en auto's. Een werkelijk alternatief voor de stedelijkheid en het stadsleven van de traditionele steden bood dit niet. De sociale scheidslijnen werden scherper. Het lege niemandsland en de verplaatsing van het stadsleven naar de geprivatiseerde binnenruimten vormden een schril contrast met de intentie om het publieke domein te versterken. De privatisering sloop niet naar binnen als gevolg of bijproduct van een ander proces. Het was een directe consequentie van de ruimtelijke concepten en de grondpolitiek van de modernistische logica.[7]

Tijdens het ontstaan van Brasília werd steeds getracht om de stad volledig te laten overeenstemmen met het masterplan. Om Brasília zo utopisch mogelijk te houden, was iedere wijziging onacceptabel. Toch kwamen er vele afwijkingen, zoals illegale nederzettingen, chaotische groei en dissidente politieke organisaties. Deze werden bestreden met maatregelen die kenmerkend zijn voor het Brazilië waaraan Brasília had moeten ontsnappen, namelijk het ontnemen van politieke rechten, de onderdrukking van vrijwilligersorganisaties en een beperkte distributie van publieke goederen, vooral van huisvesting. Deze praktijk baseerde zich op discriminatie naar status.[8]

Aldus bewerkstelligden de ontwerpers een haast karikaturale versie van de samenleving die ze hadden wilden voorkomen. Dankzij de planning ontstond een unieke stad, maar niet het ideale voorbeeld. Integendeel, Brasília werd een voorbeeld van sociale en ruimtelijke stratificatie en bovendien een stad waar de overheid een belangrijke rol speelde bij het ontstaan van ongelijkheid.

Een derde vorm van brazilianisatie werd veroorzaakt door de opstelling van de *Brasilienses*, de inwoners van de stad. Zij wezen vele elementen van het ontwerp af en brachten vertrouwde waarden, concepties en conventies terug. In de winkelsectoren van de zuidvleugel

volgende pagina's De Monumentale As (links). Halverwege staat het Memorial JK, het grafmonument van de stichter van Brasília, president Juscelino Kubitschek (rechts).

keerden de bewoners zich bijvoorbeeld tegen het verkeerssysteem. De entrees van de winkels die aan de tuinzijde van de *superquadras* lagen, werden verplaatst naar de zijde van de bevoorradingsweg die zo meer het karakter van een levendige marktstraat kreeg. Deze aanpassing beperkte zich echter tot enkele straten. Een doorlopend systeem van straten met stoepen werd nimmer gerealiseerd. Verder hebben de bewoners zich verzet tegen de glazen gevels van hun appartementen door gordijnen en zonweringen op te hangen, alsmede door in de later gebouwde blokken een meer gesloten architectuur te eisen.

De elite, waartoe ook de planners en bestuurders behoorden, schikte zich evenmin in het concept van de residentiële *superquadras*. Zij verhuisden naar villawijken die buiten de stad ontstonden, vooral aan de overzijde van het meer. Langs de oevers kwamen verenigingen met clubhuizen en daarmee werd ook de egalitaire buurtorganisatie van de *superquadra* afgewezen. Het bestaan van elitaire villawijken en clubs bewijst hoezeer het streven naar sociale verandering mislukte. Waar het *superquadra* gelijkwaardigheid van gevels, materialen, afwerking en plattegronden introduceerde, wedijverden de villa's om het meest ostentatieve uiterlijk. Vaak werd een collage van koloniale bric à brac stijlen toegepast. Deze overdadigheid stond lijnrecht tegenover de geest van Brasília's sociale en esthetische programma. Door de moderne stad de rug toe te keren en de oevers van het meer te privatiseren, ondermijnde de elite de intenties van de ruimtelijke opbouw van de stad. Zonder hun steun of participatie was de beoogde collectieve structuur zeker niet tot stand te brengen.

Enige tijd na de inauguratie verkocht de overheid de meeste appartementen in de *superquadras* voor lage prijzen aan de bewoners. Een ingewikkeld marktmechanisme werd in werking gezet, met als resultaat dat de lagere inkomensgroepen werden verbannen naar satellietsteden die steeds verder van het centrum waren verwijderd. Het proces van perifere spreiding had derhalve tot gevolg een achterland vol satellietsteden. Geleidelijk aan hebben deze de moderne stad overvleugeld in aantal inwoners. De geplande stad ligt nu als een oase van rijkdom temidden van armoedige voorsteden. Dat is de perverse uitkomst van het proces dat door de ontwerpers in gang werd gezet: Brasília is in vele, zo niet alle, betekenissen de meest gestratificeerde stad van Brazilië.

Deze tekst is een verkorte en bewerkte versie van het niet eerder gepubliceerde artikel 'Brasília, Capital of the Modern' (1997).

1 Voor een uitgebreide analyse zie: James Holston, *The Modernist City: An Anthropological Critique of Brasília*, Chicago 1989. In zijn reactie op Lúcio Costa's masterplan drukte president Kubitschek zich op karakteristieke wijze uit over de eeuwige en utopische conceptie van de nieuwe hoofdstad: 'Om een basis te bieden voor de pioniers, die beschaving brengen en het universum ontsluiten, moet Brasília per definitie een metropool zijn met afwijkende eigenschappen die de huidige realiteit ontkennen en zich met alle constitutieve elementen richten op de toekomst.' Zie: Juscelino Kubitschek, *Por Que Construí Brasília*, Rio de Janeiro 1975, pp. 62-63.

2 Stamo Papadaki, *Oscar Niemeyer*, New York 1960, p. 7.

3 Lúcio Costa, 'Razões da Nova Arquitetura', *Arte em Revista*, 4 (1980, eerste druk 1930) 15.

4 Voor een analyse van het verband met Le Corbusier zie: Holston, op. cit. (noot 1), pp. 31-58.

5 Quentin Skinner, 'The State', in: Terence Ball, James Farr en Russell L. Hanson (ed.), *Political Innovation and Conceptual Change*, Cambridge 1989, pp. 90-131.

6 In de toelichting op het ontwerp rechtvaardigde Costa zijn plan op briljante wijze. De toon van epische poëzie en mythologie paste perfect bij het project van *nation building*. Zie: Holston, op. cit. (noot 1), pp. 59-87.

7 Ibidem, pp. 101-104. Het is deze denkwijze die tegenwoordige planners ertoe brengt het vocabulaire van de modernistische architectuur en stedenbouw te gebruiken bij het ontwerpen van afgesloten en beveiligde stedelijke ruimten.

8 Ibidem, pp. 199-328. Hierin wordt de 'wraak van de geschiedenis' uitgebreid behandeld.

De Monumentale As

Dankzij de Monumentale As (Eixo Monumental) kreeg Brasília al direct de uitstraling van een hoofdstad. De as bestaat uit een grasveld van vierhonderd meter bij acht kilometer met een monumentale groepering van belangrijke gebouwen. Aan de oostzijde wordt de as afgesloten door het Plein van de Drie Machten (Praça dos Três Poderes) met onder meer het congres (Congresso Nacional), het presidentieel paleis (Palácio do Planalto) en het hooggerechtshof (Supremo Tribunal Federal). Hierna volgt een esplanade met aan weerszijden de ministeries. Op het kruispunt met de Residentiële As (Eixo Residencial) ligt de Centrale Sector met algemene voorzieningen die is onderverdeeld in verschillende sectoren en verder het busstation, de warenhuizen en het theater. De Monumentale As loopt nog kilometers door langs de Hotel Sector, de tv-toren, het congrescentrum, het gebouw waar het bestuur van het Federale District zetelt, diverse musea en de tombe van president Juscelino Kubitschek (Memorial JK) tot aan het station. Sinds de toestroom van arme migranten bevindt zich hier ook het interlokale busstation. Het prestigieuze busstation in het stadshart dient het vervoer binnen het Federale District.

De Monumentale As bevat pleinen met een voor Europeanen ongekende schaal. De apotheose hiervan vormt het onmetelijke Plein van de Drie Machten, waar de gebouwen worden omgeven door het ongerepte landschap van de Braziliaanse hoogvlakte. De ministeries vormen twee rijen identieke bouwblokken langs de as; het enige dat verandert zijn de namen die door iedere regering weer worden gewijzigd. Slechts twee ministeries hebben een bijzondere vormgeving: Justitie (Palácio da Justiça) en Buitenlandse Zaken (Palácio do Itamaraty).

vorige pagina's Toegangsweg naar het Palácio Alvorada (1956-1958), de ambtswoning van de Braziliaanse president aan de oever van Lago do Paranoá (links). Catedral Metropolitana, Brasília, 1959-1970 (rechts).

Alle gebouwen langs de as staan vrij in de ruimte. In perspectief rijgen ze zich aaneen tot lange wanden langs een onmetelijke leegte, waardoor de horizon tot in het centrum reikt. Op deze schaal verdwijnt het architectonische detail. De gebouwen blinken uit in hun neutrale, abstracte verschijning, opgebouwd uit pixels van staal, beton, glas en neon. Zo zijn er gevels die slechts bestaan uit lamellen (de bijgebouwen van het congres), geornamenteerd beton (het theater), glas met airconditioners (de ministeries) of keurig in kaders gevangen neonreclames (Conjunto Nacional). Alleen de kathedraal (Catedral Metropolitana) met zijn plastische stralenkrans van beton en glas vormt een uitzondering. In contrast met de neutrale wanden langs de as staan de uitgesproken sculpturale vormen van het parlementsgebouw, de immense vlaggemast van Sérgio Bernardes en de beeldhouwwerken *A Justiça* (Vrouwe Justitia) van Alfredo Ceschiatti en *Os Candangos* (De Pioniers) van Bruno Giorgi. Deze specifieke vormgeving krijgt aan de andere kant van het busstation een vervolg met de tv-toren, het congrescentrum, het Memorial JK, het Museu Histórico en de Catedral dos Militares.

De belangrijkste regeringsgebouwen zijn opgebouwd uit neutrale doosvormen, waarvan de wanden zijn opengewerkt tot colonnades met een gemakkelijk herkenbare contour. Ze vormen een architectonische familie, maar tegelijk hebben ze stuk voor stuk een eigen karakter. Hun beeldvorming is zo sterk dat Niemeyers architectuur de logo's leverde die velen tegenwoordig associëren met de hoofdstad of zelfs met de president, het parlement, het hooggerechtshof, het Ministerie van Buitenlandse Zaken en het Ministerie van Justitie. Net zoals de pleinen van Brasília de Europese stedelijke schaal overstijgen, overtreft een aantal gebouwen ons begrip van monumentale architectuur. Dit geldt bijvoorbeeld voor de *promenade architecturale* van het Ministerie van Buitenlandse Zaken en voor andere gebouwen waar eveneens auto's doorheen kunnen rijden.

De Centrale Sector heeft een gespiegelde plattegrond. Over het algemeen is de bebouwing aan de zuidkant ouder. De sectoren laten een tamelijk rigide functiescheiding zien: Setor Médico-Hospitalar, Setor Rádio e Televisão, Setor Hoteleiro, Setor Commercial, Setor Bancário, Setor Autarquias (overheidsinstellingen), Setor Diversões (ontspanning en warenhuizen) en Setor Cultural. Deze functiescheiding wordt tegenwoordig als te strikt beoordeeld. Volgens Lúcio Costa was dit echter niet de bedoeling; vooral de wijze waarop de Hotel Sector vorm heeft gekregen, vindt hij een grote vergissing. Desalniettemin blijft de functiescheiding gehandhaafd.

Het is interessant om te zien hoe overdag het informele circuit, met name in de Commerciële Sector, de zoneringsregels aan zijn laars lapt en een aangepaste versie van de Braziliaanse straatmarkt creëert, onder en tussen de gebouwen. Vooral op plaatsen waar versmallingen optreden, ontstaan vrije marktplaatsen, maar buiten kantooruren is deze spontane stedelijkheid gauw verdwenen.

vorige pagina's Praça dos Três Poderes is het plein waaraan het presidentiële paleis, het parlement en het hooggerechtshof zijn gevestigd (links). Het middelpunt van Brasília wordt gevormd door een groene vlakte met de

De Residentiële As

Brasília is een stad met een lineaire structuur en een 'verticale' tuinstad: een tuinstad met hoogbouw. De lineaire structuur is duidelijk te zien in de twee vleugels van de Residentiële As, die samen negen evenwijdige banden met een lengte van zestien kilometer omvatten. Halverwege wordt deze bandstad gekruist door de Monumentale As met de regeringsgebouwen. Alle stedelijke functies, voor zover die in 1957 waren te overzien, zijn over de Residentiële As uitgesmeerd. De as zou een doorsnede van de samenleving moeten geven, maar reeds vanaf het begin werden de woonblokken die bestemd waren voor de laagstbetaalde ambtenaren in beslag genomen door het kaderpersoneel van de bouwbedrijven in Brasília.

De belangrijkste bouwsteen van de residentiële vleugels wordt gevormd door de *superquadras* (superblokken). In feite zijn dit 64 keer herhaalde woonbuurten van 240 bij 240 meter. Ze vormen een compact en hoogwaardig woonmilieu, volgens de beste tradities van de moderne beweging. Een half miljoen inwoners is op verschillende schaalniveaus georganiseerd: van het appartement (individuele units), via de gebouwen ('straten') en de superblokken (buurten) tot de wijken en de gehele stad. Op elk niveau werden voorzieningen toegevoegd: speelterreinen, kiosken, buurtwinkels, clubs, winkelcentra, dienstverlening en instellingen. Elk *superquadra* heeft dezelfde stedenbouwkundige structuur: een groene omzoming, één entree voor auto's, scheiding van snel en langzaam verkeer, acht tot tien bouwblokken van zes lagen op *pilotis*, alsmede enkele kiosken en scholen. De bebouwing beslaat nooit meer dan vijfentwintig procent van het terrein. Op de begane grond zijn de

televisietoren. Het zicht vanuit het stadshart op de horizon geeft, volgens Costa, een gevoel van vrijheid (rechts).

superblokken open, zodat elk blok een doorlopend grondvlak heeft. Later zijn hier wel hokjes voor de conciërges geïmproviseerd.

Tussen de woonbuurten bevinden zich de zogenoemde *entrequadras*. Deze zijn afwisselend bestemd voor winkels en algemene voorzieningen als een bibliotheek, school, bioscoop, kerk of clubhuis. De winkelstraten hadden vroeger buurtwinkels, maar zijn tegenwoordig gespecialiseerd: er is een straat voor mode, voor eten, voor uitgaan, enzovoorts. Vier superblokken met de tussenliggende *entrequadras* vormen samen een woonwijk voor 10.000 inwoners.

De appartementen uit de beginperiode (zoals afgebeeld) kenmerken zich door hun immense afmetingen. Later werden de appartementen beduidend kleiner, vooral in de noordvleugel van de as. Hier tegenover staat dat de meer recente appartementen een balkon hebben en dat was in het begin niet het geval.

De nieuwste superblokken van Brasília, in de noordvleugel, hebben vreemde vormen. Zo staan in 308 Norte de gebouwen niet recht, maar op de diagonaal van het superblok. Ook ontwikkelden de *entrequadras* zich allengs tot straten met kleine warenhuizen in plaats van een rij losse winkels. Postmoderne architectuur werd evenmin geschuwd, zoals te zien is in *entrequadra* 308/309 Norte, dat letterlijk als een spiegelbeeld van de voorbeeldige projecten van Niemeyer in de zuidvleugel werd geconcipieerd. Desondanks is het frappant om te zien dat de allerlaatste projecten nog wel de functionele en formele indeling van de eerste superblokken hebben.

De superblokken van Brasília hebben bewezen dat ze, vooral voor gezinnen met kinderen en een auto, een goed alternatief voor de grote Braziliaanse steden vormen. Het probleem is

vorige pagina's Detail van de Residentiële As op een maquette van Brasília die staat opgesteld in de Espaço Lúcio Costa (links). Het binnenterrein van *superquadra* 308 Zuid (rechts).

alleen dat er behalve middenklasse gezinnen ook talloze andere doelgroepen in Brasília wonen. Zij kwamen buiten het *Plano Piloto* terecht. De rijken bouwden villawijken langs het stuwmeer van Paranoá. Voor de armen restte weinig anders dan het bouwen van een huis op een lapje grond in een verafgelegen satellietstad. Desalniettemin hebben de toenemende verschillen gevolgen voor het openbare karakter van de Residentiële As. Steeds luider klinkt de roep om de superblokken af te sluiten, te privatiseren en te veranderen in *condomínios fechados* (afgesloten en beveiligde wooncomplexen). Maar vooral architecten protesteren hiertegen omdat de openbare ruimte van Brasília een (officieel beschermd) symbool is van de democratie.

LAJES
FRANCISCO

Satellietsteden

Vanaf het begin was er binnen het* Plano Piloto *geen plaats voor ontwikkelingen die niet direct bij het landsbestuur hoorden. Er was bijvoorbeeld niet gerekend op de komst van bouwvakkers en hun families uit het hele land. Ze konden weinig anders dan grond bezetten en daar onderkomens op bouwen. De spanning tussen de realiteit en het papieren plan kon alleen hanteerbaar worden gemaakt door in de uithoeken van het Federale District lapjes grond uit te delen. Zo ontstond tijdens de bouw van Brasília de eerste satellietstad, Taguatinga, op vijfentwintig kilometer van het stadshart. Ook de 'tijdelijke' verzorgingsstad Cidade Livre mocht uiteindelijk blijven bestaan en heet nu Núcleo Bandeirante.

Vanaf 1960 kwamen er vele satellietsteden bij en dat aantal groeit nog altijd. Driekwart van de twee miljoen inwoners van het Federale District woont buiten het* Plano Piloto*. Taguatinga trekt, met de naburige steden Ceilândia en Samambaia, geleidelijk de rol van economische motor van de regio naar zich toe. Het is al lang geen slaapstad meer en uitgegroeid tot het centrum van de omringende satellietsteden. De meeste banen zijn nog steeds in het* Plano Piloto *te vinden, maar in de toekomst zal de geplande stad met Taguatinga een dubbelstad gaan vormen.

In recente satellietsteden is goed te zien hoe zij zijn ontstaan, namelijk vanuit het niets. Doordat de algemene voorzieningen in het* Plano Piloto *zijn geconcentreerd, kampen de nieuwe nederzettingen met geweldige

vorige pagina's Coöperatie COOHACOSAM in de satellietstad Samambaia. Toekomstige bewoners bouwen in hun vrije tijd zelf hun woonwijk (links). De satellietstad Riacho Fundo II, een jaar na de uitgifte van bouwkavels (rechts).

tekorten: openbaar vervoer, scholen, gezondheidszorg, groen en culturele voorzieningen ontbreken. Bij de uitleg was wel rekening gehouden met deze voorzieningen, maar de grond bleef meestal tientallen jaren braak liggen.

De satellietsteden beslaan immense oppervlakten en ook dat komt de kwaliteit van de infrastructuur en de dienstverlening allerminst ten goede. De openbare ruimte gaat gebukt onder de enorme schaal en het uiterst extensieve grondgebruik. Pas na vele jaren blijkt in deze steden een bruikbaar publiek domein te kunnen ontstaan. Tot die tijd is er slechts een vlakte gevuld met kavels en grote lege terreinen.

Ondanks het ideaalplan wegen in Brasília de lasten van het transport (uitgedrukt in geld en tijd) voor de gemiddelde burger zwaarder dan elders in het land.

De rol van de overheid

Jacques van der Jagt

De discussie over hoe steden er uit moeten zien, hangt nauw samen met de relatie tussen overheid, burgers en marktpartijen. De afgelopen decennia zijn er in Nederland weliswaar verschuivingen opgetreden in deze relatie, maar de gevolgen zijn beperkt. Ook al heeft de markt meer invloed gekregen, de rol van de overheid blijft bepalend.

In Brazilië is dat totaal anders. Per stad verschillen de onderlinge posities. Er is geen sprake van een voor het hele land geldend systeem van ruimtelijke planning, waarbij de rollen op dezelfde manier zijn verdeeld. Deze verschillen beïnvloeden per stad de omvang en aard van de stedelijke ontwikkelingen. Brasília en São Paulo zijn wat dat betreft extreme tegenpolen.

De ontwikkeling van Brasília is volledig een overheidsaangelegenheid. Dat begon al bij de keuze van de locatie en het ontwerp, maar geldt ook nu nog bij de verdere ontwikkeling van het plan. Marktpartijen en bevolking spelen nauwelijks een rol. Dit leidt tot een stad waarin alles ondergeschikt is gemaakt aan een door planners bedachte structuur. Die structuur biedt geen 'stad als ontmoetingsplaats', althans hier niet. De dynamiek van sociale en economische ontwikkelingen vindt plaats in satellietsteden buiten Brasília. De satellietsteden worden door de bevolking gebouwd; de rol van de overheid en planning neemt pas toe wanneer deze steden uitgroeien tot regionale centra. De verbeteringsprojecten in de *favelas* worden vaak door de overheid opgezet, begeleid en gefinancierd.

Memorial JK, grafmonument van president Juscelino Kubitschek, 1980.

In São Paulo is de relatie tussen overheid en burgers vervangen door die tussen markt en consument. De ruimtelijke ontwikkeling wordt bepaald door megaprojecten van marktpartijen. De winkelcentra nemen de functie van de binnenstad als plek van ontmoeting en cultuur over. De openbare ruimte verloedert en is het domein van de kanslozen. Woonwijken zijn afgesloten. De marktpartijen treden op als overheid.

Rio de Janeiro neemt een tussenpositie in. De stad kent een zeer lange stedenbouwkundige planningstraditie met een actieve gemeentelijke overheid. Dit is duidelijk te zien in de heldere structuur, de aandacht voor grootschalige groenontwikkelingen en de openbare ruimte.

Het stadsbestuur probeert de overheersende invloed van de marktontwikkeling van de afgelopen decennia te keren met programma's voor monumentenzorg in de binnenstad (Corredor Cultural), de verbetering van de openbare ruimte in de wijken (Rio Cidade) en de verbetering van de krottenwijken (Favela Bairro). Bevolking en marktpartijen werken daarbij nauw samen. Opmerkelijk is het strategisch plan voor de stad (*Rio forever Rio*) waarin deze ontwikkelingen in relatie worden gebracht met ruimtelijke maatregelen op stedelijk en regionaal niveau. Het vertoont wat dat betreft grote overeenkomsten met dergelijke plannen in Nederland.

In Brazilië is het *global-competition* scenario van het Centraal Plan Bureau werkelijkheid geworden: harde concurrentie tussen steden op wereldschaal, sterke marktwerking, geloof in technologische vooruitgang, stijging van welvaart, verdere individualisering, grote inkomensverschillen, enzovoorts.

Wat voor stad willen we? Daarover bestaat in Nederland een behoorlijke consensus. In ieder geval is het van belang dat de steden hun positie behouden. Dat betekent: een goed stedelijk milieu voor hoogwaardige werkgelegenheid, een woonmilieu voor alle inkomensgroepen, hoogwaardige voorzieningen, openbare ruimte van hoge kwaliteit die gebruikt wordt door alle groepen, goed openbaar vervoer, betere groenvoorzieningen en veiligheid.

Brazilië laat in extreme mate zien wat ons te wachten kan staan als we bepaalde tendensen niet tijdig onderkennen. De spanning tussen maatschappelijke ontwikkeling (marktwerking, internationale concurrentie) en ons wensbeeld van steden kan wel eens groter zijn dan we nu veronderstellen.

São Paulo laat zien wat er gebeurt als de relatie tussen marktpartij en consument allesbepalend is voor de stedelijke ontwikkeling. Een aantal essentiële zaken, waarvoor een overheid nodig is, dreigt verwaarloosd te worden. In de eerste plaats de kwaliteit van de binnenstad, niet alleen als woongebied, maar ook als economisch, toeristisch en recreatief centrum. Ontwikkelingen die een directe bedreiging vormen voor die binnenstad, zoals de winkelcentra in São Paulo, moeten tijdig voorzien en geweerd worden. In de tweede plaats het behoud van de openbare ruimte die voor iedereen aantrekkelijk en toegankelijk moet zijn. Tot slot de veiligheid. De Braziliaanse praktijk laat zien dat dit veel essentiëler is dan wij denken. Een van de belangrijkste functies van de stad – namelijk die van ontmoetingsplaats van verschillende groepen mensen – werkt alleen als er sprake is van veiligheid. Zodra een stad niet meer veilig is, functioneert zij niet langer als stad in onze betekenis van het woord. In sommige steden in Brazilië leidt gebrek aan veiligheid tot een vorm van fysieke en sociale segregatie die bij ons gelukkig (nog) afwezig is. Dat betekent wel dat het veiligheidsprobleem een integraal onderdeel van het beleid moet zijn.

Infrastructuur: metro en bus

Het ontwerp van het busstation van Brasília (Terminal Rodoviário) vormde een gedetailleerd uitgewerkt onderdeel van Lúcio Costa's inzending voor de prijsvraag, die in 1957 voor deze stad werd uitgeschreven. Van een gebouw is eigenlijk geen sprake; het gaat om een kruising van snelwegen over drie lagen. Daartussen ligt het busstation, dat beter als civieltechnisch kunstwerk dan als architectuur kan worden omschreven. De oostwest-as, de *eixão* of centrale as van de Residentiële As, loopt onder het complex door. Op de begane grond zijn de snelwegen van de Monumentale As en op de eerste verdieping liggen de toegangswegen naar de Centrale Sector. Voetgangers kunnen het station slechts bereiken door een sprint over een van deze verkeersaders te trekken.

Geheel in de geest van de moderne stedenbouw was het busstation bedacht als een poort die de bezoeker direct in het hart van de stad zou brengen. Maar toen de migrantenstroom op gang kwam, was het met dit uitnodigende gebaar gauw gedaan. Aan het verste uiteinde van de Monumentale As, bij het treinstation, verrees een interstedelijk busstation waar de veelal arme migranten met hun huisraad minder zouden detoneren dan in het centrum van de modelstad. De snelle groei van de satellietsteden gaf het busstation een nieuwe functie, namelijk als centrale halte voor de busverbindingen binnen het Federale District. Dankzij de mensenmassa ontwikkelde het busstation zich tot centrum van het informele circuit; tijdens kantooruren wordt het hart van de stad veroverd door het gewone volk.

Het Federale District heeft zich door de satellietsteden als een olievlek uitgebreid. Afstanden van vijfentwintig, dertig of veertig kilometer tussen huis en werk zijn eerder regel dan

Terminal Rodoviário: een busstation op, onder en boven de kruising van snelwegen in het hart van Brasília.

uitzondering. In een poging de ruimtelijke ontwikkeling meer lijn te geven, is een metrolijn aangelegd die het *Plano Piloto* met de belangrijkste satellietsteden verbindt. Het tracé loopt vanaf het busstation via de residentiële zuidvleugel naar Taguatinga, Ceilândia en Samambaia. De lijn loopt echter alleen binnen het beschermde *Plano Piloto* ondergronds.

De metrolijn breekt met een lange stedenbouwkundige traditie: de scheiding tussen centrum en periferie, de groene buffer tussen de geplande en de onvoorziene hoofdstad, is verdwenen. Langs het tracé vindt verdichting plaats, bijvoorbeeld door de nieuwe middenklasse satellietstad Águas Claras. Het is de bedoeling dat geleidelijk aan het *Plano Piloto* minder centraal en de satellietsteden minder perifeer worden.

Krasjes op een utopie

Lodewijk Baljon

In Brasília is de natuurlijke omgeving de basis voor de ontwikkeling van 'het moderne' in de stedenbouw. Uitsluitend de ruimte, zo men wil de leegte, van het landschap vormde de context. De stad is gesticht in een zich eindeloos uitstrekkende *cerrado*: een lichtgolvende, rijke savanne bespikkeld met vrijstaande, kleine bomen. Een landschap met een dergelijk karakter en dimensie in de stad integreren, vraagt om grote, lege ruimten. Het zijn bijna heroïsche ruimten, waar men tussen stad en land verkeert. Het landschap is voortdurend voelbaar; een geruststellende aanwezigheid.

Brasília is, zoals elke ideaalstad, vormgegeven als een (politiek) diagram. De Monumentale As met de residentiële vleugels lijkt op het simpele kruis waarmee men een plek markeert. De planmatige perfectie maakte de stad al bij het ontstaan historisch. De ononderbroken monumentaliteit van het *Plano Piloto* wordt versterkt doordat het gevat is in een landschappelijke leegte. Alles dat niet in de perfectie past, wordt op ruime afstand gehouden en ondergebracht in de omringende satellietsteden.

De tot het uiterste doorgevoerde functionele zonering vindt zijn expressie ook in gescheiden transportstelsels. Het ongelijkvloers kruisende verkeer schiet door een met plastische objecten gemarkeerde ruimte: een licht hallucinerende ervaring.

In plaats van straten en pleinen is er op de Monumentale As een grasbaan van vierhonderd bij achtduizend meter. De passende monumentale objecten die langs de as zijn

geplaatst, steken scherp af tegen een overweldigende wolkenhemel. Zo kennen we het van de architectuurfoto's. Maar ter plekke blijkt dat door de transparantie van de stad, het omringende landschap voortdurend op de achtergrond aanwezig is. In de stad zijn de welvingen van het land op een classicistische wijze geformaliseerd. Dat geeft aan de ontwikkeling van de Monumentale As een spanning die vergelijkbaar is met de tuinen van Le Nôtre: terrassen en plateaus, trappen en hellingbanen, ritmische plaatsing van gebouwen en nevengeschikte accenten. Alleen de diagonalen ontbreken.

In Brasília lijkt zich één ding aan de perfect geplande eenheid te onttrekken: de voetganger. Zelfbewust benadert hij zijn doel. En het spoor dat hij daarbij achterlaat, is het bewijs van zijn aanwezigheid in een overigens niet door wandelaars bevolkt model. Het zijn scherpe, doelbewuste lijnen door het gras. De gewenste verbindingen krijgen zo gestalte. Intens aards rood steken ze prachtig af tegen de groene vlakken die ze doorsnijden. Ze vormen de diagonalen in het rechthoekige stelsel. Daarmee tonen ze een extra patroon in deze stad, met een eigen logica. Hopelijk worden de paden nooit betegeld, want dan wordt de vrijheid van bewegen beteugeld. De openheid en transparantie van de stad past bij een optimistisch geloof in de toekomst van het land. De rode paden duiden op de weerbarstigheid van het dagelijks bestaan in het heden. In de Monumentale As vormen deze tekens van het alledaagse de krasjes op de utopie.

In de autostad Brasília hebben voetgangers noodgedwongen hun eigen paden gebaand.

Brasília *Favela* Vinex

Felix Claus

Brasília, mausoleum van het modernisme, droom van zowel Le Corbusier als Frank Lloyd Wright: ongeremd plannen en bouwen voor een dictator die zijn macht ter beschikking stelt.

We arriveren in een nachtelijke regenbui. De bus brengt ons naar de centrale zone. In het klaverblad van verkeerswegen liggen de stedelijke functies, ondergebracht in verzamelgebouwen. Het uitzicht is 's ochtends duidelijker en alles klopt. De architectuur van de gebouwen is correct modern, de stedenbouwkundige structuur is verpletterend helder.

Twee verrassingen: de gigantische schaal en de afstanden tussen de clusters van gebouwen die bewust onbeloopbaar zijn. Door deze maatvoering ontstaat een vreemd evenwicht tussen de natuur die geen omgeving meer is en de bouwmassa's die samen geen ruimtelijke structuur meer vormen. Het resultaat, de leegte, is overweldigend. Is dit het derde ruimtebeeld van Giedions profetie?

Deze verstilde compositie van natuur, verkeer en bebouwing is door de UNESCO als monument bevroren en daarmee ontdaan van de potentie ooit als organisme te groeien. Brasília is als een kantoor. Overdag in gebruik door ingewijden, voor het leven dient men elders te kijken.

De Residentiële As mondt uit in een spiraal: het kerkhof Campo da Esperança.

De historische kern van Brasília heeft 240.000 inwoners, de agglomeratie meer dan twee miljoen. Op respectabele afstand van het monument bevinden zich de satellietsteden die zijn ontstaan toen de stad uit het niets moest worden opgebouwd.

Temidden van de duizenden kavels die onder de arbeiders werden verdeeld, maken verschillende kernen nu een snelle ontwikkeling door. Hier dringen wezenlijk stedelijke kwesties zich op: verkeer, vervoer, zonering, bestemming. Kwesties, die niets met formele ordening of esthetiek te maken hebben.

Het contrast tussen ontworpen doodsheid en een levende, zichzelf vernieuwende structuur is beangstigend, als je je ver van huis bewust wordt van de betekenis van onze VINEX-opgave. De programmatische armoede van onze buitenwijken: achtduizend inwoners en één Albert Heijn. Onze aandacht voor tuinmuren als sublimaat voor het leven. Wie wil over vijftien jaar wonen in zo'n onwrikbaar eindbeeld? Wat wij doen is niet meer dan het kerkhof aanharken.

Veiligheid

Wessel de Jonge

In de grote steden van Brazilië valt op hoe de middenklasse en de meer bemiddelde bewoners zich verschansen in een wereld van bewaakte kantoren, winkelcentra en wooncomplexen. Hoe rijker, hoe meer barrières er worden opgeworpen tussen het goede leven in deze beschermde pseudo-realiteit en de buitenwereld die weliswaar boos is maar toch vooral erg arm.

In de hoofdstad Brasília doet zich de merkwaardige paradox voor, dat de aanleg van de stad nog altijd schijnt uit te nodigen tot sociale ontmoetingen in een veilige en aangename omgeving, maar dat in de huidige omstandigheden zulke contacten eerder als potentieel bedreigend worden ervaren.

Evenals de rationele architectuur die langs de wijdse straten en boulevards is gebouwd, is de stedenbouwkundige opzet van Brasília bepaald door het gedachtegoed van de moderne beweging. De rigoureuze scheiding van snelverkeer en voetgangers, en de uitnodigende overgang tussen privé en openbaar in de koelte van binnentuinen en tussen de *pilotis* van hogere woongebouwen, beantwoorden helemaal aan de sociale agenda van de vooroorlogse modernen in Europa. Maar in de huidige maatschappelijke realiteit van Brazilië sluit de openheid van de oorspronkelijke bouwwijze niet meer aan bij de behoefte zich van de vijandige buitenwereld af te schermen. Net zoals in de Bijlmermeer worden hier de verkeersluwe voetpaden tussen het groen als sociaal onveilig ervaren.

Binnenterrein van een *superquadra* in Brasília (links). Monteverde is een voorbeeld van een volledig van de buitenwereld afgeschermde woonwijk, *condomínio fechado,* in São Paulo (rechts).

In strijd met de stedenbouwkundige principes zijn in de residentiële *quadras* van Brasília de grondgebonden woningtypes, die met allerlei vormen van beveiliging zijn afgegrendeld van het openbare territorium. Van bijna elke eengezinswoning is de binnenplaats met een manshoog hek afgescheiden van de gemeenschappelijke groenzones, bij iedere woning door een ander model.

De bedoeling ervan is duidelijk, maar roept ook de vraag op, of wij deze blokkering van het sociale leven misschien anders zien dan de gemiddelde Braziliaan. In Latijnse culturen wordt de verhouding tussen openbaar en privé fundamenteel anders ervaren dan in onze open samenleving. De cultuur van hekken en bewaking komt ons onaangenaam voor, maar heeft voor de bewoners evenzeer te maken met het scheppen van privacy, en heeft daarmee voor hen een andere gevoelswaarde. De goede waarnemer leert in Brasília wellicht net zo veel over zijn eigen cultuur als over die van Brazilië.

De opgetilde woonblokken geven de oorspronkelijke gedachte van sociale ontmoetingsruimte het meest impliciet gestalte, maar blijken herinterpretatie van de uitgangspunten het beste te doorstaan. De enige interventie die ze daartoe ondergaan, is het toevoegen van een wachthokje, van waaruit één bewaker achter pantserglas de hele begane grond kan overzien. Het principe van de *pilotis* is niet langer functioneel in de oorspronkelijke zin, maar heeft een nieuwe gebruikswaarde gekregen.

Tegelijkertijd ontstaat het schrikbeeld van een toekomst waarin de elite zich in een eigen wereld boven het maaiveld begeeft, terwijl het gespuis zich in de modder in leven tracht te houden en elkaar naar het leven staat. Dat heeft nooit op de agenda van de modernen gestaan.

De toekomst van Brasília's verleden

Hubert-Jan Henket

De behoefte om uit culturele overwegingen op een georganiseerde manier gebouwen en stedelijke gebieden uit het verleden te bewaren, ontstond in de tijd waarin men tevens de dynamiek begon te voelen die het denken van de Verlichting en de energie van de Industriële Revolutie teweeg brachten. Terwijl Thomas Carlyle in 1828 over Engeland schreef 'We are living in the age of the machine in every inward and outward sense of the word' en dertig jaar later de grote Catalaanse stedenbouwer Ildefonso Cerdá zei: 'in deze tijd is alles in beweging', waren Eugène Viollet-le-Duc en John Ruskin bezig met de realisatie van hun ideeën over restauratie en erfgoedzorg. De emotionele wens tot behoud is ten tijde van rationele dynamiek heel begrijpelijk. Zo is ook te verklaren dat er een wetenschappelijke en emotionele behoefte bestaat om het oorspronkelijke Brasília te bewaren voor volgende generaties.

Na aanvankelijke stagnatie is deze stad en haar omgeving enorm gaan groeien en daardoor verandert. Zij die voldoende konden betalen, hebben de stad links laten liggen en zich teruggetrokken in privé-paradijsjes op comfortabele afstand van de modernistische utopie. Zij die het niet konden betalen, zijn de stad uitgeduwd en hebben zich teruggetrokken in satellieten die nu in totaal zes keer zo veel inwoners herbergen als het *Plano Piloto* waar 500.000 mensen zijn gevestigd. Zij die in het oorspronkelijke ontwerp van Lúcio Costa en Oscar Niemeyer wonen, hebben essentiële onderdelen van het plan aangepast aan hun sociale behoeften. Zo zijn van de winkelgebieden bij de superblokken winkelstraten gemaakt, flats samengevoegd, informele straathandel en prostitutie rond het busstation geïntroduceerd, regeringsgebouwen als het Ministerie van Buitenlandse Zaken uitgebreid en zijn er hoge kantoortorens in een uitgesproken pomo-stijl gebouwd. Alles bij elkaar wordt in Brasília de tegenstelling tussen het oorspronkelijke concept en de werkelijkheid in hoog tempo steeds groter. Tegelijkertijd is Brasília het nationale symbool van een geëmancipeerde, moderne samenleving (of had dat moeten zijn, afhankelijk van de zienswijze). Samen met Chandigarh wordt het beschouwd als de enige verwezenlijking van een totale stad volgens de opvattingen van de moderne beweging. Bovendien mag niet onvermeld blijven, dat veel van de bewoners genieten van kwaliteiten van de oorspronkelijke opzet, zoals ruimtelijkheid, overzichtelijkheid, comfort, gezonde lucht en de natuur op korte afstand. Verworvenheden die andere Braziliaanse steden missen.

Om het bewaren van haar verleden voor de toekomst te garanderen, is Brasília opgenomen in de formele kaders op lokaal en nationaal niveau. De stad is zelfs als grootst bebouwd gebied en als een van de weinige twintigste-eeuwse representanten van een modernistische stad op de werelderfgoedlijst van UNESCO geplaatst. Vervolgens is de hamvraag echter, of en hoe je een stad die een levend organisme is, maar tevens een stad waar de utopische idealen en de sociale realiteit met elkaar in tegenspraak zijn, kan bewaren voor de eeuwigheid. Als voorschot op het debat hierover op het Zesde Internationale Docomomo (Documentation and Conservation of the Modern Movement) congres in september 2000 in Brasília, wil ik een paar gedachten over deze problematiek naar voren brengen.

De meeste gebouwen en stedelijke gebieden worden gerealiseerd met een functioneel doel. Met andere woorden, het zijn gebruiksobjecten die moeten voldoen aan eisen van doelmatigheid en comfort. Maar er is meer. We willen ook dat het gebruiksobject een ideële

De familie Souza in Riacho Fundo II, een recente satellietstad van Brasília.

betekenis heeft, dat het symbool staat voor een visie en dat het onze gevoelens raakt, ons even boven de alledaagse werkelijkheid uittilt. Nietzsche zei het helder in 1872: 'De waarheid is lelijk. We wenden ons tot de kunst om niet te verdrinken in de waarheid.' Dit betekent dat architectuur en stedenbouw gedefinieerd zouden kunnen worden als gebruikskunst. En je zou kunnen argumenteren dat deze gebruikskunst waardevol is als het de ontwerper is gelukt het wezen – de ziel – van een specifieke behoefte en een specifieke context te vangen; als het zakelijke, de ideële betekenis en het poëtische in evenwicht zijn. Vroeger of later veranderen evenwel de eisen die we aan gebouwen en steden stellen, wat betekent dat het oorspronkelijke gebruiksobject niet meer past bij de vraag. Om hieraan tegemoet te komen, passen we bestaande gebouwen en steden aan onze wisselende functionele eisen aan. Slechts in bijzondere gevallen – als de emotionele, de ideële of de historische waarde van het gebouw of gebied voldoende duidelijk is – zijn we bereid onze functionele en economische eisen te temperen. In die gevallen is het meer de emotionele uitstraling van het gebruiksobject of de ideële betekenis ervan die we willen bewaren, dan de doelmatigheid van het object. Hier worden we geconfronteerd met de paradox van restaureren, zeker als dit gebouwen betreft die zijn ontstaan vanuit het functionalistische gedachtegoed. Immers, terwijl het oorspronkelijke gebouw of stedelijk gebied primair werd gerealiseerd om het optimaal (sociaal en functioneel) te kunnen gebruiken, zijn we na verloop van tijd bij restauratie en erfgoedzorg bereid het disfunctioneren te accepteren ten gunste van emotionele of ideële bevrediging. Het *raison d'être* van het gebouw is dan niet meer primair het zijn van een gebruiksobject, maar het zijn van een kunstwerk. Wanneer het een enkel gebouw betreft, is deze paradox nog wel op te lossen. Wanneer het gaat om een complex organisme als een stedelijk gebied wordt het ingewikkelder. Als het een hele stad betreft, wordt het intellectueel en functioneel een *tour de force*. Als men bovendien te letterlijk uit is op fysiek behoud van het oorspronkelijke totaal wordt het zelfs irreëel.

Een aantal kernpunten is mijns inziens van belang bij het opstellen van een zinvolle aanpak voor het preserveren van het oorspronkelijke Brasília.

- Het bewaren van erfgoed bestaat uit fysiek conserveren van objecten en uit documenteren. Documentatie kan, vooral door de geavanceerde middelen die nu ter beschikking staan, in veel gevallen effectiever zijn om ideeën, betekenis en beleving van het oorspronkelijke vast te leggen dan fysiek restaureren en behouden.
- De aanpak van erfgoedzorg voor Brasília zou moeten uitgaan van de essentie van het gedachtegoed van de modernen, dat wil zeggen er zou gestreefd moeten worden naar vernieuwing op sociaal, technologisch en esthetisch gebied. De grote opgave die voor ons ligt, en niet alleen in Brasília, is een evenwicht te vinden tussen de waarde van de enorme gebouwenvoorraad uit de laatste tachtig jaar en onze behoeften. Er is een vernieuwende aanpak nodig die nieuwbouw, herbestemming en preservering tot een samenhangend geheel maakt. Brasília biedt hiervoor een uitstekende mogelijkheid.
- De aanpak voor het toekomstige Brasília zou in de lijn van de moderne beweging, geënt moeten zijn op een open en controleerbaar besluitvormingsproces, waarbij de wensen, eisen en mogelijkheden van alle gebruikersgroepen worden betrokken. Het is een enorme uitdaging om de oorspronkelijke ambitie na veertig jaar bij te sturen, zodat er in de toekomst meer van terecht kan komen.
- Deze nieuwe aanpak zou meer moeten uitgaan van het specifieke karakter van de Braziliaanse cultuur dan tot nu toe is gebeurd. Juist in Brazilië zijn fascinerende voorbeelden

te vinden van vruchtbare kruisbestuiving tussen het streven van de modernen en de eigen cultuur. Zo is er de Escola Parque in Salvador, in de jaren vijftig ontworpen door Rebouças en Duarte, waarin de sociale behoeften van de *favela*-bewoners en de didactische opvattingen van onderwijsvernieuwer Teixera op een effectieve en prachtige manier zijn verweven. Maar vooral in het werk van Lina Bo Bardi kan inspiratie worden gevonden met betrekking tot het verenigen van het oude en het nieuwe, het prozaïsche en het poëtische en het Braziliaans eigene en het gedachtegoed van elders. Zij deed dit met respect voor open en gelijkwaardige processen. Helaas zijn er ook negatieve parallellen tussen Brasília en het werk van Lina Bo Bardi. Het Museu de Arte de São Paulo, een van haar mooiste gebouwen, is de laatste jaren zodanig verbasterd dat van de oorspronkelijke kwaliteiten weinig is overgebleven. Haar biograaf en oud-medewerker Marcelo Ferraz, roept terecht op om hiertegen in verzet te komen. Natuurlijk veranderen in de loop der tijd de eisen, maar dat betekent nog niet dat de essentie van het oorspronkelijke verkracht moet worden. Het is niet realistisch om dogmatisch het oorspronkelijke te behouden, maar evenmin is het zinvol om de essentiële kwaliteiten van het bestaande te negeren.

De wezenlijke opgave waarvoor Brasília staat, is de positieve kwaliteiten van het oorspronkelijke te verbinden met de eisen van nu en de specifiek Braziliaanse culturele karakteristieken. Lina Bo Bardi heeft met haar denken reeds aangegeven hoe het verleden van Brasília de toekomst kan versterken.

Curitiba

Tussen de stedenbouwkundige en ecologische catastrofes, die inherent lijken te zijn aan de verstedelijking van de Derde Wereld, springt de succesvolle ontwikkeling van Curitiba in het oog. Sinds de toekenning van de milieuprijs van de Verenigde Naties (1990) en de grote milieuconferentie Eco'92 in Rio de Janeiro, geldt de stad als een schoolvoorbeeld van duurzame stedenbouw. Curitiba heeft niet de overweldigende natuur van Rio de Janeiro of de prachtige architectonische vormen van Brasília. Ook de verstikkende dynamiek van São Paulo of de geschiedenis van Salvador ontbreekt. Curitiba is een utopie, wordt in de Derde Wereld eigenlijk niet voor mogelijk gehouden. Toch is ze niet gebaseerd op een onbereikbaar ideaalbeeld, maar op het stap voor stap verbeteren van het bestaande. Het draait met andere woorden om evolutie in plaats van revolutie.

Ecologen en ontwikkelingswerkers uit de hele wereld hebben de stad ontdekt als het goede voorbeeld. De 'ecologische hoofdstad van Brazilië' heeft een skyline met wolkenkrabbers en huisvest ruim 1,6 miljoen mensen. Het bijzondere aan Curitiba schuilt niet zozeer in cosmetische maatregelen op het gebied van materiaalgebruik of energiebesparing, maar in een samenhangend beleid om de stad zo optimaal mogelijk te laten functioneren. Enerzijds gaat het om het oplossen van alledaagse problemen van de

stadsbewoners. Anderzijds probeert men geleidelijk te komen tot een evenwichtig gebruik van ruimte, grondstoffen en financiële middelen. Door een visie op de toekomst om te zetten in stapsgewijze verbeteringen, kon de leefbaarheid van de stad toenemen terwijl het inwonertal verviervoudigde. Met voorlichting, inspraak en speciale programma's voor het onderwijs werd bovendien een mentaliteitsverandering van de bevolking teweeggebracht. Het gaf de stedenbouwkundige en ecologische projecten het brede draagvlak dat noodzakelijk was om effect te kunnen sorteren.

De personificatie van het succes van Curitiba is de architect Jaime Lerner. Gedurende drie ambtsperioden wist hij zich te ontpoppen als de meest populaire burgemeester van Brazilië. Vervolgens is hij gouverneur van Paraná geworden, de deelstaat waar Curitiba de hoofdstad van is. Onder Lerners leiding (en met steun van andere machthebbers) kon een onuitputtelijke stroom van innovatieve ideeën worden getest, verbeterd en op grote schaal worden toegepast.

Al bijna dertig jaar functioneert het stedenbouwkundige plan als leidraad voor de groei van Curitiba; een continuïteit die elders in Brazilië nauwelijks voorstelbaar is. De stad en haar bewoners zijn door deze consequente aanpak veranderd. Curitiba dankt er niet alleen een gunstig leefklimaat aan, maar ook een sterke, stedelijke identiteit en een goede concurrentiepositie in de slag om investeringen en nieuwe bedrijven.

Curitiba: een integraal stedelijk proces

Paul Meurs

Brazilië is de ideale plaats om utopieën te ontwikkelen. Zo kan de realiteit en onderontwikkeldheid worden genegeerd en wordt met één grote sprong de achterstand omgebogen in een voorsprong. Maar juist door de ontkenning van de realiteit zijn de plannen gedoemd te mislukken. Het land staat vol grote en kleine experimenten, die zich met moeite voegen in de werkelijke omstandigheden. Brasília, monument van hoe in het verleden de toekomst werd gezien, is het bekendste voorbeeld. Sinds de internationale milieuconferentie van 1992 in Rio de Janeiro wordt echter Curitiba als de ideale stad van de toekomst gezien: hier is het streven naar duurzaamheid verwezenlijkt. Curitiba heeft een skyline met wolkenkrabbers en huisvest 2,4 miljoen mensen,[1] maar stadsecologie heeft in deze metropool vol kabouters en reuzenbussen ongekende dimensies gekregen.

In 1965 werd in Curitiba een visie op de toekomst van de stad ontwikkeld en deze is sindsdien alleen maar verfijnd en aangepast. Het overheidsbeleid blinkt dan ook uit in continuïteit, strategisch handelen en efficiëntie. Achtereenvolgens lag het accent op stedelijke planning, milieubeleid, cultuur en identiteit. Momenteel richt men zich op de regionale uitbouw van de stad, over de gemeentegrenzen heen. Het belangrijkste kenmerk van het integrale beleid is evenwel dat onderwerpen die ogenschijnlijk niets met elkaar van doen hebben in samenhang worden aangepakt, waardoor ambitieuze doelstellingen met simpele middelen binnen bereik komen.

Nu vanuit de hele wereld bewonderend naar Curitiba wordt gekeken, haasten bestuurders in andere Braziliaanse steden zich om te zeggen dat Curitiba uitzonderlijk is; een goed excuus voor hun eigen falen. De argumentatie is op zijn minst curieus. Enerzijds accepteert men de smoesjes waarmee het mislukken van toekomstplannen in Rio de Janeiro, Brasília en zo veel andere steden verklaard worden: er waren 'onvoorziene omstandigheden', er trad 'een onverwacht snelle groei op'; men kreeg 'politiek onvoldoende ondersteuning' of zelfs 'de Braziliaanse realiteit werkte tegen' – alsof er in Brazilië ook andere realiteiten bestaan. Anderzijds wordt verkondigd: 'Curitiba was altijd al een rijke stad', 'er waren zo veel geschoolde migranten uit Duitsland en Polen' of 'ze besteden veel aandacht aan de public relations'.

De planning maakte Curitiba anders dan andere steden

De ontwerper van het masterplan, de urbanist Jorge Wilhelm, heeft in de jaren zestig vergelijkbare plannen voor wel twaalf Braziliaanse steden gemaakt. Hoewel de situatie er niet anders was, werden alleen in Curitiba de ideeën integraal uitgevoerd. Het lukte hier om een plaatselijke denktank in te stellen, die de kans kreeg om zijn ideeën in de praktijk te brengen. Dwars door alle vakdisciplines heen werd gezocht naar oplossingen voor de alledaagse problemen van de stad. Het geluk van Curitiba was dat de gevonden oplossingen betaalbaar waren, uitgevoerd werden, in de praktijk voldeden en daardoor vanzelf volgende projecten genereerden. De denktank heet het Instituto de Pesquisa e Planejamento Urbano de Curitiba (IPPUC, Instituut voor Planning en Onderzoek). Het heeft een onafhankelijke positie in de gemeente, waardoor het relatief ongevoelig is voor de politieke waan van de dag en de bestaande 'koninkrijkjes' binnen de gemeentelijke overheid.

Het oorspronkelijke masterplan heeft drie belangrijke componenten: zonering, wegennet en openbaar vervoer. Door deze drie componenten in samenhang te benaderen, werd het antwoord gevonden op opgaven van groei, congestie en mobiliteit. Het leidde tot een model van een soort omgekeerde vingerstad: een centrum met lineaire uitbreidingen, die tevens de corridors voor het openbaar vervoer vormen. Tegelijk werd een groot groen reservoir uitgespaard, dat als een gordel om de stad ligt. De groenstructuur loopt parallel aan de vele rivieren, die vroeger regelmatig hele stadsdelen blank zetten maar nu in de parken kunnen overlopen. De spelregels van het masterplan zijn zo simpel en evident dat ze in dertig jaar tijd nauwelijks werden aangepast. Dat betekent echter niet dat destijds al was voorzien hoe de stad er nu zou uitzien.

Wilhelm projecteerde vier hoofdassen tussen het centrum en de buitenwijken met de bedoeling daar de verstedelijkingsdruk op af te wentelen. Aan weerszijden van deze zogenoemde *vias estruturais* werd een zone met hoge bebouwingsdichtheid gesitueerd en over de assen werden corridors voor het openbaar vervoer geplaatst. Verder werden om de paar kilometer terminals en subcentra met algemene voorzieningen en diensten gebouwd. Het stadscentrum groeide zo als het ware met de stad mee.

Het oude centrum fungeert nu als ontmoetingsplaats en heeft een aangenaam verblijfsgebied. Voor dit laatste moest wel een aantal straten autovrij worden gemaakt, destijds een onbekend fenomeen in Brazilië. Ver buiten de stad houdt een lus van snelwegen het doorgaande verkeer uit het centrum en van de hoofdassen. Het gebied erlangs levert de ideale locatie voor de *Cidade Industrial*: een groen decor van 43 vierkante kilometer voor de vestiging van bedrijven en 'schone' fabrieken. Samengevat geeft het zogeheten *Plano Diretor* met minimale middelen en op verschillende schaalniveaus richting aan de groei van de stad.

Eén masterplan met steeds nieuwe programma's

De projecten die in Curitiba op stapel worden gezet, kenmerken zich steevast door een optimaal gebruik van de bestaande situatie en door een creatieve financiering, waarbij overheid en particulieren vaak samenwerken. Een voorbeeld van het uitbuiten van de situatie vormen de structurerende assen. In plaats van zestig meter brede avenues aan te leggen, werden deze uitgesmeerd over drie evenwijdige wegen, waardoor er amper onteigeningen en doorbraken nodig waren. Met de reguliere gemeentebegroting konden de structurerende avenues in een paar jaar tijd worden aangelegd.

Binnen het raamwerk van het masterplan is in de loop der jaren een groot aantal ideeën en uitwerkingen opgenomen. Ze betreffen onder meer de groene ruimte, het openbaar vervoer, het milieubeleid en de volkshuisvesting. Alle projecten, programma's, aanpassingen, concessies en uitwerkingen worden aan de hand van hetzelfde criterium getoetst. Het gaat dan niet om de kosten, de politieke wenselijkheid of de duurzaamheid op zich, voorop staat altijd de levensstandaard van de bewoners van de stad. Deze laat zich op talloze manieren meten: de reistijd voor het woon-werkverkeer, de hoeveelheid groene ruimte, onderwijs, gezondheidszorg, herkenbaarheid, werkgelegenheid en sociale of culturele uitstraling. Niet voor niets wordt veel aandacht besteed aan voorlichting, onderwijs en uitleg. Zonder lokaal draagvlak is elk project zinloos.

Bij de stedenbouwkundige planning wordt onderscheid gemaakt tussen zones en sectoren. In de eerstgenoemde gelden regels voor bebouwingshoogte, bebouwingsdichtheid en functies. Er wordt op een tamelijk restrictieve manier ruimtelijk beleid gevoerd. De sectoren zijn bedoeld voor het ontwikkelen van stadsdelen waar de overheid zich wat meer mee wil bemoeien. Voorbeelden zijn de industrieterreinen waar aantrekkelijke bedrijfslocaties worden aangeboden en de historische sector in de binnenstad waar het behoud van monumenten en pleinen is gekoppeld aan de vestiging van sociaal-culturele functies.

Buslijnen

De meest tot de verbeelding sprekende evolutionaire revolutie heeft zich voltrokken in het openbaar vervoer. Er is geen hoogwaardige oplossing gekozen, zoals een tram of een metro, maar men heeft besloten het bestaande systeem van buslijnen te perfectioneren. De verbeteringen vergen minimale investeringen en hebben overal in de stad effect. Tot de introductie van de hoofdassen in 1974 kende Curitiba een chaotisch stelsel van buslijnen dat door een groot aantal particuliere vervoersbedrijven werd geëxploiteerd. Met de komst van de rode expresbussen ontstonden geconcentreerde passagiersstromen; de eerste stap op weg naar een metropolitaan net. De hoge capaciteit werd bereikt door de vrije busbaan (*canaleta*) en het gebruik van lange bussen. Om passagiers uit de omringende wijken naar de expreslijnen te brengen, werd rond de uiteinden van de hoofdassen een vertakt net van aanvoerlijnen aangelegd, de zogenoemde *alimentadores*.

Voor de exploitatie van buslijnen, waarbij winstgevende en onrendabele lijnen zijn gekoppeld, deelt de gemeente concessies uit aan particuliere vervoerders. De gemeente blijft zich tot in detail met de dienstregeling en de technische aspecten van de vloot bemoeien, zonder te investeren in rollend materieel of verliesgevende verbindingen te subsidiëren, maar particuliere maatschappijen zijn nog steeds belast met de uitvoering. Ondertussen hebben de oude buslijnen plaatsgemaakt voor een efficiënter en zuiniger systeem. In de loop der jaren zijn de hoofdassen met de rode expresbussen uitgegroeid tot 57 kilometer in totaal. Het netwerk van oranje *alimentadores* heeft een lengte van driehonderd kilometer. Een tangentiaal busnet van 185 kilometer waarop de groene *interbairros*-bussen rijden, verbindt in vier cirkels de wijken met elkaar, zonder het centrum te belasten. Minder dan de helft van het openbaar vervoer vindt momenteel plaats met de oude, gele bussen.

In Brazilië is het gebruikelijk dat passagiers bij elke overstap opnieuw moeten betalen. Vooral voor de armsten is dat vervelend, omdat ze het verst buiten de stad wonen en op weg naar hun werk het vaakst van bus moeten wisselen. In Curitiba daarentegen, is een uniform tarief een voorwaarde om het netwerk van aanvoerbussen, expresdiensten en ringlijnen te laten functioneren, ongeacht het aantal overstappen. De gewenste systematisering van het transport en de sociale overwegingen vullen elkaar aan. Op de hoofdassen staan 21 busterminals, waar alle soorten buslijnen elkaar kruisen en passagiers gratis naar hartelust kunnen overstappen. De busondernemingen verdelen het totaal aan inkomsten op basis van het aantal vervoerde passagiers per lijn. De gemeente stelt hiervoor maandelijks cijfers op.

Zolang de capaciteit van de hoofdassen het toelaat, kan het netwerk uitdijen door de *canaletas* te verlengen, nieuwe busstations te bouwen en aanvoerlijnen te openen. In het *Plano Diretor* was gerekend op een bevolkingsgroei van ongeveer één miljoen mensen. Nu de stad ruim anderhalf keer zo groot is en ook de randgemeenten op het systeem worden aangesloten, beginnen de hoofdassen echter dicht te slibben. In het spitsuur rijden expresbussen met zo'n hoge frequentie dat er bij de haltes opstoppingen ontstaan. Helaas blijft een tram- of metroverbinding een te dure oplossing voor de grote vraag naar vervoer: met de beschikbare middelen zou slechts een fractie van de noodzakelijke trajecten zijn te realiseren. De vervoersspecialisten van IPPUC en het vervoersbedrijf URBS zochten dan ook naar een andere oplossing: ze ontwikkelden twee nieuwe bustypen, beide door Volvo in productie genomen. De eerste vondst heet de *ônibus biarticulado*, een dubbelverlengde bus. Dankzij deze reuzenbus, die met 270 passagiers en een lengte van 25 meter lijkt op een tramstel op wielen, heeft de *canaleta* tegenwoordig een capaciteit die ongeveer gelijk is aan de metro van Rio de Janeiro. Tijdens het spitsuur rijdt er om de anderhalve minuut een bus en in de toekomst kan dit interval nog verkort worden.

De tweede nieuwe bus, de *ligeirinho* (het vluggertje), ontwijkt de busbaan en verplaatst zijn passagiers snel over grote afstanden, kriskras door de stad. Voor deze zilverkleurige bus stond de metro model: de haltes liggen op grote onderlinge afstand van elkaar, men stapt gelijkvloers in en de afrekenpunten zijn op de halte in plaats van in de bus. De *ligeirinho* mengt zich in het snelle autoverkeer op de doorgaande avenues en komt alleen op de hoofdas om bij de busterminals te stoppen. De haltes vallen op door hun ontwerp: kunststof buizen met een verhoogd perron die het mogelijk maken om via loopbruggen vlot in en uit te stappen.

Alle bussen van Curitiba tezamen verwerken ongeveer 1,9 miljoen passagiers per dag. Het systeem is gemaakt voor de bewoners, die feilloos uit het overweldigende aanbod van gele, groene, rode, zilveren en oranje bussen de snelste route kiezen. De tijdwinst, die vooral door de *ligeirinho* wordt geboekt, geeft de gebruikers soms wel twee uur extra vrije tijd per dag. Voor de stad betekent de efficiëntie van de nieuwe bussen een vermindering van het energieverbruik en van de luchtverontreiniging. Door de korte stops en de hoge snelheid kan bovendien tot de helft minder materieel op de lijnen worden ingezet.

Groene lijnen

De stedenbouwkundige kwaliteit van Curitiba laat zich niet alleen uitdrukken in de tijdwinst van het openbaar vervoer of in schone lucht. Dankzij een succesvol beheer van de open ruimte en een actieve groenpolitiek zijn de woonomgeving en de recreatieve voorzieningen eveneens spectaculair verbeterd. De gemeente heeft niet lijdzaam toegekeken hoe de groeiende stad het bestaande groen opslokte, maar ervoor gezorgd dat de groengebieden sneller groeiden dan de stad. De hoeveelheid groen per inwoner steeg vanaf 1971 van 0,5 naar 52 vierkante meter. Dat gebeurde op drie manieren. Allereerst werden de bestaande bossen beschermd en in kaart gebracht. De tweede stap was de aanleg van lineaire parken langs de rivieren, vooral bedoeld om de natuurlijke afwatering in stand te houden. Met het uitgraven van meren en het herplanten van de rivieroevers ontstonden natuurlijke hoogwaterreservoirs. Deze gebieden kennen bovendien een grote biologische rijkdom en hebben een belangrijke functie voor de recreatie. De derde manier om Curitiba te 'vergroenen', is een doorlopende campagne om jaarlijks 60.000 bomen te plaatsen in parken, langs straten en op pleinen. In dit kader werden al meer dan een miljoen bomen geplant.

Aanvankelijk hadden de groene programma's te lijden onder het vandalisme. Door voorlichtingscampagnes, die zich vooral op schoolkinderen richtten, en door de mensen soms direct aan te spreken op het beheer van losse bomen of stukjes openbare ruimte, kon de gemeente de onverschilligheid succesvol bestrijden. Twintig jaar geleden werden negen van de tien geplante bomen vernield. Tegenwoordig is dat er nog maar één op de twintig. De bewoners van Curitiba hebben zich gerealiseerd dat groenstructuren de stad leefbaarder maken en voelen zich medeverantwoordelijk. De parken zijn permanent toegankelijk. Er staan geen hekken omheen en ze kunnen prima bereikt worden, onder meer met de *ProParque*-panoramabus in de weekends en door een stelsel fietspaden dat uit de stad naar een zestiental grote parken voert. Recreatieve voorzieningen, zoals speelplaatsen, een natuurmuseum, een botanische tuin en een dierenpark bieden volop keuze voor de vrijetijdsbesteding.

De aanleg van een aantal parken werd mogelijk door vooruit te lopen op de te verwachten waardestijging van de grondprijs in de directe omgeving. Verder kan men het recht kopen om zoneringsregels of bouwhoogtes te overschrijden; uiteraard is dat wel aan de nodige voorwaarden verbonden. Vooral bij de restauratie van monumenten in het centrum werkt deze aanpak: in ruil voor het instandhouden en opknappen van oude gebouwen mogen eigenaars elders (of zelfs er vlak naast) hoogbouw realiseren.

Curitiba dankt haar uitstraling aan autobussen en vuilnisauto's

In Curitiba wist men greep te krijgen op uiteenlopende aspecten van de stad: migratie, demografische en economische groei, verkeer, watersystemen en afvalstromen (inzameling en recycling). De volgende stap in de ontwikkeling van de stad lag op een wat onzichtbaarder gebied, namelijk de beeldvorming en de identiteit, maar ook op dit terrein heeft men resultaten weten te boeken. Toen de stad nog 400.000 inwoners had, gold ze als burgerlijk, saai en provinciaals. Nu er in het metropolitane gebied 2,4 miljoen inwoners zijn, staat Curitiba bekend als een zee van groen, als de plek met de allermodernste en efficiëntste bussen ter wereld, als de stad die een groot deel van zijn afval hergebruikt en – geleidelijk aan – als een stad met een interessante culturele programmering. Deze positieve beeldvorming leidde er

volgende pagina's Zonering in Curitiba: de structurerende assen, het centrum en de groenvoorzieningen tekenen zich duidelijk af op de kaart. De Cidade Industrial ligt links op de kaart langs de Contorno Sul, de rondweg die de uiteinden van de

onder meer toe dat Curitiba de meest favoriete vestigingsplaats in Brazilië werd, voor zowel bedrijven als particulieren.

Als ondersteuning van het nieuwe imago van Curitiba kreeg een aantal gebouwen en bushaltes een symboolwaarde. Ze verschijnen op ansichtkaarten, postzegels of folders en worden als logo's voor de huisstijl van de gemeente gebruikt. Zo onderstreept het spectaculaire buisbusstation het hightechprofiel dat het openbaar vervoer zich heeft aangemeten, ondanks het feit dat 'primitieve' bussen nog steeds worden gebruikt. De plantenkas in de Botanische Tuin staat model voor de vele parken in de stad. Het culturele elan wordt verbeeld door de staaldraadopera die in een oude steengroeve werd aangelegd. Rua 24 Horas, een winkelpassage in het centrum die dag en nacht functioneert, onderstreept de dynamiek van de stad. De Open Universiteit voor het Milieu, gemaakt van oude telefoonpalen, fungeert als beeldmerk van de afvalpolitiek en het hergebruik. De solidariteit spreekt uit veertig vuurtorens, die verspreid over de stad staan, zonder dat er een zee in de buurt is. In de vuurtorens bevinden zich bibliotheken en bovenin politieposten. Evenals de bibliotheek van Alexandrië vormen ze de bakens van waaruit het licht van kennis en veiligheid over alle wijken, arm of rijk, schijnt. De decentralisatie van het gemeentebestuur, ten slotte, leidde tot de bouw van inmiddels zes stadsdeelkantoren. Ze liggen pal naast de openbaar vervoersterminals en zijn als een winkelcentrum opgezet. De burelen van de gemeente zijn opgenomen in een passage met winkels, leslokalen en sporthallen. Ze geven het bestuur in de stad een gezicht en maken de gemeentelijke voorzieningen voor de burgers gemakkelijk toegankelijk.

Belangrijk voor de architectonische beeldmerken van Curitiba is dat ze als sluitstukken van een omvangrijk beleid in het straatbeeld verschenen. Het zijn geen objecten die op zichzelf staan, zoals veel politieke prestigeprojecten, maar symbolen van een duidelijke ontwikkeling;

assen verbindt (links). De structurerende assen vormen een corridor voor de expresbussen (rechts).

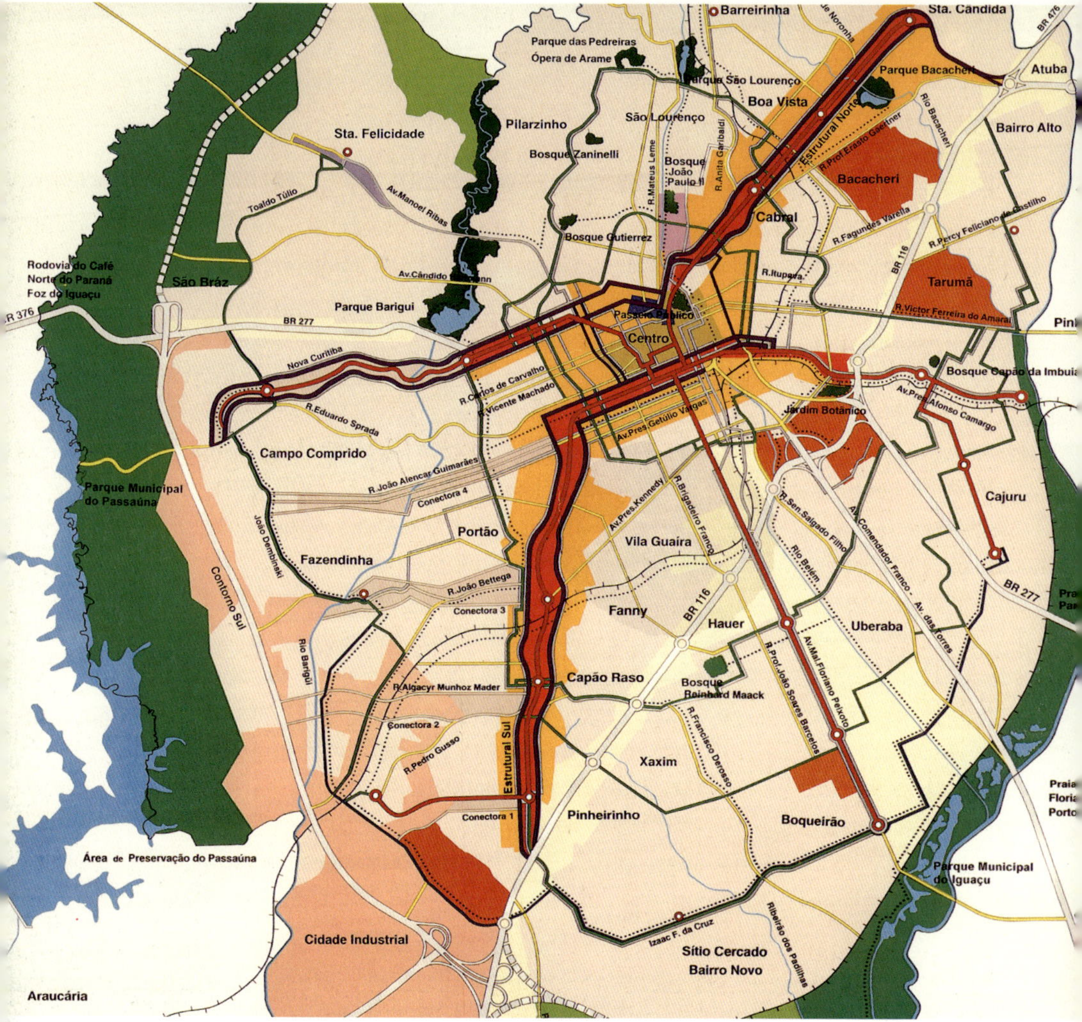
Barreirinha
Sta. Candida
Parque das Pedreiras
Ópera de Arame
Parque São Lourenço
Parque Bacacheri
Atuba
Boa Vista
São Lourenço
Pilarzinho
Sta. Felicidade
Bosque Zaninelli
Bosque João Paulo II
Estrutural Norte
R.Prof.Erasto Gaertner
Rio Bacacheri
Bairro Alto
Bacacheri
Toaldo Túlio
Av.Manoel Ribas
R.Mateus Leme
R.Anita Garibaldi
Cabral
R.Fagundes Varella
R.Percy Feliciano de Castilho
Bosque Gutierrez
Rodovia do Café
Norte do Paraná
Foz do Iguaçu
São Bráz
Av.Cândido
R.Itupava
BR 116
Tarumã
Parque Barigui
BR 376
BR 277
Passeio Público
R.Victor Ferreira do Amaral
Centro
Nova Curitiba
R.Carlos de Carvalho
Bosque Capão da Imbuia
R.Vicente Machado
Av.Pres.Afonso Camargo
R.Eduardo Sprada
Av.Pres.Getúlio Vargas
Jardim Botânico
Campo Comprido
R.João Alencar Guimarães
Parque Municipal do Passaúna
Conectora 4
Av.Pres.Kennedy
R.Brigadeiro Franco
R.Sen.Salgado Filho
Av.Comendador Franco - Av. das Torres
Cajuru
Portão
João Dembinski
Fazendinha
Vila Guaíra
Rio Belém
Contorno Sul
R.João Bettega
BR 277
Conectora 3
Fanny
BR 116
Hauer
Uberaba
Rio Barigüi
R.Prof.João Soares Barcelos
Av.Mal.Floriano Peixoto
Capão Raso
R.Algacyr Munhoz Mader
Bosque Reinhard Maack
R.Francisco Derosso
Conectora 2
R.Pedro Gusso
Estrutural Sul
Xaxim
Pinheirinho
Boqueirão
Conectora 1
Área de Preservação do Passaúna
Parque Municipal do Iguaçu
Izaac F. da Cruz
Ribeirão dos Padilhas
Cidade Industrial
Sítio Cercado
Bairro Novo
Araucária

ze hebben betekenis en verbeelden een beleid van dertig jaar. Voor bewoners in krottenwijken betekent de komst van geavanceerde bushaltes bovendien dat ze erbij horen en dat ze stap voor stap op hoogwaardige voorzieningen worden aangesloten. Dit soort respect voor de burgers geeft de bevolking vertrouwen in de planners en geloof in de stad.

Voor Lerner, de architect die als burgemeester gestalte gaf aan de metamorfose van Curitiba, ligt in de steden de sleutel van een beter Brazilië. Hier zijn volgens hem de werkelijke oorzaken van de ecologische, economische en sociale rampen van Brazilië te vinden. De oplossing voor de grote problemen moet, zo vindt Lerner, dus ook daar gezocht worden en wel op een schaal die hanteerbaar is: de menselijke. Deze strategie van stadsecologie heeft weinig te maken met organische bouwvormen of stedelijke natuurbeleving. Centraal staat de mens, omgeven door een grote, eigentijdse miljoenenstad. Tegenwoordig brengt Lerner als gouverneur van Paraná zijn ideeën tot uitvoering in het samenspel tussen stad en platteland. De deelstaat, met Curitiba als hoofdstad, heeft vijfmaal de oppervlakte van Nederland en negen miljoen inwoners.

Unieke oplossingen – een universele benadering

Het is zinloos om de oplossingen van Curitiba elders te kopiëren. Ze ontstonden in een specifieke situatie, binnen Braziliaanse verhoudingen, in een bepaalde periode. Het sociale, economische, klimatologische, culturele en politieke klimaat van Curitiba noopte tot zeer specifieke ingrepen. Dat het gevoerde beleid een 'rozige' stad opleverde met louter gelukkige en welvarende mensen is natuurlijk onzin. Tegenover het succes van het openbaar vervoer, de vuilnisinzameling, het onderwijs en de ruimtelijke ordening staan genoeg zaken die niet zijn verbeterd: hoge kindersterfte, precaire sanitaire voorzieningen, problemen met huisvesting en een armoedebeeld dat nauwelijks afwijkt van de rest van het land. Curitiba is en blijft een stad in Brazilië. Het is echter eveneens onterecht om het gevoerde beleid op grond van nationale problemen of nog onopgeloste opgaven te veroordelen.

Waar het wel om gaat? Curitiba laat zien dat het mogelijk is om een stad integraal te benaderen, als een samenhangend geheel van allerhande stromen, artefacten en vooral van mensen. Vervolgens kan met kleine duwtjes, hervormingen en toevoegingen dat organisme verbeterd en geoptimaliseerd worden. Hierbij werkt men stap voor stap met kleine oplossingen naar ingrijpende veranderingen toe. Met de realisatie van ideeën kan daarom niet vroeg genoeg worden begonnen, zo zegt men in Curitiba. Geleidelijk aan kan er iets moois en goeds uit groeien, dat direct zijn bestaansrecht bewijst. Bovendien: wachten tot alle drie de bestuurslagen op één lijn staan, is in Brazilië een onbegonnen zaak. De planners van Curitiba hebben niet geprobeerd een moderne metropool te scheppen door een blauwdruk op de stad te drukken, maar door het bestaande te onderzoeken op zijn vermogen ideaal te zijn.

Wanneer in een ontwikkelingsland uit het bestaande een moderne stad kan worden gemaakt, een stad waarvan mensen in andere steden zeggen dat het een utopie is, dan moet een soortgelijke aanpak in een hoogontwikkeld en rijk land onvermijdelijk tot goddelijke resultaten leiden.

Delen van dit artikel werden eerder gepubliceerd in: Paul Meurs, 'Curitiba. Een ecologische metropool in Brazilië', *de Architect*, (1994)2, pp. 51-59.

1 De gemeente huisvest 1,48 miljoen mensen en het metropolitane gebied 2,43 miljoen mensen (cijfers 1996). Zie: *Curitiba em Números*, IPPUC 1997, p. 28.

Saida
Cabral

cidade
de
curitiba

LESTE/OESTE
MAFERSA
EB-2285

GD314
CURITIBA
GD314

LEGENDA:
TERMINAL DE INTEGRAÇÃO
ESTAÇÃO-TUBO DE INTEGRAÇÃO
ESTAÇÃO-TUBO
BIARTICULADO
LINHA DIRETA
BOQUEIRÃO - C. CÍVICO
PINHEIRINHO - STA. CÂNDIDA
INTERBAIRROS 2
ESTUDANTES
SÍTIO CERCADO
CAPÃO RASO
PINHEIRINHO

Openbaar vervoer in Curitiba

Esther Sassenburg, Oscar Martijn, Marc Verheijen

In een land waar de auto heilig is en openbaar vervoer over het algemeen als vies, onveilig en inefficiënt bekendstaat, is het verkeerssysteem van Curitiba ongekend en gedurfd te noemen. Hier is gekozen voor openbaar vervoer, en hoe. Openbaar vervoer is een filosofie: goedkoop, efficiënt en veilig, bereikbaar voor iedereen. Bijna alle steden van de wereld kennen in mindere of meerdere mate een vorm van openbaar vervoer. Het zijn echter altijd zwakke uitwerkingen van de originele filosofie. Ook in westerse landen bestaat meestal een kloof tussen de theoretische ideaalmodellen en het openbaar vervoer in de praktijk. Curitiba lijkt als één van de weinige steden in de wereld er in te zijn geslaagd deze kloof te overbruggen.

Het is fascinerend om te zien hoe in Curitiba de bestaande historische radiaalstructuren zijn gebruikt voor het realiseren van centrumgerichte openbaar vervoerassen. Over vrije busbanen rijden superlange (25 meter), supersnelle (80 km/uur) en superfrequente (1,5 minuten interval) stadsbussen. Deze bussen zijn bovendien schoon, comfortabel en veilig. Het openbaar vervoernetwerk heeft naast de radiaalstructuren ook ringlijnen die de radialen en de verschillende stadsdelen onderling met elkaar verbinden, zonder het centrum te belasten. Dit netwerk van radialen en ringen wordt verder aangevuld met lokale bussen teneinde een hoge penetratiegraad te realiseren en met regionale bussen voor de verbinding met omliggende gebieden.

vorige pagina's De *ônibus biarticulado* heeft de capaciteit van een tram (linksonder). Het buisbusstation en de *ligeirinho* zijn even efficiënt en snel als de metro (boven). In twee jaar tijd werd in Curitiba een metronetwerk van twaalf snelle buslijnen opgebouwd (rechtsonder).

Maar hier houdt de droom van Curitiba niet op. Idealiter zouden de potentiële klanten van het openbaar vervoer rondom de vervoerslijnen moeten wonen. Dit betekent een concentratie van wonen, werken en voorzieningen. In veel steden wordt dit verstedelijkingsconcept nagestreefd. Geen enkele stad in de wereld heeft het echter ook in significante mate kunnen verwezenlijken. Curitiba wel. Een belangrijke reden hiervoor is dat het verkeersconcept niet op zichzelf staat, maar de drager is van het ruimtelijk ordeningsconcept van de stad. Reeds twintig jaar wordt verdichting langs de assen van het openbaar vervoer nagestreefd en dat is duidelijk waarneembaar. De stad wordt gekenmerkt door een twintig kilometer lange skyline, die de assen met potentiële klanten omzoomt. De dichtbevolkte zones zijn daardoor beter bereikbaar met het openbaar vervoer dan met de auto: een optimale concurrentiepositie van het openbaar vervoer.

Een bus is maar een bus, het zal nooit een metro worden. Of toch? Een metro is het beste openbaar vervoermiddel dat er bestaat, het heeft maar één nadeel: de aanleg is verschrikkelijk duur. Ook Curitiba zag de kwaliteiten van de metro, maar de financiering van een metrosysteem kon niet worden gehaald. Deze tegenslag is vervolgens aangepakt als kans, als uitdaging. De metro werd op zijn essenties geanalyseerd, wat resulteerde in een aantal factoren die de kwaliteit van de metro bepaalt. De dure factoren (infrastructuur en materiaal) zijn achterwege gelaten, de goedkope maar zeer kwaliteitsbepalende factoren bleven over (hoge frequentie, snel, gesloten systeem, korte halteringstijd, punctueel, veilig). Deze factoren zijn in het bestaande bussysteem geïntegreerd. De creativiteit van vormgevers leidde vervolgens tot een nieuw halteontwerp, waarbij de allure en het imago werden verbeterd en kaartverkoop, instap en veiligheid werden geoptimaliseerd.

volgende pagina 'Volgens onze berekening is Curitiba grosso modo net zo dichtbewoond als Amsterdam, twee keer zo groot en heeft zij twee keer zo veel inwoners. Maar wel een andere aanblik: in de hoogbouw veel dichter, in de laagbouw veel minder dicht!' (Mildi Rouw, Mlieudienst gemeente Amsterdam).

Parken

Toen Curitiba een sterke groei doormaakte, heeft de gemeente grote groengebieden veiliggesteld en zo voorkomen dat ze spontaan zouden verstedelijken. Per inwoner heeft de stad nu 52 vierkante meter groen, tegenover 0,5 vierkante meter in 1971.

Bij de aanleg van de parken is met het oog op toeristen de ontsluiting van deze gebieden verbeterd, maar vooralsnog zijn het met name de bewoners van de stad die hiervan gebruikmaken. Op zondag rijdt er een speciale busdienst, ProParque, *en er zijn fietspaden tussen de parken onderling aangelegd. Recreatieve voorzieningen versterken het eigen karakter van ieder groengebied en de parken zijn met pictogrammen herkenbaar geworden.*

De parken van Curitiba zijn in enkele categorieën onder te verdelen. Allereerst vallen de natuurgebieden langs de rivieren op door hun afmeting. In bijna al deze rivierparken zijn kunstmatige meren aangelegd; een goede oplossing voor zowel de waterbeheersing als de recreatie. Een van de rivierparken is Parque Barigüi (inheems voor Rivier van de Doornige Vruchten). Dit is het best uitgeruste en meest bezochte park van de stad. Heel anders van sfeer is het beschermde bosgebied Parque Barreirinha, waarnaast de Horto Municipal da Barreirinha ligt. In de hortus worden talloze bomen gekweekt. Enigszins vergelijkbaar hiermee is de Jardim

vorige pagina Rua 24 Horas, 1991. Ontwerp Abrão Assad.

Botânico, aangelegd op een snelweglocatie. Verder zijn er cultuurhistorische parken, hergebruikte steengroeven en in het centrum het beroemd geworden Passeio Público uit 1885. Tot slot kan worden genoemd het Bosque do Papa – Parque Estadual João Paulo II – waar zich onder meer bevinden een openluchtmuseum met blokhutten van pioniers, een cultureel centrum en de Poolse Poort.

Met de aanleg van de Jardim Botânico in 1991 streefde het Milieusecretariaat van de gemeente verschillende doelen na, onder andere het nabootsen van de belangrijkste Braziliaanse ecosystemen. Hiermee wilde men enerzijds een breed publiek aantrekken en anderzijds onderzoek doen naar de mogelijkheden voor herstel van aangetaste ecosystemen.

Jardim Botânico, Curitiba, 1991. De plantenkas werd ontworpen door Abrão Assad.

6

Ópera de Arame: staaldraadopera

In het Parque das Pedreiras liggen twee verlaten steengroeven. De grootste doet tegenwoordig dienst als openluchttheater en biedt plaats aan 30.000 bezoekers. Zonder al te veel aanpassingen kunnen hier grote evenementen worden gehouden: een podium volstaat. Vlakbij ligt een kleine krater waar in 1992 de Ópera de Arame naar een ontwerp van Domingos Bongestabs werd gebouwd. Hier kunnen 2400 bezoekers terecht.

De draagconstructie van de Ópera de Arame bestaat uit prefab buizen, die gebundeld zijn om meer draagkracht te ontwikkelen. Een principe dat al bij de bouw van middeleeuwse kathedralen werd toegepast.

Van boven lijkt het theater uit ijzerdraad te zijn opgebouwd en de enkele wanden in het gebouw zijn van glas. Hierdoor wordt binnen de indruk gewekt dat de natuurlijke omgeving deel uitmaakt van het theater: het groen, de wanden van de steengroeve, een meertje en een paradijselijke waterval. Deze enscenering biedt ruimschoots compensatie voor de elementaire vormgeving; het landschap geeft grandeur en sfeer. Van een vervuild litteken veranderde de steengroeve, evenals de Universidade Livre do Meio Ambiente, in een bijzonder stedelijk interieur.

vorige pagina's Zondagmiddag in het Parque Barigüi. Op de achtergrond de hoogbouw langs de noordwestelijke as.

Universidade Livre do Meio Ambiente (ULMA)

De Universidade Livre do Meio Ambiente (Open Universiteit voor het Milieu) is een plaats waar aan allerlei mensen advies, training en voorlichting over het milieu wordt gegeven. Daarnaast wordt hier onderzoek verricht.

Het complex staat in een klein park, het Bosque Zaninelli. De aangevreten rotswanden van een verlaten steengroeve zijn samengebracht met een stuk oud bos en een nieuw kunstmatig meer. Men komt de krater binnen door een tunnel van groen, over een houten vlonder die op de oude drainagesloot ligt. Het ontwerp is van de architect Domingos Bongestabs. De universiteit werd in 75 dagen gebouwd.

ULMA wordt gekarakteriseerd door een doorgaande hellingbaan vanaf het meer naar de universiteitslokalen en vervolgens naar een uitkijkpunt bovenop de krater. Een tweede kenmerk is de nadruk op de beleving van het landschap, dat zich overal om de bezoekers heen bevindt. Door de open constructie van het gebouw is de omgeving als het ware in het interieur opgenomen. Ten slotte kan kenmerkend worden genoemd, het gebruik van eucalyptushout voor de draagstructuur. De constructieve mogelijkheden van oude telefoonpalen zijn tot het uiterste benut, zowel in de bouwhoogte als in de tot drie meter brede overstekken.

volgende pagina's De Ópera de Arame (boven) en de Universidade Livre do Meio Ambiente (onder en rechts).

Etnische poorten

De cultuur van Curitiba bestaat voor een belangrijk deel uit wat door immigranten uit verschillende delen van de wereld werd meegenomen. Vooral Duitsers, Polen, Russen, Oekraïners, Japanners, Italianen en tegenwoordig ook mensen uit het Noordoosten van Brazilië hebben de stad kleur gegeven. Net zoals er in Curitiba ruimte is voor arm en rijk, jong en oud, en gezond en gehandicapt, wil de stad openstaan voor alle culturen. De etnische diversiteit vormt een essentieel onderdeel van het geheel; in plaats van de verschillende culturen te isoleren, worden ze als bouwstenen gezien. Soms uit zich dat op een voor ons wat naïeve manier, bijvoorbeeld door de in klederdracht gestoken migrantenkinderen die bij festivals *acte de présence* geven. Andere uitdrukkingen hiervan zijn in de stad gelegen: het Poolse Bos met een klein openluchtmuseum, het Japanse Plein met een Japans gebouw en de Italiaanse Poort.

Dit laatste gebouw vormt de entree naar de Italiaanse wijk. Het was de eerste van een serie etnische poorten, waarmee Curitiba zijn multiculturele wortels aan het publiek wil tonen. Enerzijds is dit een symbolische daad die suggereert dat achter de stadspoorten de hele wereld openligt. Anderzijds staan de poorten voor de herinnering aan de vele migranten die Curitiba hebben gemaakt tot wat het is. Even voorbij de Italiaanse Poort krijgt die herinnering op een door de marketing bedachte manier gestalte in talloze 'middeleeuwse' kastelen waarin immense Italiaanse restaurants zijn gevestigd.

Farol do Saber

Hoewel Curitiba ver van zee ligt, bezit de stad steeds meer vuurtorens: uiteindelijk zullen het er vijftig worden. Precies zoals in de Oudheid de vuurtoren en tevens bibliotheek van Alexandrië deed, verspreiden de torens van Curitiba het licht van veiligheid en het licht van kennis naar alle delen van de stad. Ze worden beneden gebruikt als bibliotheek en zijn meestal bij een school te vinden. De bewakers van de scholen huizen in de torens en vormen zo een baken van waakzaamheid.

De symbolische betekenis van de Farol do Saber (vuurtoren van kennis) is groot. Het maakt de aanwezigheid van een collectief idee zichtbaar, dag en nacht. Dit symbool is, net als de buisbusstations van het nieuwe bustype *ligeirinho*, een teken van gelijkwaardigheid. De rijke en de arme wijken worden allemaal van hetzelfde 'Curitibaanse' merkteken voorzien. Curitiba is voor iedereen, luidt dan ook de bijbehorende boodschap.

Vlakbij de Ópera de Arame werd niet lang geleden een speciale vuurtoren geopend, de Farol das Cidades. Hier bevindt zich een gespecialiseerde bibliotheek waar alles over steden en planning is te vinden en er is een aansluiting op Internet, waardoor de Curitibanen hun licht over de rest van de wereld kunnen laten schijnen.

Vila Tecnológica

Op het gebied van de volkshuisvesting heeft de gemeentelijke dienst COHAB in de loop der tijd uiteenlopende projecten ontwikkeld. Zo bestaan er programma's voor sociale woningbouw die gefinancierd zijn met federale middelen, maar waarvan de productie in geen verhouding staat tot de werkelijke vraag. Er worden daarom projecten opgezet die tegen de informele markt aanleunen. Krottenwijken worden indien mogelijk gelegaliseerd en vooral de infrastructuur wordt verbeterd. Daarnaast biedt de gemeente kavels met meer of minder voorzieningen en infrastructuur aan. In samenwerking met de bewoners, worden deze voorzien van onder meer gemeenschappelijke materiaaldepots en technische hulp.

Vila Tecnológica is een wijk waar innovatietechnieken voor simpele en doeltreffende huisvesting worden getest. Er staan twintig woningtypes, die van verschillende materialen zijn gemaakt (hout, baksteen, beton en schuim) en met diverse technieken in elkaar zijn gezet (prefab en elementenbouw). Van elk type werden zes exemplaren gebouwd: vijf als proefwoning en de zesde als modelwoning aan een pleintje waar het hele assortiment is bijeengebracht. De proefbewoners doen regelmatig verslag van hun bevindingen. Doordeweeks fungeren de modelwoningen als klas- en cursuslokaal. De wijk werd in zestig dagen gebouwd.

vorige pagina's Een van de vuurtorens in Curitiba (links). Vila Tecnológica: een woonwijk met experimentele bouwsystemen (midden). Habitatdag in Curitiba: de burgemeester opent een Vila de Ofícios, een complex met woon- en werkruimte (rechts).

Duurzaam bouwen in Curitiba

Frans de Haas

In Curitiba, de ecologische hoofdstad van Brazilië, heeft het duurzaam bouwen vooral vorm gekregen op de hogere schaalniveaus. Kenmerkend voor de stadsontwikkeling zijn:

- een hoogwaardig openbaar vervoersnet geflankeerd door bebouwing in hoge dichtheden.
- een groenbeleid met de waterstructuur als drager, grote parken gericht op recreatie en cultuur, en financiële regelingen voor het behoud van waardevolle groenelementen op privé-locaties.
- het vrijhouden van de rivierbeddingen, waardoor deze dienst doen als buffer voor rivieren die regelmatig overstromen vanwege de snelle afvoer van het regenwater uit het stedelijk gebied.
- een rioolsysteem in ontwikkeling, gericht op zuivering maar met als tussenoplossing de septictank.
- voorzieningen om huishoudelijk afval bij de bron te scheiden, waarbij vooral de droge, herbruikbare fractie wordt ingezameld.

Volkshuisvesting

De bouwactiviteiten zelf zijn nog nauwelijks op duurzaamheid gericht. De hoog- en middelhoogbouw zijn vergelijkbaar met de bouwsystemen in Nederland. Bijzonder is de volkshuisvesting die gerealiseerd wordt ter vervanging van krottenwijken. Het beleid van de gemeente is tolerant te noemen. In overleg met de bewoners worden plannen ontwikkeld ter verbetering van de woningen. In veel gevallen moet de bewoner verhuizen naar een andere locatie. De gemeente zorgt aldaar voor het bouwrijp maken, de verkaveling en de aanleg van infrastructuur. Het niveau is minimaal maar acceptabel. Tegelijk worden er wel randvoorwaarden gecreëerd om in de toekomst het kwaliteitsniveau te kunnen verbeteren. Wegen worden niet verhard, het rioleringssysteem blijft beperkt tot aansluiting op een septictank met een afvoer op een open riool. Door het kostenniveau laag te houden, worden dergelijke kavels eerder betaalbaar en daardoor op grotere schaal uitvoerbaar. Voor de aanschaf van de kavel en de bouw van een woning stelt de gemeente onder gunstige voorwaarden kredieten beschikbaar. Een buurtje met modelwoningen weerspiegelt het streven naar industrialisatie, ook voor deze woningcategorie. Beton, (asbest)plaatmateriaal en holle baksteen zijn de belangrijkste bouwmaterialen. Elke woning is aangesloten op water en elektra.

Curitiba en Nederland vergeleken

Op het niveau van de ruimtelijke ordening kan gesteld worden dat wat in Nederland als beleid is geformuleerd, in Curitiba is gerealiseerd. Zo zijn de hoge dichtheden langs het hoogwaardig openbaar vervoer een uitgangspunt van de VINEX. Verder kent ook Nederland de ‘strategie van de twee netwerken’, waarbij het verkeer de drager is voor hoogdynamische functies en water de drager voor groen en natuurontwikkeling, de laagdynamische functies.

Op gebouwniveau ligt in Nederland de nadruk op het energiegebruik bij ruimteverwarming en op materiaaltoepassing. In Curitiba worden de woningen ondanks de relatief koude winters nauwelijks verwarmd. Voor een milieubewuste materiaalkeuze is evenmin aandacht.

Vernieuwbare grondstoffen, waar Brazilië zo rijk aan is, worden vervangen door baksteen, beton en plaatmaterialen. Toch kan nieuwbouw als vervanging van krottenwijken niet als milieubelastend worden gezien. De woningen zijn relatief klein en het materiaalgebruik is daardoor beperkt. Vergeleken met demonstratieprojecten in Nederland, ligt het materiaalgebruik een factor drie tot tien lager. Dat betekent dat driemaal zo weinig ton per vierkante meter woninginhoud wordt gebruikt.

Habitat

De vervanging van krottenwijken in Curitiba staat niet op zichzelf. Mondiaal zijn er nog miljoenen mensen zonder behoorlijk dak boven hun hoofd, zonder veilig drinkwater, energie en sanitair. Curitiba is een goed voorbeeld van het streven naar een betere huisvesting. Maar wanneer deze aanpak in de rest van de wereld wordt nagevolgd, zal dit ondanks het sobere niveau een enorme aanslag op de grondstoffen-, water- en energievoorraden betekenen.

De conclusie is dan ook tweeledig. Enerzijds kan de uitwisseling van kennis en ervaring de bouwactiviteit mondiaal duurzamer maken, waarbij in Curitiba het materiaalgebruik 'duurzamer' zou kunnen. Anderzijds zijn zelfs de demonstratieprojecten van duurzaam bouwen in Nederland meer belastend voor het milieu dan de krottenwijk vervangende nieuwbouw in Curitiba. Een duurzame ontwikkeling vereist dan ook juist in het rijke Westen verdergaande stappen op het gebied van duurzaam bouwen, waarbij een 'stapje terug' en 'volumebeleid' niet uitgesloten moeten worden.

Curitiba verzilverd

Simon Jonker

Brazilië is een federale republiek met 26 deelstaten. Elke deelstaat heeft een eigen wetgevende, uitvoerende en rechterlijke macht. Ook de begroting is in belangrijke mate een autonome zaak. Iedere gemeente heeft evenals in Nederland een gemeenteraad, maar dan wel met een gekozen burgemeester. In de praktijk is, anders dan in Nederland, de burgemeester de persoon aan wie de lokale politiek wordt opgehangen. Dat heeft voor- en nadelen. Een nieuwe burgemeester wil veelal een geheel eigen, ander beleid realiseren. Het nadeel daarvan is, dat in de Braziliaanse steden nogal wat onafgemaakte projecten zijn. Burgemeester weg, project ter ziele. Omgekeerd bepaalt de zittingsduur van de burgemeester in belangrijke mate hetgeen in een gemeente wèl gerealiseerd wordt.

Er zijn mijns inziens drie oorzaken die de positieve ontwikkeling in Curitiba versterkt hebben. Allereerst moet worden gewezen op de nationale politieke ontwikkeling. Van 1965 tot 1985 was in meer of mindere mate sprake van een militaire dictatuur, die behalve de president ook de burgemeesters aanwees. Een tweede oorzaak is de ontwikkeling van de lokale politiek. Een prijsvraag uit 1964 (in het kader van een uitbreidingsplan voor de stad) leidde tot de instelling van het Instituut voor Planning en Onderzoek (IPPUC). Door de nogal afwachtende houding van de toenmalige burgemeester kon dit instituut volop plannen ontwikkelen. Bovendien wezen de militaire machthebbers in 1970 uitgerekend de directeur van IPPUC, Jaime Lerner, aan als burgemeester. Een man die gedurende meer dan twintig jaar

– tot zijn verkiezing in 1993 als gouverneur van de staat Paraná, waarvan Curitiba de hoofdstad is – met de regelmaat van de klok burgemeester was.

Aldus maakte de Braziliaanse politiek het mogelijk om gedurende een kwart eeuw een consistent, gericht (en vanzelfsprekend 'tussendoor' geactualiseerd) beleid te voeren. Een soort 'volgehouden incrementalisme'. En als zo'n beleid dan ook nog visie, kwaliteit en allure heeft, groeit er iets moois.

Beleid

Je kan stellen dat Curitiba al dan niet bij toeval het schoolvoorbeeld van optimaal beleid is. Achtereenvolgens werd de problematiek onderkend, deed men een intellectuele exercitie (de prijsvraag), werd een integrale aanpak gekozen (spelregels in plaats van een blauwdruk), richtte men een beleidsorgaan op (IPPUC), groeide de maatschappelijke betrokkenheid van het bestuur, verzekerde men de continuïteit en werd vastgehouden aan een continu leer- en evaluatieproces, onder meer door de vele bezoekers.

In Nederland zijn dit soort processen eveneens denkbaar, zoals in de stadsvernieuwingsoperatie, maar de zwakke plek in onze aanpak is en blijft het gebrek aan continuïteit.

Public relations

Als er iets is dat in Curitiba zijn vruchten heeft afgeworpen, is het wel het pr-beleid: de diverse op de presentatie van de stad (in)gerichte vergaderkamers, de vanzelfsprekendheid waarmee geavanceerde computerapparatuur wordt ingezet voor het projecteren van overhead-beelden, de exotische locaties voor officiële ontvangsten, de schakering van *landmarks* waarmee de bevolking gezegd wordt: wij als Curitiba, zijn iemand. Denk aan de skyline, de alomtegenwoordige bushaltes, maar ook aan de vele parken met elk een eigen karakteristiek: een brug, een operagebouw, een botanische tuin, een Open Universiteit voor het Milieu. Of de immer geopende winkelpassage (Rua 24 Horas) en de vuurtorens ter indicatie van een bibliotheek.

En overal ziet men het logo met een groen blaadje door de A van Curitiba. Ook de familie Folha (Portugees voor boomblad), de als bladeren verklede personages uit de campagne voor de afvalinzameling, is alom vertegenwoordigd. En dan is er de leus 'Leve Curitiba'. Naast de op zich toepasselijke Nederlandse betekenis, kan dit in het Portugees ook betekenen 'Neem Curitiba mee'.

Natuurlijk doen we in Nederland ook aan pr. Elk ministerie, elke zichzelf respecterende stad heeft een afdeling Voorlichting. In Rotterdam lopen zo'n driehonderd voorlichters rond. Bestuurlijke vernieuwing is niet alléén herindeling, maar evenzeer 'het bestuur dichter bij de burger brengen'.

Maar toch, Curitiba verzilverd? Om antwoord te geven op de vraag wat Curitiba voor ons Nederlanders, en dan met name Rotterdammers 'verzilverd' heeft, behoort een totaalbeeld van de ervaringen en verworvenheden gegeven te worden. Dát conglomeraat bepaalt het saldo. Zoals verzilveren al aangeeft, gaat het om een actieve handeling. Spaargeld in een oude sok gaat in waarde achteruit. Kennis waar niets mee gebeurd is zelfs zonder waarde. Dáár ligt dan ook de waarde en uitdaging van wat wij in Curitiba opgestoken hebben: gewoon dóen!

Curitibaanse lessen in duurzaamheid

Gerard Peters

Curitiba is vooral bekend vanwege de ruimtelijke planning en het openbaar vervoer met bussen. Het zijn de dragers van het succesvolle concept, maar een bezoek aan Curitiba leert dat er meer bij komt kijken om leefkwaliteit en duurzaamheid in alle vezels van de samenleving levensvatbaar te doen zijn. Het is fascinerend om te zien hoe in een periode van dertig jaar met vasthoudendheid, integriteit, durf, overtuigingskracht en een geweldig pr-beleid, een visie op ruimtelijke ordening, verkeer en vervoer is ontwikkeld. Deze visie kreeg gestalte in een dynamische, leefbare en bepaald geen saaie stad.

Naast planning staat Curitiba bekend om het sociaal-culturele beleid. Voor werk, milieuzorg, scholing en huisvesting wordt zo goed en kwaad als het kan, gezorgd. Men erkent en stimuleert de eigenheid van culturele identiteiten en tracht deze in de samenleving te integreren. Het zijn voor Nederland herkenbare processen, vergelijkbaar met de Wederopbouw, de stadsvernieuwing en de sociale vernieuwing. Maar wat Curitiba, een derde wereldstad, zo bijzonder maakt, is de wijze waarop de programma's tot stand komen.

Allereerst wordt er een helder, herkenbaar en integraal beleid gevoerd. Daarnaast is er sprake van continuïteit: al dertig jaar lang gaat men op de ingeslagen weg voort. Een voorwaarde voor deze continuïteit is een duidelijke politieke koers, een maatschappelijk betrokken bestuur en een uitgesproken leiderschap. Tot slot wordt de bevolking goed geïnformeerd. Dankzij prima pr en communicatie, ondersteund door bruikbare en herkenbare symbolen, is iedereen van de boodschap doordrongen en draagt men deze ook uit, zowel binnen als buiten het gemeentelijke apparaat.

Hoe konden deze thema's gestalte krijgen in een stad waar de bevolking met vijf procent per jaar groeit en desalniettemin de leefbaarheid toeneemt en de relatieve belasting van het milieu afneemt? De verklaring kan gevonden worden in een aantal factoren: een simpele boodschap die consequent wordt uitgedragen, transformatiemanagement, integraliteit, symboliek en een goed samenspel tussen de formele en de informele sector.

Eén simpele boodschap: 'Waste the minimum, save the maximum'

Bij de toepassing van gemeentelijke beleidsinstrumenten wordt steeds de vraag gesteld: hoe kan één beslissing zo veel mogelijk sectorale vraagstukken helpen oplossen? Hoe kan een maximale uitstraling en doorwerking bewerkstelligd worden in activiteiten, communicatie en pr, opdat alle activiteiten en ontwikkelingen met dat beeld geassocieerd worden?

Integraliteit en symboliek

Curitiba laat zien dat het mogelijk is een stad integraal te benaderen, als een samenhangend organisme van verschillende stromingen, artefacten en vooral van mensen. Met kleine duwtjes en aanpassingen kan dat organisme verbeterd en geoptimaliseerd worden. Stap voor stap wordt daarbij van eenvoudige oplossingen naar ingrijpende veranderingen toegewerkt. Op deze wijze heeft het ecologisch inpasbaar maken van de mobiliteit in het ruimtelijk ontwikkelingsconcept geleid tot het openbaar vervoersplan als drager van ruimtelijke ontwikkelingen. Sociale thema's die passen in het beeld van communicatie leveren herkenbare en bruikbare symbolen in het stadsbeeld, tot in de sloppenwijken toe. Voorbeelden hiervan zijn de etnische poorten, de futuristische bushaltes, het project 'afval dat geen afval is' en de vuurtorens van kennis die à la Alexandrië als bakens voor sociale controle en onderwijs dienen.

Transformatiemanagement

Curitiba is in meerdere opzichten het tegenbeeld van de strak geplande stad. Het is het voorbeeld van de utopie die met eenvoudige ingrepen ook werkelijk tot stand is gekomen. In het resultaat kunnen de bewoners zich vinden, omdat de stad zichzelf is gebleven terwijl ze veranderde. De stap van theorie naar praktijk is minimaal, waardoor simpele vondsten vaak meer effect hebben dan geavanceerde oplossingen elders.

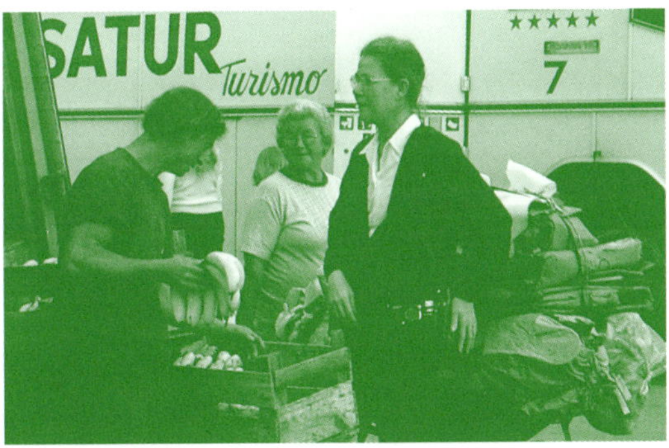

Câmbio Verde: de gemeente ruilt afval voor voedsel, buskaarten, speelgoed of kaartjes voor de opera.

Voorbeelden hiervan zijn het rioleringssysteem en het openbaar vervoersysteem. Aan de basis van alle oplossingen staat steeds wat er voorhanden is aan geld, structuur, organisaties, cultuur, politieke wil en aan technische kennis passend in de visie en communicatiestrategie. Curitiba geeft met deze randvoorwaarden vormgevers de ruimte, niet om een hyperesthetisch beeld neer te zetten, maar om de stedelijke mechaniek vorm te geven. Tot tevredenheid van bewoners en bedrijven die de spreuk 'Leve Curitiba' (neem Curitiba mee) met trots uitdragen.

Samenspel formele en informele sector

Een mooi voorbeeld van samenwerking tussen de betrokken, maar sobere overheid en de informele sector is het programma *Lixo que não é Lixo* (afval dat geen afval is). Gerichte voorlichting en communicatie met de burgers leidde tot een betere regulering van de afvalstromen. Hierbij werd de bevolking massaal bij het initiatief betrokken. Met *Câmbio Verde*, een programma om afval te kopen, was het mogelijk de armsten een actieve rol in de gescheiden vuilophaal te geven. Op vaste plaatsen, meestal in de buurt van krottenwijken, ruilt de gemeente gesorteerd vuil voor etenswaren, kaartjes voor de bus of, als het zo uitkomt, kaartjes voor de opera. Het afval verdwijnt hierdoor van plaatsen waar de gemeentelijke reinigingsdienst nooit zou komen. Bij de hygiënische winst voor de stad kan de herverdeling van welvaart, voedselsteun en extra werkgelegenheid worden opgeteld. Uit het vuilnis wordt alles gevist wat nog bruikbaar is (papier, glas, staal, plastic, textiel). Voor 'onbruikbare' materialen worden nieuwe producten ontwikkeld, vaak in combinatie met sociale werkprogramma's. Vuilverwerking en hergebruik hebben van Curitiba een relatief schone stad gemaakt, die minder grondstoffen nodig heeft dan andere steden. De bestaande stortplaatsen kunnen langer mee en van het geld dat de recycling oplevert, worden schooltjes en medische posten ingericht. De simpele boodschap 'Waste the minimum, save the maximum', is in dit thema in al zijn facetten uitgebouwd.

Tot slot. Als we de de visionaire programma's en processen van Curitiba vergelijken met de autonome ongebreidelde ontwikkeling in andere Braziliaanse steden (São Paulo) en met bijvoorbeeld Amerika (Los Angeles), en we zien hoe daar een tweedeling tussen arm en rijk is ontstaan (de rijken die zich wapenen tegen de armen, tralies voor de ramen tot de 24e verdieping); hoe een machteloze, verwaarloosde en inconsequente overheid verkokert en versnippert; hoe het publieke domein wordt overgenomen door het bewaakte private domein en hoe vrijheid verwordt tot onvrijheid, dan tekent zich het verschil met de consequente en brede sociaal-liberale Curitibaanse aanpak heel scherp af. We beseffen dat met visie, durf, integriteit, continuïteit, integraliteit, doorzettingsvermogen en een geweldige communicatie en pr, inderdaad een wereld voor iedereen te creëren is en dat deze processen stuurbaarder zijn dan we denken. Dat geldt ook voor Nederland. Curitiba toont aan dat het mogelijk is om een leefbare stad te maken.

Deze tekst werd in 1995 geschreven voor de commissie Milieubeleid, Verkeer en Vervoer van de Rotterdamse gemeenteraad.

Salvador

Salvador werd in 1549 als hoofdstad gesticht en kreeg de officiële naam: São Salvador da Bahia de Todos os Santos. Evenals in Brasília werd het stadsplan bepaald door destijds moderne inzichten op het gebied van stedenbouw en evenals Rio de Janeiro ligt de stad aan een prachtige baai.

Met de benoeming van een gouverneur-generaal trachtte de Portugese koning de kolonisatie van Brazilië een impuls te geven. De landmeter, Luiz Diaz, verkende de omgeving van de Allerheiligenbaai en koos een goed verdedigbaar plateau op zestig meter hoogte. Er kwam een benedenstad met een haven en pakhuizen, en een bovenstad met regeringsgebouwen, koopmanshuizen en kloosterorden. Ooit liepen de slaven in tredmolens om vracht uit de haven naar de bovenstad te hijsen. Tegenwoordig zijn beide stadsdelen verbonden door een betonnen lift (uit de jaren dertig), een tandradbaan en enkele steile straten.

Suiker was ten tijde van de stichting van Salvador een belangrijk handelsproduct. Het leverde een dusdanige rijkdom, dat in de zeventiende eeuw de Braziliaanse suikercentra door de West-Indische Compagnie werden aangevallen en bezet. Pas in 1654 kwam een eind aan de Nederlandse invasies. De macht van Salvador begon te tanen nadat goud en diamanten in het binnenland van Minas Gerais waren ontdekt en in 1763 werd Rio de

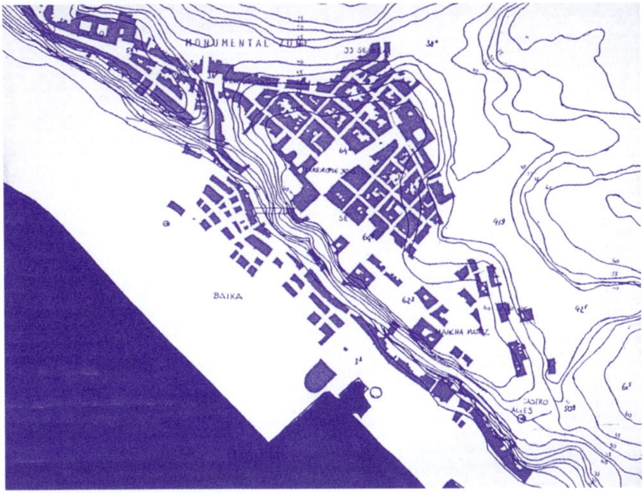

Janeiro de nieuwe hoofdstad. In Bahia, een deelstaat zo groot als Frankrijk, bleef de tropische landbouw nog lang de voornaamste activiteit.

Aan de suikerrijkdom dankt Salvador een omvangrijke hoeveelheid monumenten. Volgens de inwoners van de stad zijn er 365 kerken, één voor elke dag van het jaar. Onder de kloosters valt de Derde Orde van São Francisco door zijn uitbundig geornamenteerde gevel op. De kerk van São Francisco is even indrukwekkend: het interieur is bijna volledig met bladgoud bekleed en staat vol 'sensuele' baroksculpturen en fraai versierde balustrades.

Het historische centrum van Salvador met de Cidade Baixa (benedenstad) bij de haven en de Cidade Alta (bovenstad) zestig meter hoger.

De suikercultuur gaf Brazilië zijn sociale structuur. Voor de verbouw van riet en de productie van suiker waren veel arbeidskrachten nodig en die werden uit Afrika gehaald. Omdat suikerriet niet in zijn ruwe vorm kon worden geëxporteerd, moesten dicht bij de plantages geavanceerde suikerfabrieken (engenhos) worden gebouwd. Zo ontstond een samenleving bestaande uit machtige 'heren van de engenho', Portugese ambtenaren en militairen, geestelijken van verschillende kloosterorden en veel slaven. De socioloog Gilberto Freyre beschreef in Casa Grande e Senzala (1933) hoe op de plantages Europese en Afrikaanse culturen zich vermengden en hoe zij, met de Zuid-Amerikaanse dimensie, de basis vormden voor de Braziliaanse cultuur. Het resultaat van deze rijke uitwisseling is zichtbaar in het eten, de taal, de genen, de religie, de muziek en de gebruiken van de Brazilianen.

Tot diep in de jaren vijftig behield Salvador zijn authentieke volkscultuur, ongeveer zoals Nederland die rond de eeuwwisseling nog had. Voor mensen als de architect Lina Bo Bardi en de Franse antropoloog Pierre Verger, vormde de stad het decor voor hun onderzoek naar volkskunst (niet te verwarren met folklore) en de wortels van de Braziliaanse cultuur.

Inmiddels heeft Salvador drie miljoen inwoners en is het met provincialisme en ongereptheid gedaan: invloeden uit de hele wereld doen zich gelden. Salvador heeft een van de grootste 'zwarte' gemeenschappen ter wereld en ontpopte zich tot een producent van negercultuur. In dit Roma Negra vermengt zich reggae met samba en katholicisme met candomblé.

De traditionele woonwijk Santo Antônio Além do Carmo.

Salvador is een moderne stad vol traditie. De oude gebruiken worden niet gecultiveerd omdat ze oud zijn, maar omdat ze iets toevoegen aan het leven van vandaag. In de historische stad maalt niemand om de feitelijke authenticiteit van een oude ambiance, maar bloeit de zwarte cultuur tussen de ruïnes van de koloniale slavendrijvers. Dit onderstreept het universele aspect van de stad, die door UNESCO op de lijst van werelderfgoed werd geplaatst.

Het verleden van Salvador, de ongelijkheid en de uitbuiting, is onthutsend. Het is onmogelijk met nostalgie over een glorieus verleden weg te dromen. In Bahia ziet men het verleden dan ook anders: als schakel op weg naar een betere toekomst.

Salvador is tegenwoordig uitgespreid over een driehoekige landtong, tussen de Atlantische Oceaan en de Allerheiligenbaai. Waar de koloniale stad zich langs de baai ontwikkelde, hebben investeringen zich nu verplaatst naar de oceaan. Verspreid over twintig kilometer met palmenstranden liggen de beste wijken afgewisseld met oude vissersdorpen zoals Rio Vermelho en Itapoã. In het gebied tussen beide kusten kwamen als vanzelf centrumfuncties terecht, bijvoorbeeld het Terminal Rodoviário (busstation), Shopping Center Iguatemi en de kantoorcentra van Pituba en Itaigara. Uit dit nieuwe centrum lopen snelwegen parallel aan de baai en de oceaan naar het achterland.

Het historische heden: moderniteit en traditie

Paul Meurs

In Olinda, in de deelstaat Pernambuco, staat een groot oranjerood huis van rond de eeuwwisseling. Volgens de overlevering woonde Maurits van Nassau hier. De prins had paleizen in het naburige Recife en was al eeuwen dood toen het pand werd gebouwd, dus dat valt te betwijfelen. Maar wat doet het er toe? Het huis is prachtig, een gouverneur waardig. Het geeft Hollands Brazilië een gezicht en draagt er toe bij dat Nederlanders in Olinda als vrienden worden ontvangen. De inwoners zetten de geschiedenis naar hun hand en zijn – op hun manier – exemplarisch voor de monumentenzorg, die eveneens objecten een selectieve en creatieve betekenis geeft. Het gaat er niet om wat een monument werkelijk was, maar wat we denken dat het was, wat we erbij voelen en wat we erin wensen te zien.

Volgens de architect Lina Bo Bardi verandert de stad door het cultiveren van al het oude in een museum vol rommel. In het leven van alledag bestaat het verleden niet, zo stelde ze. Wel zag ze het belang van het 'historische heden'; dit moet men begrijpen om een nieuw heden te kunnen creëren. Voor Lina was het doel van restauraties derhalve niet om monumenten in een 'oorspronkelijke' staat te herstellen of de bouwgeschiedenis tot in detail bloot te leggen. Het ging haar om de ziel van gebouwen, die ze een eigentijdse inhoud wilde geven. Zoals de sociologe Ecléa Bosi schreef: 'Herinneren is niet opnieuw beleven. Het is het overdoen, herbouwen en overdenken van ervaringen uit het verleden, met beelden en technieken van vandaag. De herinnering is geen droom, maar noeste arbeid'.[1] De Braziliaanse monumentenzorg dankt aan deze creatieve benadering een veelvormig karakter. Het beleid verschilt per periode en per gebied: kunstzinnig (Minas Gerais), Afrikaans en volks (Salvador), eigentijds (Rio) en historisch (Brasília).

De ontdekking van het verleden

Brazilië lijdt aan een probleem dat typerend is voor de Nieuwe Wereld, namelijk dat de cultuur weliswaar universele wortels heeft maar een groots en 'beschaafd' verleden ontbeert. In de negentiende eeuw werd aan dit gemis tegemoetgekomen door uit Frankrijk een verleden te importeren. Dit verleden stond model voor Braziliaanse neoklassieke bouwkunst en landschapstuinen. In de twintigste eeuw werd het decor van het geleende verleden ingeruild voor een gedroomde toekomst. De moderne beweging probeerde in één klap de achterstand van het land om te zetten in een voorsprong. Bij de opbouw van de toekomstige samenleving diende het koloniale verleden als legitimatie van de moderne kunst en architectuur, die zichzelf nadrukkelijk op één lijn met de koloniale barok plaatste.

Het contact met de Europese avant-garde maakte Braziliaanse schrijvers, architecten en kunstenaars nieuwsgierig naar het exotische en het primitieve. Ze konden daarvoor in eigen land terecht, want Brazilië bleek rijk te zijn aan 'vergeten' culturen van Indianen, goudzoekers en suikerbaronnen. Zo trokken in de jaren twintig modernistische kunstenaars naar verlaten goudstadjes in de deelstaat Minas Gerais. De koloniale barok werd niet als provinciaals en pittoresk gezien, maar als zuiver primitivisme. Het bood de ontbrekende schakel tussen de 'brazilianiteit' van Indianen die in de steentijd leefden en de moderniteit van migranten in

São Paulo. Terwijl in Europa de avant-garde met het verleden brak, gebeurde in Brazilië juist het omgekeerde: het verleden werd ontdekt.

De goudsteden golden als symbool van nationale rijkdom, culturele vermenging en onafhankelijkheid. Ze leverden inspiratie voor moderne muziek, literatuur, architectuur en schilderkunst. Tegelijkertijd ging het verval van de daar aanwezige kunstschatten de modernisten aan het hart. De schilder Tarsila do Amaral verzuchtte in de jaren twintig in Ouro Preto zelfs dat ze naar Parijs wilde teruggaan. Ditmaal niet om met Léger te werken, maar om te leren restaureren en vervolgens een bijdrage te leveren aan het behoud van de barokke schilderkunst.

De architect Lúcio Costa belichaamt bij uitstek de synthese van traditie en moderniteit. Hij was verantwoordelijk voor het basisontwerp van Brasília en wordt gezien als de vader van de Braziliaanse moderne architectuur. Minder bekend is dat hij ook zijn stempel drukte op de Braziliaanse monumentenzorg. De ware kracht van traditie zocht hij niet in uiterlijke schijn, maar in functionaliteit, rationele bouw en gevoel voor lokale omstandigheden. Volgens Costa wordt de schoonheid van koloniale bouwkunst bepaald door de perfecte eenvoud. Moderne architectuur moet zich volgens hem hieraan spiegelen, zonder de eigen tijd uit het oog te verliezen.

Nationalisme en modernisme

Dankzij Gustavo Capanema, Minister van Onderwijs en Gezondheidszorg van 1934 tot 1945, kregen de modernisten veel invloed in Brazilië. Het beleid richtte zich op een 'conservatieve' modernisering van het land, waarbij onder centraal gezag industrie, cultuur en techniek werden bevorderd. Capanema ging er vanuit dat Brazilië niet modern kon zijn zonder een nationale identiteit. Voor zover een nationale identiteit aanwezig was, werd zij volgens hem ondermijnd door de toeloop van immigranten; culturele pluriformiteit was gevaarlijk en integratie was een zaak van nationale veiligheid. Het Braziliaanse nationalisme kreeg door deze zienswijze geen etnische maar een culturele grondslag. De politiek speelde hier op in met het stimuleren van de geschiedschrijving, de volkskunsten en de Portugese taal. De nationale mythen van onafhankelijkheid, natuurlijke rijkdom en een utopische toekomst (Brasília) werden eveneens gecultiveerd.

Bij de ontwikkeling van de gewenste mentaliteit kon het modernisme dus goed worden gebruikt. Zowel de ontdekking van het verleden als de zoektocht naar moderne Braziliaanse kunst werden in de nationalistische politiek opgenomen. Capanema liet het Ministerie van Onderwijs bouwen door zes jonge architecten, die in 1936 Le Corbusier bij het project betrokken. In dezelfde periode bracht hij de Monumentenwet tot stand. Hiermee kon nationaal erfgoed, variërend van losse objecten tot complete steden, worden beschermd. Niemand wilde het op zich verwerpelijke koloniale verleden als zodanig behouden, maar men wilde sporen daarvan als herinnering aan de geschiedenis opnemen in de moderne samenleving. De collectieve identiteit zou van de bevolking een volk en van het grondgebied een natie maken.

Om een nationaal verleden te kunnen beschermen, diende dat eerst uitgevonden te worden. Anders dan in Europa bood niet de geschiedenis, maar de maagdelijke natuur de context waarbinnen het menselijk handelen gestalte had gekregen. Brazilië moest zichzelf nog ontdekken: de geschiedenis vormde net zo'n onbekend voorland als het regenwoud. Ondanks hun eenvoud versterkten de monumenten het gevoel van eigenwaarde. De directeur van monumentenzorg formuleerde het als volgt: 'De poëzie van een kerkje uit de koloniale tijd doet ons meer dan het Parthenon'.[2]

Modernisme en monumentenzorg

De modernisten zagen monumentenzorg niet als een romantische of conservatieve opgave. Integendeel, ze streefden naar een moderne samenleving en meenden dat tradities daarbij van belang waren. Costa vergeleek de leembouw van Diamantina met gewapend beton en omschreef de nietige koloniale huizen in lyrische bewoordingen als moderne bouwkunst *avant la lettre.* In nieuwe projecten doken traditionele elementen op, zoals beschilderde tegeltableaus (onder meer van Cândido Portinari) of houten rasterwerken. Oscar Niemeyer werd bij voorkeur gepresenteerd als een eigentijdse Aleijadinho, de kreupele kunstenaar uit de goudtijd. Hun beider obsessie voor de sensuele kromming vatten Brazilianen maar al te graag op als een authentieke nationale karaktertrek.

Lúcio Costa gaf op drie manieren uitleg aan de eigentijdse betekenis van monumenten.[3] Allereerst zocht hij naar een adequate manier om de symbolische waarde van vervallen of zelfs verdwenen monumenten vorm te geven. Vervolgens huldigde hij het standpunt dat een monument wèl de aanwezigheid van (moderne) kunstwerken duldt, maar niet die van 'aangepaste' nieuwbouw. Ten derde maakte hij een onderscheid tussen historische steden en historie in moderne steden. In historische steden konden volgens hem nieuwe objecten aan de oude structuur worden toegevoegd, bijvoorbeeld het Grande Hotel van Niemeyer in het goudstadje Ouro Preto (1942). Bij de vorming van moderne steden probeerde Costa de historische objecten in een nieuwe structuur op te nemen. De geschiedenis leverde dan geen grondplan voor modernisering, maar losse bouwstenen ontdaan van hun context. Mede door deze pragmatische benadering bleven, vooral in het wolkenkrabberlandschap van Rio de Janeiro, verrassend veel historische bouwwerken bewaard.

Monumenten van het volk

In de jaren zeventig nam de invloed van de modernisten op de Braziliaanse monumentenzorg af. Ze worden nu vereerd als de ontdekkers van het nationale verleden en verguisd vanwege hun voorkeur voor een 'voorbeeldig' verleden. Zo poetsten de modernisten bij restauraties van koloniale gebouwen latere toevoegingen weg en richtten ze de aandacht nogal eenzijdig op alles wat te maken had met de katholieke kerk, de blanke bevolking en de goudcyclus in Minas Gerais. Dat ging ten koste van de negentiende eeuw, Afrikaanse invloeden, plantages en volkskunst. Deze selectieve benadering was overigens niet uitzonderlijk, want in Europa stelden oudheidkundigen zich destijds op vergelijkbare wijze op. De Brazilianen onderscheidden zich wèl met hun opvatting over harmonie, die leidde tot ongekunstelde toevoegingen en daarmee het oude in zijn waarde liet. Ook de strategie bij de stedenbouwkundige planning was bijzonder; het samengaan van vernieuwing en behoud maakte, gegeven de drastische maatschappelijke veranderingen, de Braziliaanse monumentenzorg uiterst effectief.

Pas in de afgelopen twintig jaar heeft de volkscultuur meer aandacht gekregen. Dat gebeurde onder meer in Salvador, het muzikale, culinaire, spirituele en Afrikaanse centrum van het land. Nadat de elite honderd jaar geleden de oude paleizen van deze voormalige

De goudsteden Ouro Preto (boven en middenonder), Congonhas (linksonder) en Diamantina (rechtsonder). In de deelstaat Minas Gerais ontstond een Braziliaanse versie van de barok, onder invloed van met name de bouwmeester en beeldhouwer Aleijadinho (1738-1814).

hoofdstad inruilde voor luxueuze villa's in buitenwijken langs de zee, verpauperde het historische centrum. De afgebladderde stadspaleizen werden het filmische decor van een uitbundig volksleven. Lange tijd had het gebied een negatief imago. Het werd beschouwd als een getto vol prostitutie en criminaliteit. Bij de pogingen tot herstel groeide de interesse in volkskunst en lokale tradities. Tegenwoordig is de oude stad niet langer symbool van koloniale macht en Portugese bouwkunst, maar van een cultuur die met de slaven tot bloei kwam en zich nog steeds verder ontwikkelt. Het centrum staat op de wereldmonumentenlijst van UNESCO, vanwege de eeuwenlange vermenging van Europese, Afrikaanse en Zuid-Amerikaanse culturen die hier zijn beslag kreeg.

In de restauraties die Lina Bo Bardi in Salvador uitvoerde, werd de nadruk gelegd op de universele betekenis en de Afrikaanse ziel van monumenten.[4] Reeds lang daarvoor had ze het dogmatische behoud van de *couleur locale* afgewezen. In een Bahiaanse krant schreef ze in 1958: 'Een door de tijd achterhaalde periode kan je niet in zijn uiterlijke verschijningsvorm conserveren. Dat dient nergens toe en werkt belemmerend. De mensen moeten worden bevrijd in plaats van gevangen te blijven in een antihistorische slavernij'.[5] Lina bekommerde zich meer om het sociale belang van monumenten dan om hun historische of architectonische waarde.

Als vertrekpunt voor bouwkundige ingrepen nam ze de bestaande situatie, inclusief ruïnes en de daarin soms hoog opgeschoten vegetatie. Alles wat nog over was van de vervallen gebouwen werd consciëntieus bewaard en hersteld, maar de ontbrekende delen kwamen niet terug. De ruïnes werden gecompleteerd met eigentijdse middelen, zoals opvallende betonnen prefab wanden, die achter de oude gevels langs golven en slechts hier en daar in zicht komen. Binnen deed Lina geen enkele poging om de verloren interieurs terug te brengen. Ze ontwierp vides en patio's, waaromheen de nieuwe functies van gebouwen werden georganiseerd.

In deze restauraties gaat de spanning tussen oude delen en eigentijdse toevoegingen verder dan het materiaal alleen: zij raken aan de symbolische betekenis van monumenten en maken de breuk in de Braziliaanse geschiedenis zichtbaar. Er is niet een kneuterige ambiance ontstaan, maar een plaats waar het Braziliaanse geheugen vorm heeft gekregen.

Hoewel de restauraties van Lina bedoeld waren als een aanzet tot het herstel van honderden ruïnes en bouwvallen in het historische centrum, bleef haar bijdrage een experiment. Aan het begin van de jaren negentig veranderde de historische stad met een bliksemactie in een historisch winkelcentrum. Hoewel er architectonisch en stedenbouwkundig veel op deze interventie valt aan te merken, heeft de ingreep er toe geleid dat het door verval gestigmatiseerde centrum weer aan de stad en haar bewoners werd teruggegeven. Dankzij de sterke en zelfbewuste Afro-Braziliaanse cultuur ontstond allerminst een slappe en commerciële 'sfeer van weleer', zoals we die kennen uit wetenschappelijk verantwoorde restauraties van Europese historische steden.

Monumentenzorg en modernisme

Tegenover het oorverdovende tromgeroffel en de vrolijke bende in het centrum van Salvador steekt een ander Braziliaans wereldmonument wat statisch af: Brasília. Hoewel de modernisten in een eerder stadium met veel creativiteit het koloniale verleden een plaats in

volgende pagina In de Allerheiligenbaai op de pont naar Itaparica.

de moderne samenleving hadden gegeven, waren ze niet zo soepel toen het om hun eigen erfenis ging. Ook dit was een deel van het nationale ontwikkelingsproces dat in de jaren dertig in gang werd gezet. Nadat met de 'ontdekking' van het verleden een afkomst was gecreëerd, werd vervolgens geschiedenis gemaakt door het eigen handelen als een beslissende stap voor de vorming van het moderne Brazilië te zien. Zo stelde Niemeyer: 'Ons verleden is arm, dat zal men moeten toegeven. [...] Daarom zijn we vrij om vandaag het verleden van morgen te maken'.[6]

Het Ministerie van Onderwijs in Rio stond al drie jaar na de inauguratie op de monumentenlijst. Als reden werd door monumentenzorg aangevoerd dat het gebouw als 'beslissende stap in de geschiedenis van de universele architectuur' werd beschouwd.[7]

Ook het schetsontwerp voor het grondplan van Brasília, het *Plano Piloto*, belandde op de monumentenlijst, zelfs voordat het zijn eindvorm had bereikt. Dertig jaar na de prijsvraag voor Brasília werd de stad door UNESCO tot werelderfgoed uitgeroepen. Costa en Niemeyer schaarden zich achter de bescherming, omdat volgens hen de uniciteit van Brasília het behoud rechtvaardigt. Samen bepalen zij nog steeds hoe met 'hun' stad moet worden omgesprongen, de veranderde omstandigheden ten spijt. De initiërende lijnen van Brasília zijn verheven tot norm. Zonder iets af te doen aan het belang van Brasília voor Brazilië en aan de kwaliteit van het *Plano Piloto*, kan echter gesteld worden dat de kans om het briljante plan van Costa uit te laten groeien tot een voorbeeldige stad is verkeken. Brasília werd een monument voor het geloof in eigen kunnen: een museum van de utopie.

Niet alleen de modernen maken geschiedenis. Overal in Brazilië wordt bewust omgegaan met de *memória*, het geheugen van de stad. Dat gebeurt op de meest uiteenlopende manieren. Zo bouwen winkelcentra de sfeer van oude, vertrouwde binnensteden na. Bij verbeteringen aan krottenwijken wordt soms getracht de kwaliteit van spontane architectuur in stand te houden. Ook in de satellietsteden van Brasília is er aandacht voor het eigen verleden en in Samambaia, een van de meest precaire woongebieden in het Federale District, staat een klein museum waarin te zien is dat de omstandigheden tien jaar geleden nog slechter waren.

Een van de mooiste monumenten van Brazilië is evenwel een hut van palmbladeren en modder aan het strand van Arembepe, veertig kilometer te noorden van Salvador. In de jaren zestig ontstond hier Aldeia de Caratingui, een hippiedorp waar Janis Joplin ooit te gast was. Tussen het strand en een lagune in de rivier Capivara bouwden hippies hun hutten onder een zee van palmbomen. Eén bewoner laat tegenwoordig tegen betaling zijn hut zien. Alles is eender als in alle andere hutten. Het onderscheid zich echter in de hoedanigheid van 'museum'; het huis werd een attractie en een inkomstenbron. Alleen het keurmerk van UNESCO en monumentenzorg ontbreekt nog, maar dat is een kwestie van tijd. Het historische heden van Brazilië verandert geleidelijk aan in een hedendaags verleden.

1 Ecléa Bosi, *Memória e Sociedade, lembranças de velhos*, São Paulo 1983, p. 17.

2 Rodrigo Melo Franco de Andrade, 'Defesa de Nosso Patrimônio Artístico e Histórico' (1936), in: João de Souza Leite (ed.), *Rodrigo e o SPHAN*, Rio de Janeiro 1987, p. 48.

3 Deze benadering van Costa werd beschreven in: Paul Meurs, 'Modernisme en traditie. Monumentenzorg in Brazilië', *Archis*, (1994)6, pp. 60-80.

4 Dit onderwerp is door Paul Meurs uitgewerkt in: *de Architect*, (1994)5, pp. 62-67.

5 Lina Bo Bardi, 'Olho sôbre Bahia, No 8', *Diário de Notícias*, Salvador, 26 oktober 1958.

6 Ivan Cláudio, 'Pecado capital', *Isto é / Senhor*, 1 mei 1991, p. 58.

7 Rodrigo Melo Franco de Andrade, 'Zelar pelo patrimônio é obrigação constitucional', in: João de Souza Leite, op. cit. (noot 2), p. 40.

BRASILFOTO
MARINA

Pelourinho: het historische centrum

In een elf kilometer lang lint langs de Allerheiligenbaai liggen de traditionele wijken van Salvador, bewaakt door een reeks oude forten. Ongeveer halverwege is het centrum, met een laag en een hoog gedeelte. De bovenstad profiteert van een koele zeebries en bood in de koloniale tijd voldoende ruimte voor een regelmatige stadsuitleg. De opzet hiervan is totaal anders dan de Spaanse stedenbouw in Zuid-Amerika. Uit de orthogonale rasters van de Spanjaarden spreekt het centrale gezag van kerk en staat, dat zich steevast aan de Plaza Major als een spin in het web kon voelen. De Portugezen hadden een pragmatischere benadering. Zij probeerden, evenals de Nederlanders, slim van de omstandigheden ter plaatse gebruik te maken, bijvoorbeeld door de hoogtelijnen te volgen. Dat daarbij de hiërarchie enigszins uit het stadsplan verdween, mocht geen bezwaar zijn.

In Salvador werden meerdere pleinen achter elkaar geplaatst, elk met een andere functie. Het wereldlijke gezag zetelde aan de Praça Municipal, het kerkelijke gezag aan de Terreiro de Jesus en bij de stadspoorten aan de uiteinden van het grid was onder meer de slavenmarkt (Largo do Pelourinho, ofwel Plein van de Schandpaal) gesitueerd. De centra van handel (benedenstad), bestuur (Mancha Matriz) en religie (Terreiro de Jesus) vestigden zich in verschillende stadsdelen.

Nadat de elite honderd jaar geleden uit het monumentale centrum was weggetrokken, ontstonden er grote contrasten tussen de stadsdelen. Het oude bestuurscentrum en de benedenstad behielden hun functie en werden gemoderniseerd: de oude gebouwen maakten plaats voor nieuwbouw. Het religieuze centrum met de stadspaleizen van de kolonisten ver-

vorige pagina's De Pelourinho vóór en na het herstel.

loor zijn functie en raakte in verval. Bij gebrek aan modernisering bleef de architectuur overeind, maar zij werd steeds marginaler gebruikt. Wat vroeger het rijkste deel van de stad was, veranderde in de loop der jaren in een getto met een negatieve uitstraling vanwege de prostitutie, armoede en criminaliteit.

Een bliksemactie aan het begin van de jaren negentig maakte aan de verloedering een eind. Ten behoeve van het toerisme werden de bouwblokken opgekocht, 'gerestaureerd' en tot een historisch shopping center omgevormd. De binnenterreinen van dit complex vormen pleinen met terrassen, bedrijvigheid en podia, waar dankzij een volle programmering van shows en muziek een geanimeerde sfeer is ontstaan.

Het barokke stratenpatroon met historische gevels heeft met het shopping center concurrentie gekregen van moderne binnenpleinen met namaakgevels. Bovendien is er sprake van een conflict tussen de oude en nieuwe openbare ruimte: de nadruk op niet-historische binnenterreinen doet geen recht aan de dynamische opeenvolging van straten en pleinen met tal van doorkijkjes naar monumenten in een golvend stadslandschap. Deze drastische aanpak is vanuit architectonisch, stedenbouwkundig en historisch oogpunt dan ook jammer. Toch heeft het ensemble zonder oorspronkelijke functie of bouwkundige authenticiteit zijn magie behouden; de sterke en zelfbewuste Afro-Braziliaanse cultuur wist de Pelourinho weer aan de stad terug te geven.

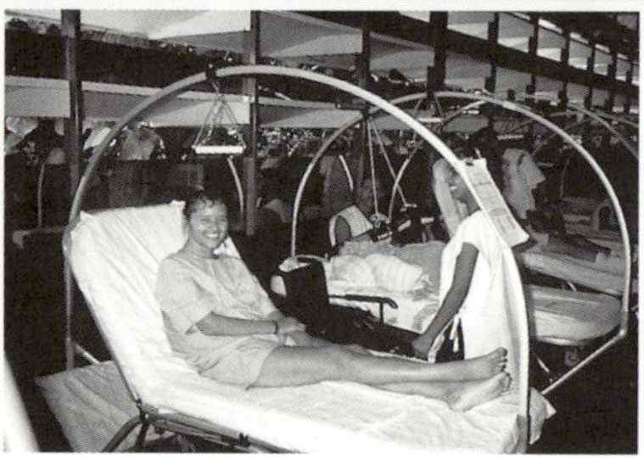

Hospital Sarah Kubitschek

Bas Molenaar

In 1970 bouwde Lelé in het centrum van Brasília een revalidatieziekenhuis dat is vernoemd naar Sarah, de vrouw van de stichter van de hoofdstad: president Juscelino Kubitschek. Het ziekenhuis heeft een ideële doelstelling: patiënten worden gratis behandeld, ongeacht hun achtergrond.

In de opzet van het ziekenhuis werd extra aandacht besteed aan het voorkomen van infecties en aan de kwaliteit van individuele zorg. Een ander opvallend element is dat de verdiepingen ten opzichte van elkaar werden verschoven, waardoor brede balkons zijn ontstaan.

In de jaren negentig werd het concept van dit ziekenhuis in een moderne versie herhaald in andere Braziliaanse steden. Zo koos Lelé in Salvador voor een laagbouwmodel op een heuveltop. Het contact van de patiënten met de buitenruimte en de tuinen is hierdoor optimaal. Bovendien kon gebruik worden gemaakt van de koele zeewind die onder het gebouw doorblaast, via de gekromde sheddaken de hoge ruimten ventileert en die zorgt voor zowel een aangenaam binnenklimaat als een forse energiebesparing.

De draagstructuur van het gebouw is van beton en de dakelementen zijn van metaal. De holle prefab betonnen binnenwanden zijn relatief lichte en mooi afgewerkte vlakken. De detaillering is zuiver en heeft een aan Prouvé verwante kwaliteit. De lay-out van het ziekenhuis is zeer helder, de logistieke stromen zijn doordacht en efficiënt.

Het ziekenhuis in Salvador met een ventilatiesysteem dat gebruik maakt van de koele zeebries (boven en linksonder). Voor het ziekenhuis zijn zogenoemde *cama-macas* (bed-brancards) ontworpen (middenonder).

Naast het ziekenhuis in Salvador staat een fabriek waar de prefab onderdelen voor alle nieuwe, volgens het basisprincipe ontworpen ziekenhuizen worden gemaakt. Deze fabriek maakt deel uit van het Centro Tecnológico van de ziekenhuisketen. De ontwerpen voor de onderdelen zijn door de variërende programma's en situaties elke keer verschillend, maar maken wel gebruik van dezelfde prefab elementen. In de fabriek worden overigens ook (mooie) zelfontworpen ziekenhuisbedden en -stoelen gemaakt. Zo zijn er *cama-macas* (bed-brancards) ontwikkeld, waardoor de patiënten nooit meer van bed hoeven te wisselen.

De kwaliteit die in Brazilië is gerealiseerd, kan als voorbeeld dienen voor de ziekenhuizen in Europa. Dat geldt niet zozeer voor de medische of technische aspecten, als wel voor de visie op patiëntenzorg die is vertaald in een helder gebouw waarin situatie, klimaat, functionaliteit en materialisering goed zijn vormgegeven.

De prefab architectuur van Lelé

Prefab architectuur werd in Brazilië op grote schaal ontdekt bij de bouw van Brasília; het voordeel van een snelle bouwtijd en een fabrieksmatige productie op grote schaal kwam hier goed van pas. De ingenieur João Filgueiras Lima, alias Lelé, maakte in Brasília deel uit van het team van Oscar Niemeyer en ontwikkelde in de erop volgende jaren een grote variëteit aan prefab gebouwen in staal en beton. Efficiëntie, spaarzaamheid en schoonheid werden daarin steevast gekoppeld aan sociale doelstellingen: Lelé bouwde vooral scholen, universiteiten, crèches en ziekenhuizen. Ooit maakte hij een studiereis naar het Oostblok, maar zijn projecten lijken absoluut niet op de lompe en eentonige prefab architectuur uit Oost-Europa.

Lelé werkte veel met kleine en lichte elementen die op de schouder, tegen de bergen op, kunnen worden gedragen om in de krottenwijken een plaats te krijgen. Kenmerkend voor zijn projecten is verder dat ze zeer afwisselend zijn, sterk op de omstandigheden van de locatie inspelen en dat de afwerking van een verrassend hoge kwaliteit is.

Behalve in Brasília bouwde Lelé vooral in Rio de Janeiro waar hij de CIEP, de prefab school ontworpen door Niemeyer, in een fabriek seriematig produceerde. Ook werkte hij veel in Salvador waar hij onder meer verantwoordelijk was voor de regeringsgebouwen van Bahia en de voetgangersbruggen *(passarelas)*, die overal in de stad over de snelwegen liggen. Het bestuurscentrum van Salvador dateert uit de jaren zeventig. De gebouwen bestaan uit drie lagen op *pilotis* en golven door het landschap, precies zoals de projecten van Reidy dat in Rio doen. In de vrije ruimte onder de gebouwen zijn auditoria en andere belangrijke functies in het talud opgenomen.

Restauratieprojecten van Lina Bo Bardi

Ladeira da Misericórdia en Casa do Benin

In de jaren tachtig voerde Lina Bo Bardi op vier plaatsen in het historische centrum van Salvador restauraties aan ernstig vervallen monumenten uit. De ruïnes werden met eigentijdse middelen gecompleteerd. Om de karkassen te stabiliseren, ontwikkelde de constructeur João Filgueiras Lima (Lelé) een systeem van geprefabriceerde, lichte betonelementen die tot rechte of gebogen wanden zijn samen te stellen.

Aan de Ladeira da Misericórdia, een van de hellingen tussen de boven- en benedenstad, kronkelen de betonnen wanden nu als een serpentine door een vijftal monumenten heen. Bij de meest geruïneerde huizen komen de betonwanden in zicht; achter de verbrokkelde rooilijn ontstaat een spel van beton en groen. Dit bereikt een hoogtepunt in restaurant Coaty, waarin de prefab wanden zich krommen rond een immense mangoboom die hier al stond.

Op het laagste punt van Largo do Pelourinho bevindt zich Casa do Benin, een uiting van de historische band met dit Afrikaanse land. Het restauratieproject omvatte het herstel van twee ruïnes. De buitenkanten werden consciëntieus gerestaureerd en voegen zich in het stadsgezicht dat panoramisch ligt uitgesmeerd over twee berghellingen. Binnen ontstond een nieuwe wereld. Het hoekhuis (museum) is georganiseerd rond een vide tot aan het

Ladeira da Misericórdia na de restauratie van 1987.

dak. Over de volle hoogte hangen gebatikte lappen uit Benin en de betonnen kolommen van de draagconstructie zijn bekleed met gevlochten palmbladeren.

De belending huisvest een Afrikaans restaurant. Achter de gevel staat een prefab betonwand om de keuken af te scheiden, maar verder werd er niets herbouwd. De bomen uit de ruïne bleven behouden en beschutten het terras, waar een lemen stamhut uit Benin met een ovalen tafel voor veertig personen werd neergezet. Een waterval in een hoek verwijst naar Xangô, een god uit de candomblé. *Het achter elkaar plaatsen van een achttiende-eeuwse gevel, een betonwand, een Afrikaanse hut en een sacrale waterval, laat zien hoe architectuur de symbolische betekenis van monumenten kan versterken.*

Casa do Benin: ruimte en materiaal

Roelf Steenhuis

Wat er was: een breed maar ondiep huis van drie verdiepingen, waarvan slechts de gevels en een stuk binnenmuur nog overeind stonden. Bij een vorige restauratie was in het interieur een structuur van betonkolommen en balken aangebracht. Van het aangrenzende pand resteerde alleen de als een boemerang gebogen buitengevel.

Het brede huis: het museum

Een rij betonkolommen verdeelt het interieur in een smaller en een breder gedeelte. Langs de oude tussenmuur zijn in de smalle zone de trappen gelegd. Deze oude stenen muur is ongeveer één verdieping hoog, erboven zweeft een nieuwe wand van beton. Oud en nieuw worden van elkaar gescheiden door een strook glas. De nieuwe wand rust op dwarsbalken die over de kolommen tot aan de voorgevel reiken; oud en nieuw balanceren in een fragiel evenwicht.

De hoofdingang bevindt zich niet in de frontale gevel maar aan de korte zijde, waardoor de ruimte zich in de diepte ontwikkelt. Direct na de entree maakt een vide het binnenwerk en het nieuwe betonframe over de volle hoogte van het huis zichtbaar. Ook begint aan de zijkant in de vide de trapzone, terwijl achterin voorzieningen zijn gesitueerd. De gastenverblijven sluiten de vide aan de bovenzijde af.

Sporthal van SESC Pompéia in São Paulo met een voor het werk van Lina Bo Bardi typerend element: beton met gaten.

De ruimtelijke opzet van Casa do Benin is verwant aan het Citrohan-type van Le Corbusier, zoals dat onder meer in Stuttgart is uitgevoerd. Dit type heeft aan de voorzijde een vide waarmee de verschillende verdiepingen met elkaar worden verbonden. Aan een zijde, achter een opengewerkte wand van balken en kolommen, ligt een trapzone die de ruimteopbouw in hoogte en diepte voelbaar maakt. In het Citrohan-type zijn eveneens de (rest)functies achterin gesitueerd.

Is Citrohan een witte doos waarvan de binnenstructuur (wanden en vloeren) bewerkt en geopend zijn, in Casa do Benin staat de constructie als een brutaal structuralistisch raamwerk in het oude casco. Dit wordt verzacht door de bekleding van de kolommen met handgeweefde *palha* (palmbladeren) en het hout van vloeren, luiken en vitrines. Deze natuurlijke materialen leggen een relatie met de oude muur. Daarnaast wordt het raamwerk verzacht door de toevoeging van fragiele trappen van beton en staal.

Het aangrenzend huis: het restaurant

De gebogen vorm van de buitengevel van het aangrenzende huis wordt op de binnenplaats herhaald in beton; prefab ribbelbekisting alsof het een bamboebos is. De binnenplaats wordt omgeven door de oude muur van het museum, de betonnen bamboeboswand van het restaurant en een dak van palmen. Temidden van dit alles staat een Afrikaanse hut.

Ook in dit huis ligt een *route architecturale:* van de overdekte doorgang op de begane grond via een slangachtige trap naar een bordes op de eerste verdieping. De trap staat hier als een object in de ruimte, vrijgehouden van de gevels slingert hij door naar de tweede verdieping, waar een daktuin is. Door zijn situering legt de trap de indeling van de verdiepingen vast, geheel anders dan in het museum. Ook de ruimtelijke ervaring verschilt. De ruimte ontwikkelt zich via een donkere, slingerende trap naar het licht van de verdieping. De trap wordt vervolgd in een 'sluis' en eindigt op het dakterras.

Museum en restaurant

De compositie van het museum (casco, frame, trap en materiaal), het restaurant (wand en trap) en de binnenplaats (wanden, palmen en hut) is interessant. Er is, behalve een sluipdoor aan de achterzijde, geen verband gezocht tussen de verschillende programma's. Alleen de glasstrook tussen de oude en nieuwe muur van het museum is aan beide zijden zichtbaar. Vanuit het museum is de binnenplaats niet te zien. Ook is er geen verbinding gelegd tussen de twee gebouwen om niveauverschillen zichtbaar te maken. Het programma (bijvoorbeeld de logeerkamers op de bovenverdiepingen) had hiertoe aanleiding kunnen geven.

De golvende prefab wand wordt ook in andere ontwerpen van Lina Bo Bardi gebruikt. Het is materiaal-eigen, wat wordt versterkt door de gaten (zoals ook in Ladeira da Misericórdia is te zien), maar niet hard of brutaal naast bestaand metselwerk of stucwerk (zoals in Casa do Olodum). Trappen vormen eveneens een eigen hoofdstuk in Bo Bardi's werk: ze zijn eigenwijs, soms fragiel en dan weer zwaar van vorm, maar altijd materiaal-eigen. In haar latere projecten is voortdurend sprake van een combinatie van materialen (oud en nieuw) en objecten (trappen, meubels en wanden). Kortom, haar werk is een montage die – net als het purisme van Citrohan – de verschillen zichtbaar maakt en die risicovol is. Vaak wordt een dergelijke combinatie te letterlijk en te hard, maar bij Lina Bo Bardi is dat niet het geval.

Cement als bindmiddel van de Braziliaanse samenleving

Jef Apers

Cement is een veelgebruikt bouwmateriaal in Brazilië, de beschikbaarheid ervan wordt als vanzelfsprekend ervaren. Men vergeet blijkbaar dat de productie van cement een voorwaarde is voor het bouwen van de meeste constructies, dat cement en cementgebonden materialen onmisbaar zijn geworden. Vaak wordt de invloed van hun specifieke eigenschappen op het ontwerpproces onderschat. Zij beïnvloeden immers de vorm, de functie, de stabiliteit en de kostprijs. De volgende vier voorbeelden laten zien hoe de wisselwerking tussen materiaal, techniek en sociaal-economische factoren tot uiteenlopende oplossingen, vormen en gebruiksmogelijkheden kan leiden.

Favela do Dique in Santos

Het stelsel van steigers en paalwoningen van Favela do Dique is gebouwd met behulp van materialen die voor het grijpen liggen en licht en eenvoudig verwerkbaar zijn. Het instortingsgevaar en het gebrek aan sanitaire voorzieningen ondermijnen de leefbaarheid van de krottenwijk. Het antwoord van de gemeente op deze onhoudbare huisvestingssituatie is verrassend. De overheid opteert niet voor een brute, nietsontziende, kortzichtige 'bulldozer-politiek', maar voor een aanpak die getuigt van sociale bewogenheid. De paalwoningen worden weliswaar afgebroken, maar vervangen door nieuwe woningen in de onmiddellijke omgeving.

Wegens ruimtegebrek moet de nieuwe woonwijk een hoge dichtheid hebben. Om dit te realiseren wordt gebruikgemaakt van dragers in de vorm van een betonnen skelet. Elk skelet bestaat uit twee niveaus met een buitentrap naar de eerste verdieping en vervult verschillende functies, zoals begrenzing en indeling van de beschikbare woonoppervlakte; wooneenheden kunnen worden gestapeld en gecombineerd. Het skelet vormt de structuur, de harde kern van de woning, die door toekomstige bewoners met eenvoudige materialen (onder meer betonsteen) kan worden afgesloten en afgewerkt. Elke drager bakent een kavel af en bepaalt als ruimtelijke eenheid mede de kwaliteit van de stedenbouwkundige ruimte.

Het is onduidelijk op basis van welke criteria de ontwerper van dit systeem de vorm, de afmetingen en het draagvermogen van het skelet heeft bepaald. De drager is niet berekend op verdere verticale uitbreiding. Potentiële groei in de hoogte lijkt nochtans de enige mogelijkheid om bij toenemende bevolkingsdruk de woondichtheid te verhogen en te verhinderen dat de bevolking terug in zee wordt gedreven.

Doe-het-zelf volkshuisvesting in Samambaia

Met een verbazingwekkende snelheid ontstaan er nieuwe satellietsteden rond de hoofdstad Brasília. De eerste fase, het bouwen vanuit het niets, is voor de pioniers een lastige opdracht. Gelukkig worden er initiatieven ontplooid om hen te helpen. Zo wordt er geëxperimenteerd met nieuwe bouwsystemen waarmee 'doe-het-zelvers' sneller en beter kunnen bouwen.

Woningbouw ter vervanging van de krottenwijk Favela do Dique in Santos (links). Chaotische en ondoordachte draagconstructie in een flat in São Paulo (rechts).

Collectieve zelfbouw (*mutirão*) in Samambaia bij Brasília. Vrouwen en kinderen maken muurdelen van tachtig kilo, die door de mannen worden vervoerd en gemonteerd.

Goed metselen is een kunst. Het prefabriceren van kleine, gemetselde muurpartijen vereenvoudigt de klus. De hiervoor gebruikte mal is twee bakstenen en een voeg breed, en verdiepingshoog. In de horizontale bekisting worden bakstenen per twee op voegafstand achter elkaar gelegd. De voegen worden vervolgens gevuld met mortel. De langsvoeg bevat uitstekende wapening. Na ontkisting worden de muurpartijen vervoerd naar de bouwplaats, verticaal neergezet en tijdelijk gestut. In de hoeken wordt tussen de panelen ruimte gelaten voor het gieten van een kolom. Een ringbalk op de muur verankert de wapening van de kolommen en de uitstekende langswapening van de muurpartijen. Deze balk houdt het geheel bij elkaar en draagt het dak. Blijkbaar gaan de initiatiefnemers ervan uit dat de doe-het-zelver beter met beton kan omgaan dan met baksteen.

Dorpen van op elkaar gestapelde 'villa's' in São Paulo

Mensen uit de hogere klasse wonen in hermetisch afgesloten woonwijken of luxueuze appartementencomplexen met alle denkbare voorzieningen. Bij een van de complexen in aanbouw is een kolom te zien, die een doorlopende balk draagt en vervolgens uitmondt in een zwaardere dwarsbalk. Het uiteinde van deze dwarsbalk grijpt excentrisch aan op een volgende kolom. Dit chaotische balkenspel is een schoolvoorbeeld van een weinig doordachte, overgedimensioneerde, monoliete, betonnen structuur. Blijkbaar zijn de ontwerpers zonder enig structureel inzicht uitgegaan van een welomschreven vorm en een functionele ruimteverdeling. Achteraf hebben ingenieurs er als het ware een structuur moeten inschuiven.

Het hele plan is statisch benaderd, alsof de functies van de appartementen en de behoeften van de bewoners door de jaren heen onveranderd zouden blijven. Ook de structuur is zo opgevat: weinig flexibel of aanpasbaar. Het bouwen van multifunctionele, polyvalente ruimten, vervat in een heldere, transparante en correct gedimensioneerde structuur, is duidelijk geen uitgangspunt van de ontwerpers geweest. Waarschijnlijk streefden zij een andere doelstelling na, wetende dat de rijke bewoner veel geld overheeft voor het leven op een 'idyllisch' eiland, een illusie midden in een zee van ellende en armoede. En dan kijkt men niet op een kubieke meter beton meer of minder.

Museu de Arte Contemporânea van Niemeyer in Niterói

Beton wordt in de handen van Oscar Niemeyer gesublimeerd tot 'pure schoonheid', bijvoorbeeld in Niterói. Daar heeft hij beton omgetoverd tot een bloemkelk die zich ontsluit boven de prachtige Guanabarabaai. Het overwegend gesloten volume verhult het structurele concept. Het museum heeft de vorm van een afgeknotte kegel. De snijlijn van de kegel met een horizontaal vlak is een cirkel. Het is mogelijk om verticale krachten die hierop aangrijpen, te ontbinden in horizontale, radiale trekkrachten en drukkrachten evenwijdig aan de mantel in de richting van de kegeltop. De radiale trekkrachten kunnen op hun beurt worden opgenomen door horizontale ringwapening. De kegelschaal neemt dus in horizontale richting alleen trekspanningen op. Mits die spanningen door de cirkelvorm zeer gelijkmatig worden verdeeld, kan de schaal zeer slank worden uitgevoerd. Wel kunnen omstandigheden zoals wind de gelijkmatigheid van de spanningen verstoren. De hieruit resulterende momenten zijn op te vangen door een relatief lichte, verstijvende structuur, die onder meer in de vloeren is te verwerken. Ten slotte moet de gehele kegelschaal onderaan worden ondersteund. Het aanbrengen van een 'console' in de vorm van een radiale verstijving of verzwaring ter hoogte van de overgang van kegel naar sokkel, laat dit perfect toe.

Ook in dit ontwerp heeft Niemeyer dus naar eenheid van vorm en techniek gestreefd. De vorm is zo volmaakt, dat de techniek hierin volledig wordt opgenomen en verdwijnt, alsof de vorm de wetten van de zwaartekracht heeft overwonnen.

Over de eigen aardigheden van beton

Hans Köhne

Elk bouwmateriaal heeft zijn eigen aardigheden. Glas is transparant, staal is sterk, hout is zaagbaar, baksteen is klei(n). In de oppervlaktetextuur komen eigenaardigheden van het materiaal aan het licht: lasnaden in staal, trekstrepen in glas, nerven in hout, sinteringen in baksteen. Sporen die iets vertellen over oorsprong en bewerkingsmethoden. Juist die stoffelijkheid maakt materialen zo boeiend.

Wat is het eigenaardige van beton en wat kan ermee gedaan worden? Natuurlijk is het hard, duurzaam en inderdaad ook zwaar. Daarom worden slijtvaste vloeren, degelijke heipalen en geluidwerende wanden gemaakt van beton. Maar heeft beton ook een eigen vorm en waaraan wordt die ontleend?

Het wezenlijke kenmerk van beton is dat het in aanvang vloeibaar is en elke vorm aanneemt waarin het wordt gegoten. De textuur is eindeloos variabel. Beton is precies dat wat je ervan maakt. Het is aan de ontwerpers er een geëigende vorm aan te geven.

De pioniers in beton, zoals Nervi en Le Corbusier, waren daardoor gefascineerd en exploreerden in hoog tempo de mogelijkheden van beton voor architectonische en constructieve vormen. Ze ontwikkelden min of meer een persoonlijke vormentaal voor het nieuwe materiaal. Onder dwang van industriële productie en rationalisatie is de vormentaal van beton de afgelopen decennia niet verrijkt met elegantie, maar dikwijls gereduceerd tot een optelsom van rechthoekige doorsneden.

Toch is er de laatste jaren een hernieuwde belangstelling voor de vormentaal van beton te bespeuren, wellicht dankzij de creaties en vertellingen van een nieuwe lichting nieuwsgierige ontdekkingsreizigers. Voor dit soort ontdekkingsreizigers is Brazilië een bedevaartsoord.

Brazilië staat bekend om architectuur waarin de soepele, ontspannen levenshouding en de sensuele Zuid-Amerikaanse cultuur zich weerspiegelt. Waarin de stoffelijkheid van materialen wordt benadrukt in plaats van vlakgestreken. Waarin materialen zo behandeld zijn dat ze uitnodigen tot kijken, voelen, ruiken en betasten. Waarin beton niet alleen is gebruikt om te dragen, maar ook om te draaien, buigen, strekken, vouwen en plooien.

In Brazilië wordt beton in grote mate toegepast en blijft het veelal in het zicht. Dankzij het klimaat zijn spouw- en sandwichconstructies niet nodig en wegens chronisch geldgebrek zijn bekledingen doorgaans niet te betalen. Wat er dan overblijft is vooral beton. De loonkosten zijn heel laag, dus vrijwel alles wordt in het werk gestort, tamelijk grof en weinig geraffineerd.

Architectonisch raffinement is er in overvloed, zowel klassieke juwelen als nieuwe vondsten. Bijvoorbeeld het vroege werk van Niemeyer. Zijn woonhuis Casa das Canoas in Rio is een absoluut sensueel, bijna handtastelijk huis. Zijn Ministerie van Buitenlandse Zaken in Brasília toont statige buigingen zoals bij excellenties past, maar is tegelijkertijd zeer geraffineerd in de details. In zijn danszaal aan het Pampulhameer in Belo Horizonte legt het beton de nadruk op het ritme van geluid en de beweging van water en licht. Onvergetelijk zijn de projecten van Lina Bo Bardi: het vrijetijdscentrum SESC Pompéia en haar restauraties in de Pelourinho, het historische centrum van Salvador. Op het eerste gezicht zijn ze confronterend en hard, maar al snel worden ze innemend en suggestief.

Kleiner van schaal, maar niet minder boeiend zijn allerlei prefab betonproducten, van abri's tot zitbankjes. Niet altijd vandaalbestendig, maar met gevoel ontworpen. En dan tot slot

Beton in ontwerpen van Oscar Niemeyer: het militaire hoofdkwartier, 1970 (linksboven) en het Ministerie van Buitenlandse Zaken, 1962-1970 (linksonder) in Brasília; school in Belo Horizonte, 1954 (rechtsonder). De trap in het Teatro Gregório de Mattos in Salvador (1986) werd ontworpen door Lina Bo Bardi (rechtsboven).

het bestratingsmateriaal. Witte en grijze stukjes natuursteen, grillig gebroken, gelegd in golvende patronen. Zo eenvoudig, zo mooi. Dat zou prima in Nederland passen, desnoods in beton.

Een bezoek aan Brazilië geeft inspiratie en zet aan tot discussie. Over esthetiek en productontwikkeling, over kosten en prestaties, over durf en vakmanschap.

In Brazilië zijn niet zozeer nieuwe technieken te leren, want in veel opzichten is het nog een ontwikkelingsland. Maar Brazilië stimuleert ons in West-Europa wel tot het beter benutten van alle mogelijkheden, door met gevoel en kennis van materialisatie te ontwerpen en door de betontechniek flexibeler te maken voor sensibele structuren en texturen. Bijvoorbeeld beresterk beton, met een huid om te knuffelen.

Een symbool voor Brazilië: de trap

Frans van de Seyp

Een veelkleurige natie als Brazilië laat zich niet vangen in één symbool. De massasymbolen, analoog Elias Canetti's *Massa en Macht*, die ik voor Brazilië kan bedenken, zijn velerlei: voetbal, carnaval, samba, de duim omhoog, jungle, *favela*, trap.

Trappen in Nederland hebben veel gemeen met scheepstrappen. Ze vragen door hun steilte weinig ruimte en veel energie van de bestijgers. Monumentale trappen zijn een zeldzaamheid in ons land.

Hoe anders is dat in Brazilië. De *promenade architecturale* via de trap is in allerlei varianten te beleven. Veelal betreft het een *Escada Caracol*, letterlijk slakkentrap maar beter vertaald als wenteltrap, waarvan de treden spiraalsgewijs rond een as of opening omhoog gaan.

Voor velen was de uitzending van de VPRO in 1996 de eerste kennismaking met het werk van Lina Bo Bardi en de theatrale Braziliaanse trap. In de documentaire is Aldo van Eyck te zien op de brede houten treden van de vierkante spiltrap in Salvador (Solar do Unhão). De suggestie van Van Eyck dat deze trap uniek is, blijkt ten dele waar. In Brazilië zijn talrijke vergelijkbare trappen te vinden, meestal ontstaan in de optimistische jaren zestig en niet alleen door Bo Bardi ontworpen, maar ook door Affonso Eduardo Reidy en Oscar Niemeyer.

In Rio de Janeiro bevindt zich een ontspannen, betonnen spiltrap in het Ministério da Educação e Cultura (MEC) naar een ontwerp van Lúcio Costa en de zijnen en een langzame

spiraaltrap in het Museu de Arte Moderna (MAM) van Reidy. In Niterói ontwierp de stokoude Niemeyer een sensueel kronkelende, cyclaamrode loper als opgang naar het Museu de Arte Contemporânea (MAC). Eveneens van Niemeyer zijn de moeiteloze en virtuoze betontrappen in het Palácio do Itamaraty in Brasília: ijle trappen als vliegende tapijten, hoogten overbruggend, vogelvrij, ongebreideld, zwierig. Het Teatro Nacional in Brasília is zelf een trap geworden en bevat binnenin weer welig wentelende trappen en hellingbanen.

In Salvador domineren de barokke trappen naar de achttiende-eeuwse kerken, 365 in getal, voor elke dag een trap, haastig opgetrokken volgens Portugees model. En dan zijn er de trappen van Lina Bo Bardi: driehoekig in het Casa do Olodum, vanwaar je prachtig zicht hebt op de salsadeinende menigte.

Casa do Benin is geconstrueerd als een duizelingwekkende droom van Piranesi: opengeritst tot aan het dak en ook tussen de betonnen staketsels zijn vele trappen. In het Teatro Gregório de Mattos kronkelt de trap met de soepelheid van een sambadanser rond de rode spil. Als een wenteltrap naar de hemel is de spiraalvormige kerk in het Centro Administrativo da Bahia (CAB).

Braziliaanse trappen bevrijden. Schrijdend langs de brede kant of snel klimmend langs de spil, ieder op zijn eigen wijze. Flanerend, soepel en met onbevangen elan. Maar pas op: je ligt zo beneden, want de leuning is fragiel of afwezig. Je zult zonder steun boven moeten komen. Braziliaanse trappen hebben de ruimte en ze maken de ruimte. Onbekrompen, royaal in de zin van koninklijk, vitaal en optimistisch. De trap als symbool voor Brazilië: bevrijdend en vol hoop op verlossing. Met panache en dynamiek klimmend naar een rijke toekomst.

Solar do Unhão, Salvador, 1959. Lina Bo Bardi heeft de details van de trap geïnspireerd op de houten wielen van ossenwagens in Noordoost-Brazilië.

São Paulo

São Paulo werd in 1554 door jezuïeten als São Paulo de Piratininga gesticht. Omdat de rivier Tietê landinwaarts stroomt, vormde de stad een ideale uitvalsbasis voor tochten naar het binnenland waarbij men op zoek ging naar goud en Indianen, de zogenaamde* bandeiras. *Toch bleef São Paulo lang klein, arm en primitief. In 1870 waren er nog maar 37.000 inwoners. Deze situatie veranderde met de komst van de koffiecultuur in de negentiende eeuw. De aanwezigheid van kapitaal (dankzij de koffie) en geschoolde immigranten (die uit Italië, Duitsland, het Oostblok, Libanon en Japan waren gekomen om op de plantages te werken) waren gunstig voor de vestiging van industrieën. De industriepolitiek uit de jaren dertig en de vestiging van de autofabrieken twintig jaar later waren doorslaggevend voor de opkomst van São Paulo. De groei van de stad is sindsdien zonder weerga. Inmiddels dreigt die ontwikkeling soms letterlijk vast te lopen. Veel steden in het binnenland van de deelstaat São Paulo profiteren hiervan. Het achterland is, na São Paulo stad, zelfs de op één na grootste consumptiemarkt van het land.

De enorme dynamiek laat zich duidelijk aflezen aan het stadsbeeld van São Paulo, dat zich nergens als af en compleet voordoet. Prachtige stadsdelen worden in hoog tempo aangelegd en later net zo gemakkelijk weer vernietigd om plaats te maken voor nog grotere en mooiere plannen. São Paulo is een

Het vliegveld Congonhas lag oorspronkelijk buiten de stad, maar is inmiddels omgeven door avenues en hoogbouw.

YASHICA

extreem voorbeeld van een stad met een tekortschietende dan wel teruggetreden overheid. Wellicht vormt het een model voor de stad van de toekomst. Enerzijds kan alles in São Paulo en werd menig american dream *bewaarheid. Anderzijds raakte het begrip stad, in conceptuele zin, hier in verval. De openbare ruimte verliest zijn democratische betekenis omdat ze gericht is op uitsluiting en niet op integratie. Met meer dan vijftien miljoen inwoners kan moeilijk over São Paulo worden gesproken in allesomvattende termen. Er bestaat slechts een verzameling van stukken stad, die op het oog zonder veel logica naast elkaar over een bijzonder grote oppervlakte zijn uitgelegd. De basisstructuur is een grondplaat van één bouwlaag of twee bouwlagen, waaruit op schijnbaar willekeurige plekken torens van tussen de vijftien en dertig bouwlagen omhoogschieten.*

Door de groeistuipen van de stad verplaatste het centrum zich in duidelijk herkenbare stappen in zuidelijke richting. De snelheid van de verplaatsingen nam iedere keer toe. In vijf etappes is het brandpunt van de investeringen en de economische activiteit nu twintig kilometer van het historische stadshart terechtgekomen bij een lange strook langs de Marginal Pinheiros: de zuidelijke randweg. Voor het volgende centrum wordt in één keer een sprong van meer dan twintig kilometer gemaakt naar een satellietstad aan de zuidelijke uitvalsweg: Alphaville.

Gezien de dynamische ontwikkeling en de grote private investeringen holt de overheid steeds achter de feiten aan. Het ruimtelijk beleid beperkt zich tot het (tijdelijk) oplossen van knelpunten in het wegennet, verbetering van de infrastructuur en het opknappen van een enkele krottenwijk. De markt heeft de zorg voor het openbaar domein opgepikt en er in gebieden als Alphaville een prijzig product voor een beperkte doelgroep van gemaakt. Net als het Plano Piloto van Brasília betreft het gerealiseerde droomsteden met een perfecte infrastructuur en veel rijkdom. Het gaat echter niet om een collectieve droom die in een architectonisch beeld is gevangen, maar om een verzameling individuele succesverhalen van gezinnen en bedrijven. Zo heeft de markt interessante voorbeelden van neighbourhood units en dom-kommuna's gerealiseerd, waar het principe van gelijkwaardigheid heeft plaatsgemaakt voor de suggestie van exclusiviteit. Evenals in Brasília kan de kwaliteit van Alphaville alleen bereikt worden door alle inferieure en ongepaste functies buiten de muren van de condomínios en business centers te verbannen.

Het stadscentrum van São Paulo kent een compactheid die zich uit in gelijktijdigheden. Dezelfde oppervlakte herbergt zowel centrale als perifere functies. Tegenover de aanwezigheid van de beurs, banken en grote kantoren staan een uitgebreide informele handel, werkplaatsen, opslag en distributie. Deze functies zijn onafhankelijk van elkaar actief en kunnen zich gelijktijdig voordoen of elkaar op bepaalde tijdstippen van de dag of de week aflossen.

De pogingen om de openbare ruimte in São Paulo te redden en attractief te houden zijn talrijk. In het centrum werd bovenop een snelweg een voetgangers

plein van acht hectare aangelegd. Twintig kilometer verder realiseerde een grote bank een plein met een aantal terrassen. Het plein functioneert niet alleen als een entree met allure voor de tienduizend personeelsleden, maar is ook een verbinding tussen het metrostation en een naburige woonwijk. De bank zorgt voor het onderhoud en de bewaking. Verder heeft São Paulo grote parken, zoals het Ibirapuerapark met paviljoens en een markies van Oscar Niemeyer. De best ingerichte en meest gebruikte openbare ruimten zijn misschien wel te vinden rond metrolijnen en andere vervoersknooppunten. Zo liggen in het centrum onder de kleine en enigszins vervallen historische pleinen, ruime onderaardse pleinen met winkels en diensten. Een gekuiste en opgeschoonde versie van de traditionele openbare ruimte wordt vaak op banale maar opwindende wijze in de tientallen winkelcentra tot stand gebracht. Zij nemen zo langzamerhand de rol van de voormalige openbare ruimte over. In de overdekte en compacte winkelcentra tracht men de sfeer van de oude stad (of van oude Europese steden) op te roepen. Meer perifeer gelegen winkelcentra, bijvoorbeeld in Alphaville, kunnen met hun horizontale organisatie in de openlucht, de originele stadscentra daadwerkelijk naar de kroon steken.

Het centrum van São Paulo.

São Paulo: een metropool verscheurd in gespecialiseerde centra

Heitor Frúgoli Jr

São Paulo ondergaat sinds de jaren tachtig ingrijpende metropolitane veranderingen die de traditionele betekenis van 'stedelijke centraliteit' ondermijnen. Verspreid over de stad ontstaan particuliere ruimten met een gereguleerde 'openbare' toegankelijkheid, terwijl de echte openbare ruimte in de stad wordt aangetast. Dit proces speelt de rijken in de kaart en versterkt de sociale ongelijkheid.

Zonder de complexiteit van de stedelijke modernisering van São Paulo uitputtend te behandelen, kan gesteld worden dat vanaf de jaren zestig planners prioriteit gaven aan het vervoer. Er kwamen grote avenues, viaducten en later de metro. De uitvoering geschiedde vaak op brute wijze, mede vanwege de militaire dictatuur die weinig mogelijkheden voor participatie van de burgersamenleving openliet.[1]

Tegelijkertijd vormden zich in São Paulo vanaf de jaren zeventig maar vooral in de jaren tachtig gespecialiseerde centra: condominiums (beveiligde wooncomplexen), 'gesloten' woonwijken, zakencentra, hypermarkten en shopping centers. De projecten kwamen op particulier initiatief tot stand en waren geïnspireerd op ontwikkelingen in Noord-Amerikaanse steden. Het succes van deze ondernemingen heeft de stad wezenlijk veranderd.

De relatief recente stedelijke veranderingen zijn het gevolg van een aantal economische ontwikkelingen in Brazilië, zoals het proces van concentratie en monopolisering van kapitaal, de allianties tussen de onroerend-goedmarkt en het commerciële en financiële kapitaal, het verdwijnen van industrie uit de stad, de opkomst van de dienstensector en de groei van de middenklasse in de grote steden.[2] Het leven van het rijkere deel van de bevolking verplaatst zich naar bepaalde circuits. Zo geschiedt wonen in afgesloten condominiums, werken in zakencentra, consumeren in supermarkten en shoppings, en vervoer tussen de centra per auto.

De stad moderniseert zich op een uiterst heterogene wijze. Er ontstaan oases van rijkdom temidden van grote gebieden vol armoede en sociale problemen. Beide structuren coëxisteren, wat op dramatische wijze de nadruk legt op de verschillen tussen arm en rijk. De recente ontwikkelingen herschikken de sociale ruimten en de relaties tussen de verschillende lagen van de bevolking. Dit leidt tot de vorming van een nieuw stedelijk landschap.

De dubbelzinnige ruimten van financiële centra

De nieuwe investeringen in de stad hebben conglomeraten van kantoren doen ontstaan. Het traditionele centrum fragmenteert ten gunste van subcentra en assen zoals de Avenida Paulista of de moderne Avenida Eng. Luiz Carlos Berrini. Hier bevinden zich de nieuwe zakencentra vol technologische, architectonische en stedenbouwkundige innovaties, die het gebruik van de stad en de sociale interactie sterk beïnvloeden.

In de nieuwe centra verdichten zich de stromen van kapitaal en communicatie. De monumentale architectuur van bijvoorbeeld de bankgebouwen aan de Avenida Paulista straalt macht uit; een symbolische zelfverheerlijking van hun corporatieve aanwezigheid in de stad.[3] Dergelijke gebouwen zien er van buiten vaak uitnodigend uit door onder andere het overvloedig gebruik van glas, waarmee een misleidend gevoel van toegankelijkheid wordt gesuggereerd. Allerlei kunstgrepen maken het evenwel moeilijk om werkelijk binnen te komen.

Wanneer de openbaarheid van zakencentra wordt onderzocht, blijkt dat private instellingen in hun interieur een openbare ruimte suggereren die in werkelijkheid niets anders is dan publiciteitsruimte. Zo lijkt de Citibank aan de Avenida Paulista voor iedereen toegankelijk. De bank wil kennelijk laten zien dat het grote kapitaal de deuren openzet, zelfs voor mensen die geen klant zijn. In de praktijk wordt de toegang tot deze uitnodigende ruimten echter belemmerd door strikte beveiliging, de plicht om badges te dragen, enzovoorts.

Hetzelfde fenomeen doet zich voor bij het particuliere plein naast de ingang van het gebouw van de projectontwikkelaar G.A. Fernandes aan de Avenida Faria Lima. Het wekt de schijn dat het particuliere kapitaal, in feite verantwoordelijk voor het verpulveren van de openbare ruimte in de stad, toch ook een ander, meer sociaal gezicht heeft. Dit vertaalt zich in een ruimte die er openbaar uitziet, maar alleen door de werknemers van het gebouw betreden kan worden.

Het atrium van de Banco Real aan de Avenida Paulista is eveneens een beveiligd plein dat alleen als doorloop fungeert. Tegenwoordig heeft het een bestemming gekregen die beter past bij de aard van het ontwerp. Het werd een zogenaamde culturele ruimte, een uitvinding van de marketing. Tegen relatief lage kosten worden er tentoonstellingen van schilderijen en prenten gehouden en concerten en filmvoorstellingen georganiseerd.

Het beeld dat al deze ruimten oproepen, contrasteert met hun gebruik in de praktijk: een werkelijk openbare toegankelijkheid zou het gevaar van onvoorziene gebeurtenissen en

Dwars door de vallei van Anhangabaú in het centrum van São Paulo loopt een snelweg. Naar het noorden toe neemt de bouwhoogte abrupt af. Daar bevinden zich oude fabrieken en arbeiderswijken.

UNIBANCO

De door particulieren ontwikkelde voorstad Alphaville met een shopping center in de gedaante van een historische stad, inclusief ommuring en wachttorentjes.

ongewenste bezoekers met zich meebrengen. Toch blijft de suggestie van openbaarheid ons bij, ondanks de controles, de plicht tot identificatie, het dragen van badges of het selectieve gebruik in de vorm van culturele programma's voor een erudiete doelgroep.

Er is sprake van dubbelzinnigheid van het openbare karakter, vooral omdat in de praktijk de private dimensie overheerst. Zo ontstaan prachtige 'openbare' ruimten die over het algemeen verlaten zijn. Enerzijds omdat ze niet als openbaar worden opgevat, anderzijds omdat er beperkingen in het gebruik zijn.

Condomínios fechados: **de ontkenning van de openbare dimensie**

De geprivatiseerde modernisering heeft ook geleid tot een ander stedelijk proces, namelijk nieuwe woonvormen voor de midden- en bovenklasse. In de periferie van São Paulo zijn grote residentiële complexen ontwikkeld, zoals Alphaville, Tamboré en Granja Viana, juist in gebieden die voordien bekend stonden vanwege de armoede en het gebrek aan voorzieningen en infrastructuur.[4] De grootst denkbare sociale tegenstellingen komen hier vlak naast elkaar voor. Door het aantal grote overvallen werd binnen de condominiums een rigide beveiligingsstrategie uitgewerkt. Het concept van de ommuurde stadsdelen is volledig door de markt ontwikkeld en wordt beheerst door de logica van beveiliging. De effecten op de openbare ruimte van de stad zijn groot. Zij wordt overgeleverd aan verval, misdaad en in enkele gevallen aan leegloop. Dit proces lokt op haar beurt nieuwe privatisering uit.

In de *condomínios fechados* en andere soorten huisvesting voor geprivilegieerden wordt een compleet universum aan gewoonten en betekenissen gecreëerd, waarmee gedifferentieerde stadsdelen ontstaan. Deze zijn beschermd tegen de metropolitane dynamiek en zijn duidelijk selectief op sociale gronden. Ze worden gekenmerkt door een innerlijke tegenstelling, niet alleen in de vormgeving van de projecten zelf maar ook in de sociale structuur die zij instellen. De vergeefse poging om binnen de veilige muren een harmonieuze gemeenschap te scheppen, leidt tot spanning tussen de bewoners. Het enige dat de bewoners gemeen hebben, is de hoogte van hun inkomen. De kunstmatige intimiteit van het condominium lokt dan ook conflicten uit.[5] Het is niet toevallig dat, zoals bleek uit interviews in een condominium in Rio de Janeiro, niemand zichzelf als deel van een gemeenschap ziet. De bewoners spreken over hun buren met wantrouwen en vijandigheid. Voor hen is de ideale buurman 'hij die niet stoort'.[6]

Een typisch voorbeeld van een *condomínio fechado* in São Paulo is Casa Alta in de villawijk Morumbi. Hiervandaan wordt met minibusjes een pendeldienst naar Shopping Iguatemi onderhouden, net zoals dat vanuit Portal de Morumbi of de wijken van Alphaville het geval is. Vooral tieners en kinderen maken hiervan op doordeweekse dagen gebruik. Uit interviews met hen blijkt dat ze de straat zien als een plaats die tot elke prijs dient te worden vermeden. Binnen dit sociaal-private universum vullen het condominium en het shopping center elkaar in belangrijke mate aan.

Opvallend is de indeling van het dagelijks leven van de kinderen: ze gaan in de regel 's ochtends in schoolbussen, met hun ouders of met een chauffeur naar school. De middagen brengen ze door in de gemeenschappelijke ruimten van het condominium, in een shopping center of in een club. 's Avonds blijven ze meestal thuis. De kinderen groeien zo op tussen de muren waarbinnen ze wonen, studeren, samenleven, sporten of recreëren. Ze slijten hun dagen in gesloten en beveiligde instellingen, zonder ooit in aanraking te komen met het leven op straat, in de wijk of het openbaar vervoer; kortom, zonder contact met de openbare dimensie van de stad.

Het is nog te vroeg om te spreken van een algehele vlucht van de rijkere mensen uit de openbare ruimte. Bepaalde plaatsen, vooral in de buurt van betere stadsdelen met sociale codes, worden nog veelvuldig door deze groepen bezocht. Zo verandert Praça do Pôr-do-Sol (Plein van de Zonsondergang), gelegen op een uitkijkpunt in de groene villawijk Alto de Pinheiros, in de weekends in een ontmoetingsplek voor rijke tieners die hier met de auto komen om te flirten. 's Nachts is het overigens nog steeds druk, dan maken talloze paren van het plein een romantische drive-in.

Shopping centers: consumptie, sociabiliteit en gemengd gebruik

Op het terrein van de moderne commerciële structuur verdient één fenomeen bijzondere aandacht: de opkomst van shopping centers. Ze bestaan al vanaf de jaren zestig maar werden pas twintig jaar later een succes in de grotere steden van Brazilië. Het aanbod bestaat in hoofdzaak uit modezaken, horeca en amusement.

Vanaf de jaren tachtig maken de shoppings in Brazilië een stormachtige groei door, het resulaat van veelzijdige modernisering op verschillende terreinen.[7] Deze commerciële centra proberen zich te ontwikkelen tot een centrum van stedelijke activiteiten; ze willen de plaats van oude centra en traditionele winkelgebieden in de stad overnemen en bezoekers uit verschillende wijken trekken.

Vanuit stedelijk oogpunt gezien, hebben de ommuurde shoppings een moeizame relatie met de stad of de omgeving. Aan de andere kant bieden ze wel een alternatief voor de gebreken van de infrastructuur in de grote steden. In de publiciteit wordt een 'omgekeerd imago' uitgedragen: shopping centers bieden een overzichtelijke ambiance met permanente klimaatregeling waarin de tijd niet lijkt te verstrijken, noch de uren want er hangen geen klokken, noch de jaren want materialen krijgen niet de kans te verouderen.[8] Men heeft geen last van stortbuien, extreme hitte, donkere stegen of wegen vol kuilen, plassen en gaten. Luidsprekers verspreiden in een sfeer van totale steriliteit muzak. Ongewenste sociale elementen zoals zakkenrollers, zwervers, bedelaars, prostituées, travestieten, luidruchtige bendes, gekken en zelfs exotische types worden door strenge bewaking geweerd.

Zo ontstaat middenin de stad een stad in het klein, waar de kenmerken van de traditionele stad op een andere schaal en in een nieuw concept terugkeren: pleinen, trottoirs, boulevards, servicestraten en winkelclusters.[9] De bezoekers wanen zich in dit onwerkelijke scenario op een plaats die bevrijd is van stedelijk geweld, onwelgevalligheden van het klimaat, ergenissen van het verkeer en gebrek aan organisatie van de stedelijke geografie. We kunnen derhalve vaststellen dat shoppings in een gesloten ruimte een stedelijke utopie tot stand brengen, iets wat het moderne kapitalisme voor de gehele samenleving niet kan bereiken. Ze bieden een 'ideale stad', louter bevolkt door consumerende burgers, zonder teken van armoede of verval.[10] Toch neemt de heterogeniteit van de bezoekers toe. In São Paulo breiden de shoppings die ooit voor de elite waren bestemd zich uit naar andere delen van de stad en vinden hun klanten nu ook in andere lagen van de bevolking.

Behalve consumptie speelt recreatie een steeds belangrijkere rol. Vooral in de weekends zijn de shopping centers het toneel van ontmoetingen, flirten, afleiding, ontspanning, gepronk, verveling, wandelingen en symbolische consumptie. Ze veranderen in een plein tussen de wijken, dat fungeert als ontmoetingsplaats voor sociale groepen en netwerken uit verschillende delen van de stad. De shoppings worden vooral door jongeren bezocht. Het zijn ruimten voor communicatie geworden, waar de sociaal-culturele verschillen worden bepaald en opnieuw gedefinieerd.[11]

Het is goed om de nadruk te leggen op het feit dat shopping centers hun elitaire imago aan het verliezen zijn. Naarmate ze zich verder verspreiden over de grote steden, ontsluiten ze nieuwe doelgroepen en markten en trekken ze een ander en gemengder publiek. Steeds meer vermengen zich in dezelfde ruimten mensen uit de midden- en bovenklasse met mensen uit de lagere klassen, zoals bewoners van de perifere stadsdelen. Daarnaast zijn er onderlinge verschillen tussen de shoppings die te maken hebben met het aanbod van hun producten, het profiel van de bezoekers en het stadsdeel waarin ze zijn gelegen. De traditionele en elitaire shoppings trachten ondanks de groeiende heterogeniteit van de bezoekers een zekere sociale selectie te handhaven. Dit gebeurt bijvoorbeeld in Shopping Iguatemi, het oudste shopping center van de stad.

De recente en versnelde groei van shopping centers in Brazilië gaat gepaard met nieuwe strategieën om de middenklasse en zelfs de lagere inkomensgroepen te bereiken. Het commerciële succes van Center Norte luidde deze ontwikkeling in. Dit immense complex, dat vlakbij het grote busstation ligt en zich van meet af aan richtte op de lagere inkomensgroepen, werd bij de opening door velen met scepsis benaderd. Tegenwoordig trekt het echter de meeste bezoekers van alle shoppings in Brazilië. In navolging van Center Norte zijn inmiddels ook in het armere Oosten en Westen van de stad tal van grote shopping centers geopend.

In het shopping center blijven vooral de dure consumptiegoederen buiten bereik van het gros van de bezoekers. De jongeren hebben vaak alleen maar geld voor junkfood en de bioscoop. Ze gaan, vooral in de weekends, voornamelijk voor de sociale contacten naar het shopping center; Center Norte verandert bijvoorbeeld in een centrale plek voor tal van omliggende wijken, waar groepen uit verschillende delen van de stad elkaar treffen.

In Shopping Norte, met zijn heterogene publiek, schroomt de bewaking niet om als het zo uitkomt krachtig op te treden tegen de bezoekers. In het chique Shopping Iguatemi geldt het omgekeerde: de kans dat lastposten behoren tot vooraanstaande families uit de stad, met alle nare consequenties van dien, is zo groot dat de bewakers discreet en voorzichtig te werk gaan.

Alle shoppings stellen grenzen aan de vrijheid van burgers. Hoever die gaan, hangt af van sociale en praktische factoren en van de interpretatie en tolerantie van elk shopping center afzonderlijk. Shoppings in São Paulo worden door mensen uit verschillende sociale groepen in bezit genomen. Zo trekt Morumbi Shopping, vlakbij de verkeersader van de Marginal en het snelgroeiende zakencentrum bij Avenida Berrini, een divers publiek. Doordeweeks bestaat dat uit redelijk welvarende mensen, terwijl in het weekend vooral jongeren uit de lagere inkomensgroepen komen. Kortom, shopping centers passen evenals andere gespecialiseerde centra een vorm van controle en selectie toe, maar worden vergeleken met bijvoorbeeld de verlaten openbare ruimten in zakencentra of de collectieve ruimten van *condomínios fechados* wel meer 'openbaar' gebruikt. Toch zijn het daarmee nog geen echt openbare ruimten; ze simuleren toegankelijkheid en verbergen de gelimiteerde diversiteit van gebruikers volgens private regels.

Shopping Center São Paulo Market Plaza (1993-1994) trekt bezoekers met een kermis. Terwijl de kinderen hier zijn 'gestald', kunnen de ouders ongestoord winkelen.

Het samenspel van al deze factoren versnelt het verval van het traditionele centrum, dat door de komst van ontelbare, verspreid gelegen centra, zijn betekenis als referentiepunt begint te verliezen. De gespecialiseerde centra brengen een georganiseerd en selectief gebruik met zich mee dat voorspelbaar is en gecontroleerd wordt. Er ontstaat daar een naar binnen gerichte stad met specifieke vormen van sociabiliteit, waarin vaak traditionele gebruiken weerklinken, bijvoorbeeld het idee om de 'gemeenschap op basis van gelijkwaardigheid' te redden en te beschermen tegen het kwaad van de stad door de vorming van steden binnen de stad. In São Paulo krijgt dat gestalte in de *condomínios fechados,* in de gemeenschappelijke pleinen van shopping centers en op de lege pleinen van grote zakencentra. Stuk voor stuk zijn deze plekken door zeer strenge beveiliging afgescheiden van de wereld van 'echte' straten en pleinen.

De openbare ruimte, deze moeilijk te definiëren dimensie van het stedelijk leven, toont in vergelijking met de metropolitane groei die zich aftekent, een ontmoedigende desintegratie. Steeds grotere delen van het bevoorrechte deel van de bevolking vluchten naar selectieve ruimten, terwijl de arme bevolking in een vervallen ruimte terechtkomt. Het is noodzakelijk om nieuwe onderzoeken en studies te verrichten, die de ontwikkelingen binnen de stedelijke cultuur van metropolen als São Paulo gedetailleerder in kaart kunnen brengen. Staat de traditionele stad werkelijk op het spel of is er slechts sprake van een bedreiging op sociaal niveau?

Dit artikel is een samenvatting van: Heitor Frúgoli Jr, 'A metrópole apartada nos centros especializados', *São Paulo: espaços públicos e interação social,* São Paulo 1995, pp. 73-106.

1 Maria L.L. Libâneo, *A invenção da cidade de São Paulo* (Dissertação de mestrado), PUC-SP, São Paulo 1989.

2 Een aantal van deze thema's komen aan de orde in: Raquel Rolnik e.a., *São Paulo: crise e mudança,* São Paulo 1991.

3 David Harvey, *Condição pós-moderna,* São Paulo 1992, pp. 73-77 en Massimo Canevacci, *A cidade polifônica: ensaio sobre a antropologia da comunicação urbana,* São Paulo 1993, pp. 144-146.

4 Teresa P.R. Caldeira, 1992. *City of Walls: Crime, Segregation and Citizenship in São Paulo.* Ph.D. Dissertation. Department of Anthropology, University of California at Berkeley. pp. 225-266.

5 Richard Sennett, *O declínio do homem público,* São Paulo 1988, pp. 358-380.

6 Carlos N.F. Santos e.a., *Quando a rua vira casa: apropriação de espaços de uso coletivo em um centro de bairro,* São Paulo 1985, pp. 114-115.

7 Silvina M. Pintaudi, 'O shopping center no Brasil; condições de surgimento e estratégias de localização' en Antônio C. Gaeta, 'Gerenciamento dos shopping centers e transformação do espaço urbano', in: S.M. Pintaudi en H. Frúgoli Jr (eds.), *Shopping Centers: espaço, cultura e modernidade nas cidades brasileiras,* São Paulo 1992, pp. 15-43, 45-59.

8 Z.Y. Sabbagh en T.M.O. Souza, *Shopping Center* (Trabalho de Graduação Interdisciplinar), FAU-PUC-Campinas, São Paulo 1985.

9 Walter Benjamin, 'Paris, capital do século XIX', in: Flávio B. Kothe (ed.), *Walter Benjamin,* São Paulo 1985, pp. 30-43.

10 Heitor Frúgoli Jr, 'Os shoppings de São Paulo e a trama do urbano: um olhar antropológico', in: S.M. Pintaudi en H. Frúgoli Jr, op. cit. (noot 7), pp. 76-78.

11 Ibidem, p. 91.

Een paradijs voor enkelen

Adriaan Kuyvenhoven

Brazilië is een land met grote natuurlijke rijkdommen, waarvan het bruto nationaal product groter is dan dat van alle andere Zuid-Amerikaanse landen gezamenlijk en waarvan de groei op alle fronten zichtbaar is. Een land ook, dat moet vechten tegen corruptie, schuldencrisis, inflatie en armoede.

Een verbetering van de economie zou het immense verschil tussen arm en rijk moeten verkleinen. Helaas kan niet verwacht worden dat dit doel op korte termijn wordt bereikt: tien procent van de rijke Brazilianen beschikt over vijftig procent van de rijkdom, daarentegen beschikt tien procent van de arme Brazilianen over slechts één procent van 's lands rijkdom.

De tegenstelling tussen arm en rijk veroorzaakt ook een ander markant Braziliaans probleem: de onveiligheid, de angst. Steden als Rio de Janeiro en São Paulo hebben daardoor een negatief imago gekregen.

Angst en macht

Angst was reeds in de Oudheid de drijfveer om steden te ommuren en zo de veiligheid daarbinnen te garanderen. Na enige tijd verschaften de muren, burchten en kastelen tevens status en macht. De individuele burgers binnen de steden drukten hun streven naar veiligheid en macht eveneens uit in gebouwen, een voorbeeld zijn de torens van San Gimignano. Aan deze symboliek kwam in de negentiende eeuw in Europa een einde met de afbraak van de stadsomwallingen. Kastelen en burchten voldeden niet meer als comfortabele woonvorm. In de universele architectuur van het modernisme worden status en macht als leidraad voor de vormgeving juist ontkend.

Eigendom

Het fysiek aangeven van (grond)eigendom is iets van onze cultuur; Indianen kenden het begrip niet, de natuur was immers van iedereen. Wordt in Nederland het eigendom begrensd met sloten, elders gebeurt dit met hagen, begroeiingen of met op het land gevonden stenen.

Ook wordt de ommuring van hoeven of percelen in dorpen en steden in onze cultuur als vanzelfsprekend ervaren. Tot voor kort gold het in alle openheid laten zien van de woning en woonomgeving als typisch Nederlands (doorzonwoning, open verkaveling). In de jaren negentig is hierin een omslag gekomen: have en goed wordt – soms op wanstaltige wijze – omheind. Dit proces, dat in eerste instantie door het individualisme van de consument is ingegeven, wordt inmiddels door de overheid verder gestructureerd en al dan niet getoetst aan een 'politiekenmerk'.

Terug in Brazilië

Een wandeling in de nieuwe woonbuurten voor het gegoede deel der natie in steden als Rio de Janeiro en São Paulo vertoont veelal een overeenstemmend beeld: een aaneenschakeling van hoge woongebouwen op een kwalitatief hoogwaardig ingericht en onderhouden terrein, dat omringd is door muren of hekwerken. Het terrein is bereikbaar via een toegangsloge, die dag en nacht bemand is en vanwaar het terrein en de ondergronds gelegen parkeergarage goed controleerbaar is.

In Brasília is een subtielere oplossing voor de grote woongebouwen gevonden: in het semi-openbare niveau op de begane grond, tussen de *pilotis,* is een bescheiden toezicht- of bewakingsunit aanwezig.

Nederlanders moeten aan dit beeld wennen. Voor Brazilianen is het echter een normale (nood)zaak, waarbij de gecontroleerde woonomgeving blijkbaar net zo belangrijk is als de veiligheid op de plaats waar wordt gewerkt of in het bewaakte winkelcentrum waar wordt gewinkeld en gerecreëerd.

In Nederland worden steeds vaker vanuit de markt vragen gesteld over veiligheid, privacy, beheer en status. De ruimtelijke consequentie hiervan is vergelijkbaar met de Braziliaanse oplossingen. Pas als het particuliere toezicht en beheer zich uitbreidt over een buurt, wijk of stadsdeel, ontstaat bij ons het gevoel dat er wordt toegegeven aan de structurele ongelijkwaardigheid zoals die in de Braziliaanse maatschappij is te zien: de bestendiging van de kloof tussen arm en rijk.

Binnen de enclave van een deelstad (of deelstaat) is er sprake van een consumentgerichte, landschappelijke, stedenbouwkundige en architectonische vormgeving. Deze trend is inmiddels in veel landen zichtbaar. In Nederland lijkt dit vanuit maatschappelijk en politiek oogpunt vooralsnog niet haalbaar: wij willen wel een paradijs, maar niet voor enkelen.

De verovering van de ruimte

Teun Koolhaas

In Brazilië is het gevoel van ruimte heel anders dan wat ik als kind in Zuid-oost-Azië leerde kennen. Maar ook anders dan wat ik als volwassene in Europa ken. Afgezien van de kosmische ervaring tijdens een heldere sterrennacht, is in Azië en Europa het overheersende ruimtegevoel gebonden aan de aarde en horizontaal van richting. De luchten hangen er laag. In Amerika is men op de verte en de hemel, de kosmos zo men wil, gericht. De luchten zijn er hoog, het land vaak nog weids en de wouden diep. Het ruimtegevoel is duidelijk verticaler dan bij de dichtbevolkte, oude, agrarische en stedelijke culturen van Europa en Azië. In Brazilië onderging ik meer dan ooit het zwevende gevoel te bewegen in een landschap waarvan de ruimte los van de aarde komt en zich in verticale richting eindeloos voortzet. Hier maakt de hallucinerende, verticale, ruimtelijke dimensie deel uit van de culturele expressie; je voelt het in de muziek, maar ook in de stedenbouw en de architectuur.

Bij het eerste bouwwerk dat ik bezocht was het meteen raak. De abrupte confrontatie met het Museu de Arte Moderna in Rio de Janeiro van Affonso Reidy was als de herkenning van een oud verlangen. Niet het programma was het uitgangspunt van de architect, daarom functioneert het gebouw als museum van geen kant, maar de magie van de plek. De ruimte is geregisseerd als een

continuüm van het interieur naar de omgeving, naar het landschap en zelfs naar de hemel. Het gebouw opent zich naar alle zijden: naar boven via daklichten die het zachte strijklicht in zich opzuigen, naar een stenen plateau met tuinen rondom het complex, naar de daarboven gelegen dakterrassen als uitloop van de binnenruimte, naar de baai, de oevers, de stad en de bergen. Het gebouw haalt het landschap naar zich toe en verbindt het aan zich.

Ook het eigen woonhuis van Oscar Niemeyer in Rio verovert de ruimte. Het gebouw zet zich niet langer tegen de weidse ruimte af, maar bevrijdt zich van de angst daarvoor. Hier is sprake van een nieuwe ruimtelijke expressie van, wie zal het zeggen, een verlangen naar vrijheid. Deze herkenning van de vrije ruimte maakt dit mooie kunstwerk nog ontroerender. Het is een opgewekte en sensuele ruimtelijke ervaring die het gehele landschap in de compositie betrekt. Dat het huis in zijn uitvoering en onderhoud niet overal even gaaf is, is niet belang. Ook Niemeyer verovert de ruimte door het huis op een plateau als launchpad *naar de kosmos te plaatsen. Het is een uitkragend balkon in een dramatisch bergmassief dat kijkend in de richting van Europa en Afrika uitzicht biedt op zee, het oorspronkelijke thuisfront van de pioniers met het toen nog grotendeels onontsloten continent in de rug.*

Tegenwoordig ligt het huis verscholen onder zware bomen. Vroeger weerspiegelden zon, maan en sterren in de zwemvijver van het huis. Met zijn witte, sierlijk afgeronde dak zweefde het als een grote tropische vlinder tussen hemel en aarde. Gewichtloos. Ook hier heerst het ontwerpthema van de continue ruimte, die niet alleen tussen het gebouw en zijn omgeving gestalte krijgt, maar ook in het interieur. Zo kan men vanuit de binnen- en buitenruimte onder het dakoverstek terugkijken op het gebogen gebouw zelf. Intiem, weids en kosmisch tegelijkertijd.

Door deze typisch Braziliaanse expressie van sensuele levenslust is het een pendant van het verstilde, strenge en monumentale Farnsworth House van Mies van der Rohe in de Midwest. Dat is eveneens gepositioneerd in een eenzaam en weids landschap op een zwevend terras. Ook het zeventiende-eeuwse Katsura Paleis van de Japanse keizer kende met zijn houten terrassen en in elkaar doorlopende vertrekken dit concept van ruimte. Bij het huis van Niemeyer is alles echter minder streng. Het viert met zijn lichtvoetige en erotische expressie de liefde voor het leven. De architect doet dat met een mediterrane overgave die herinnert aan tijdgenoten als Picasso en Carlos Drummond de Andrade. Laatstgenoemde, van wie de erotische gedichten onder de titel De Liefde Natuurlijk *na zijn leven werden gepubliceerd, was een vriend van Niemeyer.*

Bij het ontwerp van de uiterst imposante nieuwe hoofdstad Brasília hanteerde Niemeyer dezelfde expressiemiddelen om de ruimte te veroveren: plateau, binnen-, buiten- en tussenruimte in combinatie met overstekende daken. Daar had hij de unieke kans het ontwerp, de regie van de ruimte, door te zetten tot op stedenbouwkundige schaal. Binnen de monumentale cryptofascistoïde stadsuitleg, gecentreerd rond de imponerende hoofdas van het plan van Costa, componeerde Niemeyer series van symmetrisch opgestelde gebouwen, die zelf

ook weer overwegend symmetrisch van opzet zijn. Samen met Costa bakende hij op grote schaal de ruimte af. Langs de as staan aan weerszijden de ministeries in het gelid, als een erewacht leidend tot het Capitool, dat wederom de ruimte verovert door een plateau. Het is in het midden opgetild, lichtgebogen als het Parthenon, en wordt in zijn grootsheid geaccentueerd door een royale, traag oplopende hellingbaan. Geleidelijk komt men boven, waar zich losstaande massa's bevinden: de dubbele toren die als vizier voor de stad dient en de koepel- en schaalvormige assemblées die op het witte gladde vlak tussen hemel en aarde zweven. Alles bij elkaar vormt het de ultieme verticale markering van een symbolische ruimte in de vlakte van de cerrado, midden in een immens continent.

Met dit sterk ruimtelijke beeld van een eenvoudig doch onvergetelijk silhouet doorbrak president Juscelino Kubitschek de verbrokkelde hegemonie van elkaar beconcurrerende steden aan de kust. De potentie van het gigantische binnenland werd door dit gebaar ook psychologisch ontsloten. Des te schrijnender is het contrast tussen de visionaire wilsdaad en de sfeer van architectonisch verval rondom het indertijd haastig opgetrokken mausoleum van Kubitschek. Ondanks alle ruimtelijke regie is de tijd meedogenloos. Zijn oude Ford staat buiten in een glazen doos op blokken onder een dunne laag stof. De rubbertegels op de hellingbaan, leidend naar zijn sarcofaag onder de grond, ontbreken of liggen los. Instant verval op weg naar de vergetelheid van eindeloze ruimte en tijd. Verloren in Brazilië.

Brazilië: balans tussen ordening en creativiteit

Hein Struben

De tegenstelling tussen arm en rijk is in Brazilië onvoorstelbaar schrijnend. De woonsituatie in de *favelas* is soms zo slecht dat naar onze begrippen nauwelijks gesproken kan worden van een geciviliseerde samenleving. Omdat de rijken weinig belasting betalen, heeft de overheid onvoldoende middelen om de armen een behoorlijk bestaansminimum te garanderen, werkgelegenheid te creëren en onderwijs te bieden.

De sloppenwijken zijn omvangrijk en overal aanwezig. Enkele *favelas* worden marginaal gerenoveerd, andere nemen het heft in eigen handen en hebben geen boodschap meer aan de overheid. Het is een vicieuze cirkel geworden, die de vraag oproept, wat de rol van de overheid is in een situatie van extreme marktwerking. Brazilië is in die zin een leerzaam laboratorium voor het Nederlandse beleid, dat kiest voor een toekomstscenario waarbij wordt uitgegaan van een voortgaande economische groei en een ver doorgevoerde marktwerking als ultieme stimulering van menselijke werklust en creativiteit.

De eerste, in onze ogen vanzelfsprekende, maatregel die zou moeten worden genomen, is een belastingstelsel waarmee de overheid over voldoende middelen kan beschikken om de onderkant van de samenleving een gezond en veilig leefmilieu te verschaffen. Paalwoningen in een rottende rivier bij Santos, tegenover een grote vuilnisbelt die de broodwinning is voor tientallen gezinnen, is te schokkend om te kunnen bevatten. Het renovatieproject ter plekke is nauwelijks toereikend: de situatie van de huidige bewoners blijft ongezond.

Een tweede prioriteit is de infrastructuur als ordenend principe, zowel op de schaal van de regio als van de stad of de wijk. Bij voortgaande economische groei is het een illusie te denken dat de huidige infrastructuur de verstedelijking kan opvangen. In de voortrollende stedelijke zee van São Paulo neemt de markt steeds vaker zijn eigen maatregelen. Afgeschermde woonmilieus schieten als paddestoelen uit de grond en commerciële centra verplaatsen zich voortdurend naar beter bereikbare plekken. De groei in automobiliteit beleeft ongekend hoge cijfers. De achterstand en chaos in de infrastructuur, om van het openbaar vervoer nog maar niet te spreken, is nauwelijks in te halen. Langetermijnplanning is de enige remedie.

Ten derde ligt tegenover de enorme claim op ruimte de opgave om de contramal, de waardevolle openbare gebieden, te handhaven. Alleen door kwalitatieve inrichting en stringent beschermingsbeleid is de stad te structureren en de open ruimte te verdedigen tegen de niet te stuiten verstedelijking.

En groot contrast met São Paulo vormt het streng geordende plan van Lúcio Costa voor Brasília. De grootschaligheid van ruimte en de ver doorgevoerde ordening in het ontwerp is een verademing ten opzichte van de chaos en oneindigheid van São Paulo.

Rondom de kern van regeringsgebouwen, representatieve ruimten, hotels, woongebouwen en circa 250.000 inwoners vormt zich een 'echt Braziliaanse stad'. De spontaan groeiende wijken herbergen nu al twee miljoen inwoners, een aantal dat op den duur zal verveelvoudigen. Temidden van deze zee van leven en informeel gebruik, is de monumentale groene as van Brasília een rustpunt van vorm en ruimte geworden. Ook hier toont zich het belang van het inrichten en bewaken van de contramal: de kwaliteit van de openbare ruimte.

Ruimte voor eigen initiatief zal de diversiteit en leefbaarheid in de steden bevorderen. Dat kan de markt prima regelen. Behoudens zorg voor goede en gezonde huisvesting voor de onderkant van de samenleving moet de overheid zich slechts met regulering richten op het voorkomen van misstanden in de volkshuisvesting. Het zicht op de consequenties van groei en de rol van de markt is verscherpt door het bezoek aan dit boeiende land.

Op de vuilnisbelt van Santos en São Vicente vindt een ware veldslag plaats wanneer het afval van de Carrefour supermarkt wordt aangevoerd, omdat er altijd etenswaren tussen zitten.

De maakbaarheid van de samenleving

Marjan van der Waals

Een van de vragen de me in Brazilië bezig hield, was de moderniteit, de maakbaarheid van de samenleving. Enerzijds zijn er ontwikkelingen die getuigen van greep op het geheel en die deels – wellicht tegen mijn verwachting in – perfect zijn georganiseerd. Een voorbeeld is het bouwsysteem van de ziekenhuizen van Lelé. Anderzijds zijn er zowel aan de boven- als de onderkant van de samenleving groepen die hun eigen samenleving hebben georganiseerd. In beide gevallen is er sprake van een soort zelfbestuur. Aanvankelijk kon ik hiervoor enthousiasme opbrengen, maar toen bleek dat in de ommuurde voorstad van São Paulo, Alphaville, arbeiders en dienstmeisjes bij het verlaten van de wijk werden gefouilleerd, verdween mijn positieve interpretatie op slag. Het zelfbestuur is zowel in de *favelas* als in de condominiums gebaseerd op uitsluiting van anderen. Misschien is er in Brazilië eerder sprake van maakbaarheid in de zin van afdwingen, dan in de zin van mogelijk maken.

De laatste jaren heeft er een enorme verstedelijking in Brazilië plaatsgevonden. Was vroeger de verhouding tussen bewoners van stad en platteland 30-70, nu is dat precies andersom en woont zeventig procent van de mensen in de steden. Toch neemt de bevolkingsgroei af en indicatoren van absolute armoede laten een daling zien in de geboorte- en sterftecijfers. Dit neemt niet weg dat de kloof tussen rijk en arm blijft bestaan en zelfs lijkt toe te nemen. Drie tot vijf procent van de bevolking behoort tot de echte rijken, de middenklasse omvat vijftien procent. Daarna volgt een zeer grote groep lage middenklasse en werkelijk armen.

Tussen de lage middenklasse en de armen is sprake van solidariteit en onderlinge hulp. Dit uit zich bijvoorbeeld in informele adoptie. De rijken doen niet aan filantropie, het is een kapitalisme zonder schuldgevoel. Deze harde samenleving heeft echter als voordeel dat er meer informele netwerken zijn en dat er een vorm van zelfhulp is ontstaan.

De winstmarge is in Brazilië veel groter dan in Europa: vijftig tot honderd procent van de omzet, in plaats van de tien procent die in Europa gangbaar is. Vroeger kon die grote winstmarge deels verklaard worden uit de gierende inflatie. De stabiele munt heeft evenwel niet tot verlaging van de winstmarge geleid. Er is sprake van kartelvorming en er worden onderlinge afspraken gemaakt. Dit leidt er toe dat ingevoerde goederen ondanks de hoge invoerbelasting vaak maar iets duurder en soms zelfs goedkoper zijn dan Braziliaanse goederen. De import is dan ook groter dan de export en de staatsschuld neemt toe. Liberalisering van de economie zoals het IMF bepleit, zou aan deze situatie een einde kunnen maken. Dat de Braziliaanse economie nog functioneert, is te danken aan de belastingbetalende middenklasse. De rijken betalen zo min mogelijk belasting, maar besteden wel ongeveer een derde van hun inkomen aan beveiliging.

Enkele *favelas* worden sinds kort beheerd door de *narcotráfico;* machinegeweren en handgranaten hebben de plaats van traditionele *machetes* (kapmessen) ingenomen. In een aantal wijken bieden drugdealers bescherming en werk. In sommige *favelas* vinden verbeteringsprojecten plaats en worden kavels aan de bewoners uitgegeven.

Kinderen gaan gemiddeld drie en een half jaar naar school en dat is minder dan in de meeste andere Latijns Amerikaanse landen. Er is wel een eigen cultuur binnen de lagere klassen, maar het consumptiepatroon en de verlangens worden steeds meer vergelijkbaar met die van de Eerste Wereld. Het veelvuldig voorkomen van diefstal en berovingen wordt niet altijd ingegeven door honger, soms is het een teken van agressie en wraak.

Brazilië is geen dictatuur meer. Toch zijn velen gedesillusioneerd. Steeds minder mensen gaan stemmen, ondanks de stemplicht. En als er wordt gestemd, stemt men vaak blanco. Een paar jaar geleden is het de arbeiderspartij (PT) net niet gelukt om aan de macht te komen. In steden waar de PT wel aan de macht is gekomen, zijn meer sociale programma's tot stand gekomen. Zo zijn er voedselpakketten uitgedeeld in ruil voor het naar school sturen van de kinderen.

Moderniteit is voor mij het geloof in vooruitgang en het kunnen sturen daarvan. In Brazilië is dat onder meer gedaan door het stichten van de nieuwe hoofdstad Brasília, maar deze stad teert op subsidies van de overheid en het werkelijke leven speelt zich af in de satellietsteden. Moderniteit betekent in Brazilië vooral een toename van hoogtechnologische activiteiten en van de informele economie, met als gevolg een flexibele arbeidsmarkt. Zowel de rijken als de armen vormen staten binnen de staat, ze hebben daar hun eigen wederkerigheid. Het sociale contract dat de samenleving als geheel mogelijk maakt, is door hen echter goeddeels opgezegd.

Dit artikel is ten dele gebaseerd op een gesprek met Livio Sansone, stedelijk antropoloog en tegenwoordig directeur van het Centro de Estudos Afro-Asiáticos (CEAA) in Rio de Janeiro.

Favelas

Net als de *condomínios fechados* komen de *favelas* (woonwijken op illegaal bezet land) met een minimale inbreng van de overheid tot stand. Vanouds vormen ze een vertrouwd beeld in steden als Rio de Janeiro, Salvador en Recife. In São Paulo kochten de arbeiders vroeger een stukje land in de periferie en bouwden hierop zelf een huis. Pas sinds de economische malaise van de jaren tachtig heeft São Paulo omvangrijke krottenwijken. Meestal ontstaan ze op ongebruikt gebleven grond langs rivieren of tegen berghellingen. De *favelas* kampen met talloze gebreken: gevaarlijke locaties, miserabele infrastructuur en forse afstanden tot de stadscentra.

Naast *favelas* zijn er ook *cortiços;* woonkazernes waar woekerhuren voor kleine kamertjes worden gevraagd. De *cortiços* concentreren zich in de oudere delen van de stad. Vanwege het grote aantal bewoners zijn de hygiënische omstandigheden deplorabel. Men beschikt slechts over een enkele toilet en er is geen of weinig stromend water. Een voordeel ten opzichte van de *favelas* is de gunstigere locatie, maar de woonkwaliteit is beduidend slechter. De *cortiços* liggen verspreid over de stad en vormen een onzichtbaar probleem. Het omgekeerde geldt voor de *favelas* die juist zeer in het oog springen.

De bewoners van *favelas* en in mindere mate van *cortiços* hebben zich overal in Brazilië georganiseerd in de strijd om betere en legale huisvesting. Vaak blijkt het mogelijk *favelas* te handhaven en om te bouwen tot 'gewone' woonwijken (de locatie moet dan wel veilig zijn). Zo worden de investeringen van de bewoners in hun zelfgebouwde huizen bewaard en blijft de sociale structuur van de wijken intact. Het met terugwerkende kracht aanleggen van voorzieningen en infrastructuur vergt evenwel inventiviteit en flexibele oplossingen. Gelet op de grote omvang van de problematiek en de beperkte middelen moeten geld, techniek en kennis strategisch worden ingezet.

Het ombouwen van *favelas* tot woonwijken leidt tot meer of minder formele alternatieven, waarbij de eigen inbreng van de bewoners varieert. De bouwactiviteiten worden bovendien aangegrepen om andere doelen te bereiken, zoals het mondig maken van bewoners, scholing, het geven van werkervaring, het opzetten van coöperaties en het genereren van werkgelegenheid.

Bij de geïntegreerde aanpak van *favelas* en *cortiços* hebben de technocratische oplossingen het afgelegd tegen een bredere benadering waarin economische, sociale, juridische en bouwtechnische overwegingen in samenhang benaderd worden. De architectuur krijgt daarbij een nieuwe rol: centraal staan het omgaan met de onvoorziene omstandigheden en het anticiperen op niet-geplande gebouwen. Enerzijds ligt de nadruk op het procesmanagement, de sociale begeleiding en het teamwerk van technici en bewoners, zowel in de voorbereiding als in de uitvoer. Veel plannen moeten door groepen ongeschoolde bewoners in de weekenden kunnen worden uitgevoerd. Anderzijds wordt steeds meer belang gehecht aan vormgeving en het 'recht op architectuur', ook voor de allerarmsten.

Favela do Dique

Het ontstaan van Favela do Dique is een gevolg van de schaarse ruimte in Santos. De arbeidersbevolking werd letterlijk in zee gedreven, want de oevers van een zeearm boden de laatste plek om te wonen in hutten op het water. Vanaf 1964 groeide de zeedijk uit tot een

Favela do Dique: vanaf een dijk zijn steigers met houten paalwoningen op het water gebouwd.

bonte verzameling paalwoningen over de Rio do Bugre. Momenteel wonen er zo'n 25.000 mensen, in 5000 woningen. De huizen zijn gegroepeerd rondom 400 steigers, die vanaf de wal in zee steken. Wat opvalt is de relatieve welvaart: televisie, koelkast en stereo zijn gewoon. Tegelijkertijd springt de precaire hygiënische situatie in het oog: de toiletten lozen direct op het water en bij laag water, wanneer de huizen op het droge staan, blijft het afval gewoon liggen. Zo werd de Favela do Dique een vitale en gemoedelijke woonwijk, maar ook een plek waar dag en nacht een misselijkmakende rioollucht hangt. Deze situatie wordt nog verergert door de vuilnisbelt in het aangrenzende mangrovebos. Bij de spontane verbranding van het vuilnis komen schadelijke stoffen vrij en het verontreinigde percolatiewater loopt direct de rivier in.

Houten steiger in de Favela do Dique, die dienst doet als straat, ontmoetingsplaats, speelterrein en deksel van een beerput.

De verbetering van de Favela do Dique moet wel een ingrijpende operatie betekenen, want de gemeente Santos hanteert als uitgangspunt dat de bewoners mogen blijven en neemt de hoge kosten op de koop toe. Het gaat om de grootste interventie in een krottenwijk in Brazilië. Met het afbreken van de paalwoningen verliest de wijk meer dan de helft van haar oppervlakte. Ten dele kan dit aan landzijde worden teruggewonnen door een breed kanaal te versmallen en te overdekken, maar vervangende nieuwbouw met compacte bouwblokken en gestapelde woningen is onvermijdelijk. Voor het verdelen van lapjes grond, die vervolgens door de bewoners kunnen worden bebouwd, is in ieder geval onvoldoende ruimte.

De sociale overweging om de bewoners te handhaven, dwingt de overheid om zich in detail met de bouw van de huizen bezig te houden. Steiger voor steiger worden de krotten afgebroken. De bewoners gaan naar tijdelijke huisvesting vlakbij. Hier zijn ook wisselwinkels en provisorische bedrijfsruimten, zodat mensen die een zaak aan huis hebben, kunnen doorwerken. In de tijdelijke woningen vindt training in het gebruik van hygiënische voorzieningen plaats.

De nieuwbouw bestaat uit verschillende woningtypes met uiteenlopende afmetingen. Bijzonder zijn de zogenaamde embryowoningen die de bewoners later zelf kunnen uitbreiden, bijvoorbeeld door er een verdieping op te bouwen. Bij de huizen komen bedrijfsruimten. Hoewel inmiddels de politieke kleur van het gemeentebestuur is veranderd, wordt het werk aan de Dique voortgezet.

volgende pagina De Favela do Dique gezien vanaf het water (boven). Een door bewoners zelf gebouwde woonwijk, 26 de Julho, op het terrein van de Fazenda da Juta in het oosten van São Paulo (onder).

São Paulo

ongeremd, als een natuurlijk fenomeen, groeit de metropool,
massa snelheid voortdurende beweging
en zie de nieuwe symbolen
snelwegen als de nieuwe rivieren van de stad
geïllumineerde zenders als de nieuwe kathedralen,
dynamiek en communicatie
maar wat zonder de verrassing,
de cultuur: architectuur, de muziek, parken en tuinen,
als de parels die de leefbaarheid van de metropool bepalen
daar waar alles een moment stil tot rust kan komen.

Ria Smit

Avenidas in São Paulo: de lineaire zakencentra

In São Paulo verdwijnt het onderscheid tussen centrum en periferie. Het stadshart heeft ten dele een 'perifeer' gebruik (zwervers, loodsen, lege ruimte), terwijl sommige buitenwijken als een magneet activiteiten en investeringen aantrekken. Al een eeuw is er sprake van een stapsgewijze verplaatsing van het centrum naar het zuiden; telkens vertrekken de investeringen naar de stadsrand, die vervolgens de rol van een centrum krijgt. De verplaatsingen volgen elkaar steeds sneller op en de schaal neemt toe. Inmiddels liggen de zakencentra ruim vijftien kilometer uit het historische centrum. Het tussengebied is als geheel in feite één uitgestrekt centrum geworden. De investeringen, werkgelegenheid, infrastructuur en rijkdom van de stad zijn hier geconcentreerd.

Het oude stadshart, bestaande uit een oud (1549) en een nieuw (1890) deel met ertussen de Vale do Anhangabaú, huisvest de beurs, bedrijven, faculteiten en winkels. In de metropool is het stadshart allang niet meer het enige referentiepunt. Er kwamen centra, subcentra, zakencentra en winkelcentra bij. Hun ruimtelijke organisatie is in de loop der tijd veranderd, waarbij drie fases zijn te onderscheiden. Allereerst had het oude centrum een traditionele structuur van straten, pleinen en later toegevoegde boulevards. Daarna ontstonden lineaire centra langs grote verkeerswegen, zoals Avenida Paulista (1950), Avenida Faria Lima (1970) en Avenida Berrini (1980). Tegenwoordig vindt de centrumvorming plaats in van de stad afgesloten enclaves, waarbinnen de structuur van oude stadscentra opnieuw wordt gebruikt.

De lineaire centra zijn opgebouwd uit monumentale wolkenkrabbers die een dominante plaats in het stadsbeeld innemen. Deze wolkenkrabbers zijn een wereld op zich en er is nauwelijks contact met de straat: siertuinen, esplanades en defensieve muren creëren een barrière tussen de straat en de ingang.

In de lineaire centra van São Paulo wordt nog volop geïnvesteerd. Avenida Paulista is het symbool van het financiële centrum van Zuid-Amerika. Deze avenue werd aan het eind van de vorige eeuw op particulier initiatief aangelegd, zo'n beetje op het hoogste punt van de stad. Steenrijke koffiehandelaren bouwden hier hun woonpaleizen. Vanaf de jaren vijftig veranderde Avenida Paulista in een kantoorwijk, waar vooral banken zich vestigden. Op een paar na zijn nu alle paleisjes afgebroken en vervangen door wolkenkrabbers. Ter plaatse van het Belvedere van Trianon bouwde Lina Bo Bardi het Museu de Arte de São Paulo (MASP), dat als een horizontale wolkenkrabber boven het maaiveld hangt. Het uitzicht op het centrum werd zo behouden.

Ten zuiden van Avenida Paulista liggen de *Jardins,* chique uitgaans- en woonwijken met veel groen. Aan de andere kant van deze wijk (drie kilometer verderop) ligt het volgende lineaire centrum, Avenida Faria Lima. Hier staat het oudste en bekendste winkelcentrum van Brazilië: Shopping Iguatemi. Twee jaar geleden werd de avenue verlengd, dwars door een middenklasse woonwijk heen. Zo ontstond een verbinding met het derde lineaire centrum, Avenida Berrini, dat pal aan de Marginal de Pinheiros (de ringweg) is gelegen. Lange tijd was dit gebied moerassig, stonden er krottenwijken en was hier perifere bedrijvigheid, maar vanaf de jaren tachtig werden miljarden in kantoorgebouwen geïnvesteerd. Een groot aantal van de glimmende, spiegelende en imponerende kantoortorens werd ontworpen door de architect en projectontwikkelaar Carlos Bratke en zijn compagnon. Ze kenmerken zich door een recht-hoekige, open plattegrond met losse torentjes voor trappen, toiletten en voorzieningen.

volgende pagina's Avenida São João met aan het eind de toren van BANESPA, de bank van de staat São Paulo (links). Het stadsbeeld in de Avenida Prestes Maia, vernoemd naar de ingenieur die evenals Haussmann met boulevards grote doorbraken in São Paulo forceerde.

PROMOÇÃO
HOT DOG
C/ 2 SALSICHAS
0,50
REFRIG.
0,50
ACEITA-SE PASSES
PROMOÇÃO
HOT DOG
0,50
REFRIG.-0,50
ACEITA-SE PASSES
HOT DOG +
R$ 1,00

BOSCH
Ferramentas Elétricas
CAPEMI

Inmiddels ligt het gebied in het episch centrum van de economische ontwikkeling van São Paulo.

Aan de overzijde van de rivier veranderde de buitenwijk Morumbi in een 'verticale' villawijk vol luxueuze appartemententorens. De economische dynamiek in dit gebied trekt een zware wissel op de infrastructuur. In het spoor van de markt heeft de overheid grote investeringen gedaan in doorbraken, tunnels, bruggen en viaducten. Het effect hiervan is voornamelijk dat de files zich verplaatsen.

Vale do Anhangabaú: herinrichting van de openbare ruimte

Het centrum van São Paulo beslaat twee heuveltoppen met ertussen de vallei van Anhangabaú. Ooit lag hier een theeplantage, later een park en uiteindelijk een snelweg. In honderd jaar tijd verviel aldus een panoramisch stadsdeel tot een marginale zone, vergeven van lawaai en stank, vervuild door drugs, zwervers en prostitutie. Hierboven verbonden viaducten de beide delen van het centrum. In de jaren tachtig werd een prijsvraag georganiseerd voor de herinrichting van de vallei, als aanzet tot herstel van de binnenstad. Het team van de stedenbouwer Jorge Wilhelm (auteur van het masterplan van Curitiba) en de landschapsarchitecten Rosa Kliass en Jamil Kfouri won. Ze ontwierpen een plein van vijfhonderd meter lengte, met eronder een tunnel voor het verkeer. Volgens Wilhelm maakte het plan een einde aan de verspilling van de ruimte boven de snelweg en dekt het de verkeersoverlast af.

De bedoeling van het project, dat 146 miljoen dollar kostte, was om particuliere investeringen aan te trekken. Dit maakte de ontwerpopgave gecompliceerd, want het plein moest aantrekkelijk ogen en gereed zijn, nog voordat de toekomstige pleinwanden vaststonden. De oplossing was om het dek onder te verdelen in vier subpleinen. Dat maakte de schaal hanteerbaar en bepaalde de verblijfsgebieden, terwijl de grote schaal en het open karakter van de vallei intact bleven, bovendien gaf het referentiepunten. Enkele subpleinen werden geënt op historische gebouwen zoals het monumentale postkantoor en het theater, waardoor deze op hun beurt werden verankerd in de nieuwe omgeving. Het geheel is, met een knipoog naar

CASIO
BANCO DE BOSTON

de verdwenen rivier Anhangabaú, aaneengeregen met een kronkelende strook bestrating en met waterpartijen.

De vernieuwde Vale do Anhangbaú wordt dagelijks door twee miljoen mensen doorkruist. Maar daarmee is het betonnen dek nog geen echt plein, laat staan dat het centrum van de stad is verbeterd. Slechts bij grote evenementen als popconcerten, grote voetbalwedstrijden of politieke demonstraties stromen de mensen toe en fungeert de vallei als trefpunt. De rest van de tijd ligt het plein, onder scherpe bewaking, een beetje statisch mooi te wezen. De criticus Teixeira Coelho noemde de Vale do Anhangabaú dan ook de openbare ruimte van een onzichtbare stad.

De particuliere investeerders laten het afweten. Kennelijk kan een project voor de openbare ruimte een historische tendens niet ombuigen. Voorlopig vloeien de investeringen naar nieuwe centra ten zuidwesten van de oude stad en gaat de uittocht van bedrijven naar de moderne zakenwijken onverminderd voort.

Vale do Anhangabaú: een in 1992 overdekte snelweg met links de oude stad (1549), rechts de Cidade Nova (1890) en aan de horizon Avenida Paulista.

Buitenruimte

Ronald Volk

Als de rol van de staat die is van het handhaven van de orde en in het verlengde daarvan het bewerkstelligen van ordening, vallen mij – als stedenbouwer in overheidsdienst – in Brazilië twee dingen op: het veiligheidsaspect en het grondgebruik.

Er is sprake van zelfregulering van veiligheid door de toplaag die zich dat kan veroorloven; er is sprake van banditisme en dienstverlening voor degenen onder het bestaansminimum. Het draagvlak van de stad verschraalt door het bestaan van de condominiums en de *favelas.*

Ten aanzien van het grondgebruik is er een opvallend gebrek aan ruimtelijke planning; er is sprake van een economische ordening die een gevolg is van de grote dynamiek; er is soms sprake van ruimtelijke ordening in de zin van het CIAM-eindplan, dat geen rekening houdt met de noodzakelijke dynamiek. Het faillissement van het modernisme, wordt beter dan met de discussie over de stedenbouw en de monumentenzorg in Brasília, geïllustreerd door het Memorial da América Latina in São Paulo: een volledig omheinde betonvlakte zonder betekenis voor de stad.

Op welke wijze wordt de buitenruimte nu gebruikt en wat is de betekenis ervan in het dagelijks gebruik? In onze planningssystematiek voor het centrum van Rotterdam wordt gebruikgemaakt van een tweetal begrippen: actualiteit en identiteit.

Actualiteit houdt zich bezig met de vraag of de buitenruimte voldoet aan de eisen van de tijd. Opvallend in Brazilië is – uiteraard – de druk die op de buitenruimte wordt gelegd als

vestigingsplaats *(favelas)*. Het overheidsbeleid is volgend en betreft een legitimatie achteraf. Binnen dit gegeven worden kunstmatige ingrepen ondernomen op het niveau van de stad. De Aterro do Flamengo in Rio de Janeiro is een voorbeeld van landaanwinning ten behoeve van openbaar groen en recreatief gebruik. De Favela do Dique (Santos) is een voorbeeld van een verbeteringsprogramma voor huisvesting.

Het kraampje van een *camelô* (straathandelaar) op het trottoir van de Avenida São João.

Daarnaast is de openbare ruimte het werkveld van de handel zoals door Fernand Braudel wordt beschreven in *Beschaving, economie en kapitalisme (15e – 18e eeuw):* 'De markt is de meest transparante vorm van handel, met een rechtstreeks toezicht en vrijwaring van bedrog; met het groeien van de steden, groeien de markten mee, nemen toe in aantal en specialisatie: blazen de ruimten op die te klein zijn om ze te bevatten. Altijd is (was) er sprake van een vergeefse overheidsregulering die een en ander in de hand moest houden. De eerste concurrentie die markten te verduren krijgen is die in de vorm van winkels, er is dan sprake van een continue vestiging en vaak een specialisatie per wijk of straat; deze specialisatie zet zich door in winkels die goederen per stuk of gewicht gaan verkopen en bij de ontwikkeling naar dienstverlening zoals de apotheek, de pandjesbaas, de herbergier (wegvervoer) en geldwisselaar. Winkels veroverden (in de zeventiende eeuw) de wereld en hebben (sindsdien) de neiging voor hun klanten bereikbaar te zijn: het "kernwinkelapparaat" van Londen verhuisde in de achttiende eeuw van Paternoster Row naar Covent Garden en daarna naar Ludgate Hill, nog later naar Round Court, Fenchurchstreet of Houndsditch. De ambulante handel maakt gebruik van elke storing of ruimte in het distributienetwerk. In de negentiende eeuw gaat Parijs gebukt onder straten vol uitstallingen voor winkels, met dezelfde goederen, goedkoper in prijs.'

Het is bijzonder deze verschijnselen in Braziliaanse heftigheid te kunnen waarnemen. De openbare ruimte voldoet in elk opzicht aan het hierboven beschreven gebruik: niet alleen de informele economie (verkoop op kruispunten en op straat) en specialisatie zijn overduidelijk aanwezig, ook het zich verplaatsende centrum van São Paulo voldoet aan het geschetste beeld.

Ten aanzien van identiteit moet eerder gezocht worden naar voorbeelden op het niveau van de wijken: pleintjes en straten in de Corredor Cultural (Rio), maar ook in de Favela do Dique dienen dit doel. Het aardigste voorbeeld – gezien de reacties die het opriep – is te vinden in het project Rio Cidade in Leblon waar geel en blauw geschilderde kruispunten met een moderne, in beton uitgevoerde poort volstrekt voldoen aan de bedoelingen.

Ten slotte kan verbetering van het openbaar gebied nieuwe inversteerders aantrekken. In Rotterdam is dit een bekende strategie, maar in São Paulo heeft het opknappen van Vale do Anhangabaú nog niet tot investeringen geleid.

Rest de vraag wat er van deze Braziliaanse ervaringen valt te leren. Brazilië biedt een fantastisch inzicht in de ongeordende dynamiek en is daarmee een buitengewoon interessant voorbeeld voor overheidsstrategieën. Van belang daarbij is een dynamische planning om de ontwikkelingen te kunnen sturen en de grenzen van de groei te kunnen aangeven. Anders verplaatst het centrum van São Paulo zich deze eeuw nog wel een keer.

Het is bedreigend dat steeds meer bevolkingsgroepen zich aan de stad onttrekken in condominiums als Alfabarra (Rio) en Alphaville. Ook de ongebreidelde groei van winkelcentra, in feite gesloten openbare ruimten, is in dat opzicht een slechte zaak.

De buitenruimte speelt hoe dan ook een rol bij de identiteitsbepaling van (delen van) de stad. De ontwerpen zijn qua inrichting en materialen misschien niet bijzonder spectaculair; wel voldoet de buitenruimte uitstekend aan de gebruikseisen van het vroege kapitalisme zoals weergegeven in het citaat van Braudel.

Architectuur: verbeelding van de functie

Martin van Dort

Brazilië is een land voor contrasterende indrukken en uiteenlopende ervaringen. In de architectuur zijn echter volop overeenkomsten met Nederland te vinden. Ik werd er gesterkt in mijn overtuiging dat de essentie van architectuur besloten ligt in de relatie tussen de functie en de verbeelding daarvan. Het is het leidend beginsel van de moderne beweging, die zijn sporen zo nadrukkelijk in Brazilië heeft nagelaten, sterker nog, de architectuur al ruim zestig jaar lijkt te bepalen.

Architectonische middelen zijn afgeleid uit functionele motieven. Maar er is meer. Verbeelding gaat verder dan gebruik en functie. De betekenis wordt direct dan wel indirect ontleend aan functie, situering en maatschappelijke context. Een gebouw dat niet voortkomt uit de reden waarvoor het gemaakt is, mist ambitie en architectonische lading. Juist door de verstrengeling van cultureel-maatschappelijke motieven en economische doeleinden of gebruiksdoeleinden onderscheidt architectuur zich van beeldende kunst.

Wat mij aantrekt in architectuur is niet zozeer de belevingswaarde, als wel de relatie tussen vormgeving en betekenis. Bij Braziliaanse bouwwerken is dit verband in meer of minder sterke mate uitgewerkt. Het recente werk van Oscar Niemeyer, zoals het Museu de Arte Contemporânea in Niterói (1996) of de Memorial da América Latina in São Paulo (1989), kenmerkt zich bijvoorbeeld door overdreven gebaren die niet vanuit hun functie lijken voort te komen. Behalve onder vormwil lijden deze projecten onder een onaangepaste situering en een onzorgvuldige architectonische uitwerking.

Zo werd het Museu de Arte Contemporânea als een sculptuur neergezet. Vorm en uitwerking zijn zuiver gebaseerd op schoonheidsprincipes. Ongenaakbaar verheft de schotel zich op het plateau boven de baai. Dat er binnen een kunstmuseum is gehuisvest blijft van buiten onduidelijk; het lijkt eerder op een panoramarestaurant. Een vijver onder de schotel, gemaakt als reflectiescherm, belemmert het gebruik van deze enige schaduwplek als informele verblijfsruimte. De hellingbaan, als middel interessant, is onpraktisch en bovendien weinig elegant op de schotel aangesloten. Hoewel het museum bedoeld is als een plek voor de bevolking van de stad, met een overweldigend uitzicht over het grootse landschap van Rio, leent het gebouw zich vanwege deze tekortkomingen niet goed voor het gebruik.

Totaal anders is het hoofdgebouw van de universiteit in Brasília (1960), genaamd 'de grote aardworm', eveneens ontworpen door Niemeyer. Het is vormgegeven op grond van een door het gebruik bepaalde ruimtelijke organisatie en kronkelt honderden meters door het landschap. Dit project sluit eerder aan bij de ideeën van de Nederlandse structuralisten dan bij het overige werk van Niemeyer. De eenvoud, ruimtelijke structuur en omvang maken het geheel fascinerend. Door het ontbreken van een toegevoegde betekenis, mist het gebouw evenwel een architectonische lading.

In drie projecten slaagde Niemeyer er in een stap verder te gaan, namelijk bij Casa das Canoas in Rio de Janeiro, het Ministerie van Buitenlandse Zaken en de kathedraal in Brasília. Hier versterken de vormgeving en de functie elkaar op totaal verschillende wijze. In het woonhuis van Niemeyer is de intimiteit van het wonen en de versmelting met de locatie met uiterst eenvoudige middelen bereikt. De allure van het prachtige Ministerie voor Buitenlandse Zaken

in Brasília vindt zijn oorsprong in de ruimtelijke kwaliteit en de daarop afgestemde materialisatie die in evenwicht is met de verbeelding van de functionele betekenis. Alleen in de statietrap verliest Niemeyer zich in sculpturaal werk dat losstaat van de architectuur. Het is een prachtige trap, passend in de ruimte, maar de vormgeving ontkent de gebruiksaspecten volstrekt. De kathedraal is in zijn ruimtelijke structuur niet alleen een veel mooier gebouw dan de publicaties doen vermoeden, maar ook in stedenbouwkundige zin een manifest symbool dat past bij de betekenis.

Tot slot verbeeldt Lina Bo Bardi in het vrijetijdscentrum SESC Pompéia in São Paulo (1977-1986) op voorbeeldige wijze de functie van de voormalige fabriek. Het gaat om een sociaal-cultureel centrum, wonderwel ingepast in een oud industriecomplex, dat door inzet van de architect behouden is. Het is voor de nieuwe functie slechts aangevuld met een opvallend nieuw gebouw ten behoeve van sportfaciliteiten. De architectonische stellingname is zowel in conceptuele zin als in de materialisatie zeer oorspronkelijk, en versterkt de belevingswaarde en de gebruikskwaliteit van het complex.

Universidade Nacional de Brasília, 1960-1962. Oscar Niemeyer ontwierp een 'opengereten aardworm' gestructureerd rondom terrassen en binnentuinen.

Memorial da América Latina van Oscar Niemeyer

Dit cultureel centrum voor Latijns Amerika (1987-1988) staat op een oud industrieterrein van acht hectare bij het metrostation Barra Funda. Behalve een bibliotheek, een auditorium en een museum is hier het Parlatino te vinden, het Latijns Amerikaans parlement, dat echter geen mandaat heeft. De bouw van het Memorial was een prestigeproject van gouverneur Orestes Quércia en kreeg in een recordtijd voor een recordprijs (74 miljoen dollar) zijn beslag.

Het complex, dat zeven paviljoens bevat, ligt aan weerszijden van een verkeersweg waarover een elegante loopbrug *(passarela)* werd gelegd. De voornaamste gebouwen zijn tussen enorme pylonen opgehangen, waardoor vrije overspanningen tot negentig meter mogelijk werden. Volgens de ontwerper, Oscar Niemeyer, weerspiegelt de vrijheid van deze draagstructuur de grootsheid van het initiatief om de onderdrukte en uitgebuite volken van Latijns Amerika bijeen te brengen. De unieke vorm moet het beeldmerk van de Latijns Amerikaanse integratie worden, net zoals de kolommen en paleizen van Brasília al jaren het Braziliaanse landsbestuur symboliseren.

Op het ogenblik liggen de paviljoens er echter verlaten en afgebladderd bij en de programmering valt zonder politieke prioriteit tegen. Als verblijfsgebied is de meedogenloze en dampende betonvlakte niet uitnodigend, de palmtuin die naast het parlementsgebouw werd aangelegd, biedt nauwelijks verkoeling. Het complex werd ter gelegenheid van de negentigste verjaardag van Niemeyer, in december 1997, op de nationale monumentenlijst geplaatst.

Memorial da América Latina, 1987-1988. Op de voorgrond de (bloedende) hand van Latijns Amerika (1989), eveneens ontworpen door Oscar Niemeyer.

Edifício COPAN

In het centrum van São Paulo bevinden zich vijf gebouwen uit de jaren vijftig en zestig die Oscar Niemeyer weliswaar ontwierp, maar al lang uit zijn verzameld werk heeft geschrapt. In alle gevallen was hij namelijk niet bij de uitvoering betrokken en week men nogal van de ontwerpen af.

Het bekendste project is Edifício COPAN uit 1952 (bouw: 1953-1969). Vanwege de omvang, de gekromde vorm en de karakteristieke zonwering die als een immense luxaflex voor het gebouw hangt, werd het zelfs één van de beeldmerken van de stad. COPAN is het grootste woongebouw van Brazilië en heeft 32 verdiepingen, 1160 appartementen en 4000 bewoners. Op de onderste verdiepingen zijn 79 winkels, cafés, een kerk en andere voorzieningen ondergebracht.

De zes woonblokken worden vanuit de winkelgalerij ontsloten. Ze zijn volledig van elkaar gescheiden en hebben een uiteenlopende sociale structuur. Zo bevat blok B twintig eenvoudige kitchenettes per verdieping, terwijl in de deftige blokken E en F maar één appartement per verdieping voorkomt.

De sociale diversiteit en het grote aantal bewoners leidde tot verloedering, maar door de inspanning van de bewonersvereniging gaat het nu weer wat beter met COPAN: de sociale controle is hersteld en het achterstallig onderhoud wordt weggewerkt.

Mijn indringende ontmoetingen met Paulo Mendes da Rocha

Jo Coenen

Paulo Mendes da Rocha te hebben ontmoet, is een groot voorrecht. Mijn eerste kennismaking met het werk van deze architect was op de laatste Documenta in Kassel, waar hij als representant van het moderne communiceren met architecten als Rem Koolhaas en Aldo van Eyck en vele hedendaagse kunstenaars was vertegenwoordigd. Zijn werk getuigt van een diepgaand besef van de moderne tijd: die snelle niet te bedwingen roes van gebeurtenissen; opwindend als je er deel van uitmaakt, een horror als je het tempo niet wilt of kunt bijbenen. De moderne tijd kent dan ook vele slachtoffers. Het meest schandalige fenomeen is evenwel de armoede. Deze tijd blijkt evenmin in staat om de scheiding tussen (kans)arm en rijk op te heffen. Welk een asociale status quo!

De ontmoetingen met Mendes da Rocha speelden zich af in een tijdsbestek van drie maanden, tijdens twee reizen naar Zuid-Amerika. In Colombia was ik tien dagen met hem en Luigi Snozzi – Mendes' Europese tegenvoeter – waar we lezingen gaven. Het was het begin van een doorlopend gesprek: vanaf de eerste dag in Bogotá, via het snikhete Caribische Cartagena in het Noorden, tot aan het laatste rondetafelgesprek op de universiteit van Medellin. Twee maanden later ontmoette ik hem opnieuw op de Derde Architectuur Biënnale in São Paulo.

De ontmoeting tussen Mendes en Snozzi heeft zo moeten zijn. Twee fenomenen van gelijke snit: Snozzi vanuit zijn klassieke Europese traditie en Mendes vanuit zijn diepe, rijke Zuid-Amerikaanse achtergrond. Beiden een idee uitdragend, namelijk de spirituele kracht van de eigen geest. Twee sociaal bewogen en bevlogen architecten die heel hun leven vanuit dezelfde levensopvatting opereerden. Bij deze ontmoeting was ik aanwezig, met mijn Nederlandse sociaal-democratische achtergrond en mijn architectonische opvoeding op het bureau van Van Eyck en Bosch op de Amsterdamse Nieuwmarkt nog vers in het geheugen.

Mendes werd een vriend. Een vriend die, na Le Corbusier door en door te hebben bestudeerd, zijn gedachten over een sociaal rechtvaardige architectuur op papier zette. Naakte, van elke franje verstoken ruimten waar het licht doorheen spoelt, waar het landschap in al zijn facetten in wordt opgenomen om als achter- en ondergrond voor nieuwe functies te dienen. Evenals Snozzi, bedenkt hij steeds weer nieuwe utopieën voor de Nieuwe Wereld.

Dat is wat mij het meest aan de bescheiden en zeer gecultiveerde verschijning van Mendes frappeert: hij gaat de opgave om nieuwe gedachten te ontwikkelen niet uit de weg. Integendeel, hij is uitdagend – op het gevaar af Don Quichote te zijn –, oog in oog met de realiteit en vasthoudend aan zijn geloof in de toekomst. Over de stad en de stedeling van morgen wordt in zijn onuitputtelijke fantasie, verbeelding en denkkracht urenlang gefilosofeerd. Relativeringsvermogen en humor komen hem daarbij te hulp.

Mendes gaat de strijd met nieuwe realiteiten doelbewust aan. Hij is vertrouwd met het werelddeel waar de meest explosieve groei van steden plaatsvond. Steden die dertig jaar geleden nog 300.000 inwoners telden, zijn nu tot metropolen van twaalf tot vijftien miljoen inwoners uitgegroeid: gebieden die tot aan de horizon zijn overwoekerd met immense hopen

Museu Brasileiro de Escultura (MUBE), São Paulo, 1988-1995. Ontwerp Paulo Mendes da Rocha.

materie. Molshopen vol mensen met elk hun eigen taal, emotie, sentiment en negotie. Met oneidige files, die nooit lijken op te houden.

Het is Mendes' drijfveer om temidden van deze door een mens niet meer te bevatten aanwezigheid van stedelijkheid, op compromisloze wijze oases van rust en schoonheid te construeren: schuilplaatsen tegen de voortwoekerende stadsterreur. Hij maakt plekken met de grootst mogelijke sereniteit. Zelden zag ik zo veel ingehouden kracht. Architectuur als was ze het uiterste van de balans van de statica. Het is zijn liefhebberij, deze ingenieurskunst die door architecten veelal is vergeten. Mendes toont de acrobatiek van de trapeze en door dit balanceren worden al zijn gebouwen hoogstaande ruimtekunst. De gebouwen laten zien wat architectuur in wezen is; het zijn geen volumetrische oefeningen.

Zijn architectuur is er een van holen temidden van het omringende geweld. Of beter gezegd van verstilde, leeggeruimde vides, temidden van de omringende opdringerigheid. Zij toont een terugkerende ontwerpstrategie om de begane grond leeg en stil te maken en zo te voorzien van plekken van rust, overzicht, schoonheid, gesprek, ontmoeting, schaduw, meditatie en dromen. Literaire plekken waar de natuur op gecultiveerde wijze zijn plaats vindt. Krachtige constructies overspannen groots deze theatrale plekken, die gebruikt worden als woon-, werk- of bedrijfsruimte.

Maar Mendes zou geen Braziliaan zijn als niet ook het ondermaanse volledig werd betrokken bij het gebouwde landschap. Hij bouwt bewust het nieuwe landschap. De inventiviteit die bij deze topografische bewerkingen aan de dag wordt gelegd, is uniek. Zonder uitzondering is elk van zijn gebouwen een vondst en dat maakt zijn oeuvre voor een Europeaan tot de grootste ontdekking van de laatste jaren. Naast het werk van grote meesters als Niemeyer,

Bo Bardi en Bratke senior is dit werk niet alleen typisch Braziliaans, maar ook een aanvulling op en een voortzetting van Le Corbusiers spitsvondige gebouwen.

Paulo Mendes da Rocha maakt wat architectuur kan zijn: mooie in materie gegoten ruimten. Zijn welhaast onzichtbare hand is afleesbaar in alle beslissingen, zeer geraffineerd en afgewogen. Zijn architectuur toont de rijpheid van een ontwerper die elk onderdeel van zijn gebouwen tot object van zijn vindingrijke denkvermogen maakt en vervolgens de plaats en dimensie geeft die hun toekomt. Hierdoor ontstaat een consequent doorgezette, royale schaal en een sfeer van luciditeit, transparantie en vooral eigenzinnigheid. Mendes' werk is doordrongen van poëzie. Hij kan het geheel orkestreren, nu eens in diepe rust en stilte, dan weer om fijnzinnig ruimten aan elkaar te (ver)knopen, en wel zodanig dat ze in elkaar op- en overgaan. Dat is zijn onaantastbare kwaliteit.

SESC Pompéia

Het vrijetijdscentrum SESC Pompéia is gevestigd in en om de oude olievatenfabriek van de gebroeders Mauser op het oude industriële gebied naast de spoorlijnen. Toen Lina Bo Bardi de opdracht kreeg een ontwerp voor het buurtcentrum te maken, besloot ze het complex niet af te breken; zo enthousiast was ze over het spontane gebruik van de verlaten fabriek. Ze vond dat bovendien getuigen van respect voor de prachtige betonconstructie.

Ongeveer de helft van de gewenste functies paste in de bestaande gebouwen. In de fabriekshallen hoefde bijvoorbeeld nauwelijks iets te worden aangepast. Lina plaatste hier meubels en stellages vrij in de ruimte, waardoor met minimale middelen een grote variatie aan sferen en meer of minder besloten ruimten ontstond, en de grote schaal van de fabriek behouden bleef. Zo verdeelt een stellage van flinterdun beton de grote hal in een expositieruimte, en de bibliotheek in een immense collectieve huiskamer met een open haard en een riviertje. Dezelfde stellage herbergt verder platforms voor spelactiviteiten en een rij verhoogde zithoeken die als besloten ruimten in de fabriek zweven. In een andere hal zijn de handenarbeidlokalen afgeschermd met manshoge muurtjes van betonblokken, een oplossing die is geïnspireerd op het Sonsbeekpaviljoen van Aldo van Eyck. Door hun druipende voegen lijken deze tussenwanden zojuist te zijn opgetrokken.

De grootste ingreep in het bestaande fabrieksgebouw vond plaats bij het theater: langs de zijkanten van de zaal kwam een nieuwe draagstructuur met ingebouwde loges en een steeg tussen de fabriekshallen werd verbouwd tot foyer. Door de dakbedekking van doorzichtige pannen en een afsluiting met houten rasters op de uiteinden roept deze ruimte het gevoel

SESC Pompéia, 1977-1986. Boven de daken van de oude fabriek met het creativiteitscentrum steken de nieuwe torens van het sportcomplex uit. De gestapelde sporthallen zijn met betonnen loopbruggen verbonden met de kleedkamers en het trappenhuis.

op dat je binnen buiten bent, en omgekeerd. De fabriek is hierdoor een soort straat in de buurt geworden, waar iedereen het grootste deel van de dag terecht kan.

Behalve cursuslokalen, een theater en expositieruimten, bevinden zich in het vrijetijdscentrum ook een zonneterras op een plankier boven een overkluisde rivier en een sportcomplex. Dat laatste werd ondergebracht in twee nieuwe torens en manifesteert zich in de stad als een betonnen bolwerk voor de lichaamscultuur. De plompe toren, met een grondvlak van dertig bij veertig meter, bevat vier gestapelde sporthallen op een zwembad. Alle zalen bleven kolomvrij dankzij de toepassing van cassettevloeren. Fors uitgevallen gaten in de zijmuren zorgen voor ventilatie overdwars en vormen een grid van druilerige openingen in de gevels. De ranke toren heeft elf verdiepingen en bevat een lunchroom, een lift, kleedkamers en kleine gymzalen. Om de twee verdiepingen ontsluiten open luchtbruggen een sporthal in het andere gebouw. Een terzijde geplaatste derde toren lijkt sprekend op een fabrieksschoorsteen, maar is in werkelijkheid de watertoren. De schoorsteen keert terug in het logo van de fabriek, waarop hij een wolk bloemen uitstoot. Robuust is ook de lunchroom, waarvan de bar en de barkrukken in het beton werden meegestort.

SESC Pompéia is een van de meest succesvolle openbare ruimten van de stad. Er komen mensen uit de buurt naar toe, met of zonder specifiek doel, en er lopen mensen uit verschillende lagen van de bevolking: arm en rijk, jong en oud. Met het intact houden van de fabriek behield het complex een menselijke schaal en een band met het verleden. Door de sporttorens verheft het zich in de metropool en is er een markant punt ontstaan.

Casa de Vidro van Lina Bo Bardi

Dick van Gameren

In 1951 bouwde Lina Bo Bardi in São Paulo een huis voor zichzelf en haar man, de kunsthandelaar P.M. Bardi. Beiden waren in 1947 vanuit Italië naar Brazilië getrokken.

Direct na de bouw genomen foto's van Casa de Vidro (het Glazen Huis) laten een glimmend ruimteschip zien, geland op een helling. Zeer dunne pootjes houden het geheel in evenwicht. Een fragiele stalen trap is als een loopplank uitgeklapt naar de aarde. Een opening midden in het schip spaart een oude boom die overwoekerd is door planten en bloemen.

De glazen huid maakte het interieur voor iedereen zichtbaar. Op een glimmende vloer van glasmozaïek stonden antieke tafels en ragfijne stalen stoeltjes. Van hieruit keken de bewoners naar het regenwoud, de plantages en de stadsrand van São Paulo.

Stad én natuur woekeren in Brazilië voort in een ongekende snelheid. Het regenwoud is dwars door de stad tot aan het huis doorgedrongen. Vijftig jaar na de bouw bevindt de leegte zich niet meer om het huis, maar in het huis. De opening in de woning zorgt nu voor een spaarzame lichtplek op de bodem. De begroeiing filtert al het licht en voorkomt het zicht op de oprukkende woontorens van de stad.

Casa de Vidro, verscholen in het woud, is een geheimzinnige schatkamer geworden, getuige van een cultuur die in São Paulo verdwenen lijkt. Meubels van vijftig jaar geleden zijn nu onderdeel van een rijke collectie voorwerpen, uiteenlopend van kostbare oude kunstwerken en volkskunst tot persoonlijke souvenirs.

volgende pagina's Casa de Vidro, 1951.

De vitaliteit van het interieur maakt dat Casa de Vidro wel zeer ver verwijderd is van het andere *glass house*, het schijnbaar onaantastbare Farnsworth House van Mies van der Rohe, ook uit 1951. Beide huizen kunnen als prototype van het latere werk van de architecten gezien worden.

De grote woonruimte van Casa de Vidro verwijst naar de imposante lege ruimten die Lina zou ontwerpen in gebouwen als het MASP (Museu de Arte de São Paulo) en ze vormen de essentie van haar grote restauratieprojecten. Ook hier blijven ruimten zo groot en zo leeg mogelijk (SESC, Solar do Unhão). Alleen elementen als trappen en haarden staan als bijzondere objecten midden in de ruimte. De zeer dunne stalen buizen in het woonhuis zijn in het ontwerp van het MASP letterlijk opgelost: een betonnen constructie aan de buitenzijde heeft kolommen binnen overbodig gemaakt. Ook de glazen boekenplanken, ontworpen voor Casa de Vidro, lijken een voorloper van de unieke glazen panelen met schilderijen in het MASP.

Het boek *Modern Architecture in Brazil* van H.E. Mindlin uit 1956 is een van de eerste overzichtswerken van de moderne architectuur in Brazilië. De villa van Lina staat hier tussen huizen van Niemeyer, Levi, Reidy en anderen. De auteur heeft het over de zorgvuldige en geavanceerde vormgeving van het Glazen Huis, en schrijft dit toe aan de Europese afkomst en vorming van de architect.

Toch is dit formele aspect uiteindelijk niet de karakteristiek van Lina's gebouwen. Juist het werk van de andere door Mindlin besproken Braziliaanse architecten zou weldra in een soms prachtig, maar meestal leeg formalisme eindigen. Het was Lina Bo Bardi die de vitaliteit van haar nieuwe land in een even vitaal als persoonlijk werk wist om te zetten. De volle schatkamer van het Casa de Vidro is hier een prachtige afspiegeling van.

Een onovertroffen geschenk

Museu de Arte de São Paulo (MASP) van Lina Bo Bardi

Aldo van Eyck

Of je het nu van onderen benadert of vanaf de Avenida Paulista – het vanuit de verte ziet, als een nucleus boven de tunnel, in de enorme ruimte, of van dichtbij in het voorbijgaan, wanneer dezelfde ruimte zich van boven opent, is het MASP niet zomaar een goed gebouw, maar reeds een fenomeen.

Op de extreme helling en met zo veel metropolitane drukte er omheen, er langs en eronder, is het gebouw van Lina Bo Bardi iets onvoorstelbaars, totdat je het met eigen ogen hebt gezien. Wat onmogelijk lijkt, heeft een tastbare – concrete – vorm gekregen.

Een verbazingwekkende prestatie, want het gebouw is tegelijkertijd daar en niet daar, *het geeft de stad alle ruimte terug die het in beslag nam.* Een onmogelijke locatie, voor zover er al een bestond – te meer omdat zij bestemd was open te blijven – en niet om te bebouwen.

Het gebaar is adembenemend en ook royaal en zelfs vorstelijk, want Lina liet op dit spectaculaire punt niet alleen de stad open, ze bouwde ook een enorme ruimte voor de mensen. *Haar mensen,* want zo zag zij hen.

Maar dat is niet alles, er is nog meer, want haar generositeit en haar dapperheid omvatten alles. Als reactie op de immense ruimte beneden, die ze letterlijk overspande en bijna verdubbelde, kwam het grootse interieur dat een wonderbaarlijke zee van schilderijen bevat – een *caleidoscopisch* spektakel dat elk afzonderlijk item toelicht en tegelijkertijd de faam van de schilders, de cultuur, de periode of de stijl overstijgt. Op dit ultieme gebaar wil ik de aandacht vestigen, omdat het niet altijd goed wordt begrepen en daarom, helaas, kwetsbaar is.

Dat niet iedereen op dezelfde manier instemt met de wijze waarop de schilderijen oorspronkelijk werden gepresenteerd, is, desondanks, niet verrassend. De presentatie is uniek en derhalve afwijkend. En wat afwijkend is – in dit geval door het verzuim, vanwege het unieke –, is kwetsbaar, in de zin dat het gevaar bestaat van aantasting of ontmanteling, wat een onuitsprekelijk verlies zou zijn. Het probleem is in elk geval nu acuut.

Beschouwd zoals het werkelijk is: een ultiem gebaar dat het andere onovertroffen kenmerk van het gebouw, waarvan ik al sprak, completeert, moet het niet meer zo moeilijk zijn om zich te verzoenen met hetgeen dat overmatig – zelfs exuberant – lijkt, omdat het op zichzelf staat. Waar het om gaat is dat de twee opzienbarende gebaren – van het exterieur en van het interieur – van elkaar afhankelijk zijn, bij elkaar horen, zoals ze zijn afgestemd op dezelfde mentale toon: Lina Bo Bardi's *compromisloze – gelijktijdige – solidariteit met mensen, kunst en architectuur.*

In zekere zin – een verkeerde zin – worden schilderijen aan wanden opgevat als vensters naar een andere wereld, maar dit ontkent de tastbare werkelijkheid van hun beschilderde oppervlak, dat wil zeggen de fysieke aanwezigheid van iets dat werkelijk is *gemaakt,* met verf en kwast, streek na streek – IN DE RUIMTE.

Een schilderij – elk schilderij – vormt zijn eigen *geschilderde* realiteit, ongeacht wat het afbeeldt. Deze werkelijkheid komt het beste over wanneer het schilderij wordt teruggebracht naar de plaats waar het werd geschilderd en waar zich ook de schilder bevond toen hij het schilderde. De werkelijkheid is dat zijn essentiële twee-dimensionaliteit *niet voluit kan ademen wanneer het is bevestigd – opgesloten – aan een wand.*

Ja, overal lijken schilderijen te behoren aan de wanden waaraan zij werkelijk *vastzitten* – alsof ze daarop ook ontstaan zijn. Het vormt een alomtegenwoordig dilemma. We zijn ons er niet langer van bewust dat de ons opgedrongen eenheid een valse is; niet in overeenstemming met wat schilderijen werkelijk zijn. Het dilemma is inderdaad zo algemeen, dat de impact van de oplossing in het MASP bij de eerste confrontatie als een schok overkomt, strijdig als het is met hetgeen waar men ten onrechte aan is gewend. Zelfs als men ermee vertrouwd is geraakt en de substantiële voordelen heeft opgenomen, blijft de impact overrompelend: onvermijdelijk met zoveel grootse schilderijen, provocerend opgesteld in een enkele ruimte. Natuurlijk maakt de uniekheid van de presentatie in het MASP het des te meer *buiten*gewoon.

Sinds het cubisme zijn we op een andere manier gaan kijken; de dingen werden ruimtelijk beschouwd, dus ook schilderijen – en beelden – ongeacht uit welke periode. Lina Bo Bardi, bezield als ze was met de dagelijkse realiteit, de geschiedenis en de geest van de twintigste-eeuwse avant-garde, wist precies wat ze deed. Met een diepgaand inzicht loste ze het aloude conflict van schilderij-versus-wand op en beantwoordde het ongelukkige dilemma op haar eigen, bewonderenswaardige wijze.

Museu de Arte de São Paulo, 1957-1968. Het museum ligt voor een deel in het talud ingegraven en zweeft voor een deel vrij boven het maaiveld, dat open is gelaten. In de pinacotheek staan de schilderijen vrij in de ruimte, op glazen ezels.

Het is moeilijk en pijnlijk zich een voorstelling te maken van de ontelbare schilderijen op ontelbare wanden in ontelbare zalen, hallen en musea, die wachten om terug te keren in de ruimte waarin ze opnieuw kunnen vibreren, ademen als het ware. De manier waarop het werd gedaan in het MASP, waar zich tot voor kort *de allermooiste opstelling van schilderijen en beelden ter wereld bevond, zal, hopelijk, zonder enig compromis worden hersteld.* Elke andere oplossing zou een opdeling betekenen, van schilderijen die tegenover elkaar komen te hangen rondom vides – en waar de mensen weer zijdelings van schilderij naar schilderij zouden schuiven. Een vreselijke gedachte.

Geschilderd als ze waren in een relatief korte periode – ongeveer 500 jaar – en in een klein gedeelte van de wereld – Europa – deden de schilderijen die in het MASP zijn samengebracht, dankzij de manier waarop zij werden gepresenteerd, zich voor als behaaglijk verwant. Ze overstijgen periode, cultuur en individueel genie. Het is alsof ze allemaal behoren tot een enkele, complexe familie – een die opvallend coherent en divers is. De gewaarwording van de homogeniteit van hetgeen in het MASP is gepresenteerd is zeer ontroerend.

Aldus met de wanden mee, waar de schilderijen tot nu toe gedoemd waren te hangen, zijn ook het platte oppervlak en de opdringende textuur en de kleur daarvan rondom verdwenen. En zo houden we schilderijen over in de ruimte waarin zij oorspronkelijk geschilderd waren – op een ezel. Alles tezamen – hier en nu – en alles ineens *gelijktijdig.* Je wordt bewust van het feit dat de waardering voor kunst, zoals hun 'geschiedenis', weer *vooruit mag,* uitbreidt, dankzij spontane confrontatie en onverwachte overlapping, want dat is wat de bedoelde *gelijktijdigheid* van de opstelling oplevert: *eenheid die diversiteit omarmt* ver voorbij de gevestigde categorieën. Maar het weerspiegelt ook de energie en het enthousiasme waarmee de schilderijen werden verworven – samengebracht van ver.

Je aanschouwt een bepaald schilderij. Je ogen zijn gefocust op zijn *geschilderde oppervlakte.* Ze kunnen kortstondig op een ander schilderij vlakbij focussen en dan weer terug. Als de schilderijen niet contemporain zijn, dan is het alsof de tijd is samengeperst. Maar als hun aard en kwaliteit een uiterst contrast lijken, dan kunnen ze samensmelten in de geest! De hoeveelheid van specifieke feitenkennis zal de werkelijk *caleidoscopische* ervaring niet beletten, wanneer je een weg zoekt van schilderij naar schilderij, naar voren, naar achteren, door de ruimte van het ene einde naar het andere.

De schilderijen – allemaal – moeten weer één kant op worden gezet, terwijl hun geschiedenis – wie ze schilderde, wanneer, waar en wat verder de moeite waard is – de andere kant opkijkt. Nog een groots idee, want er is geen verstoring, visueel noch mentaal, als dat niet is gewenst. De schilderijen mogen voor zich spreken, zonder labels, stuk voor stuk, of samen, niet langer gehinderd door de gevestigde evaluaties en academische categorisering.

Kijkend naar, bijvoorbeeld, Matisse of Gauguins Visser, kan je oog vallen op Mantegna's St. Jerome, of dichterbij op een Lautrec, Rembrandts Zelfportret of zelfs Légers Schaal met Parels.

Een wandeling tussen de schilderijen van het MASP is beslist geestverruimend. Het houdt je waardering in beweging en hopelijk, ontdaan van vooroordelen, ook je oordeel.

Roep Renoirs Baadster in je geheugen op. Het was uiteraard geschilderd met het meisje, de schilder en zijn ezel, alle drie staande in de ruimte, en zo was dat ook bij Victorious' Venus of Degas' dansers toen zij in klei werden gemodelleerd voordat ze in brons werden gegoten. Het verschil tussen schilderij en beeld is aanzienlijk, maar niet op elk niveau, zoals valt op te merken in het MASP!

Stel je Matisse voor, zijn canvas op een muur, schilderend met zijn studio *achter zijn rug* – en kijk nu naar het schilderij – ondenkbaar! Matisse liet je niet een gipsen torso op een tafel zien door een raam in de muur. Het MASP heeft een 'echte' Matisse voor je! En veel meer schilderijen die meer werkelijk zijn geworden dankzij Lina's unieke prestatie.

En dan Cézanne, stel je hém voor in het open land, opgenomen in hetgeen zich rondom hem bevond, terwijl hij deze echte realiteit met verf en kwast op een doek bracht. Ook hij maakte niet zo'n pseudo-raam in een muur, kijkend naar iets wat er nooit was.

Over Bosch' Verzoeking van Sint Antonius: ervoor staand, zoals ik plotseling deed, was een verbazingwekkende belevenis. Het phantasmagoria – de naderende hel – met elk detail scherp omlijnd – is niet ergens anders achter de oppervlakte, maar *er op* – o, zo werkelijk.

Wanneer er een Mondriaan was geweest in het MASP, als deel van de familie, dan zou deze er op elke plaats prachtig hebben uitgezien.

Ik zou willen besluiten met voor een ogenblik de aandacht van de lezer af te leiden naar een meesterwerk van architectuur elders in deze stad, dat, net als het MASP, een reeks superlatieven verenigt: SESC Pompéia. En ik wil eindigen met een persoonlijk eerbetoon aan de dame die het wist klaar te spelen zulke sublieme architectuur meer dan één keer in een mensenleven neer te zetten. Ik had het grote genoegen 25 jaar geleden een middag met Lina Bo Bardi door te brengen, nadat ik 's ochtends de schok had doorgemaakt om het museum voor het eerst te beleven en getuige te zijn van al die schilderijen die de enorme ruimte bevolken op de manier waarop zij dat het beste vond (van eind tot eind en over de volle breedte) voor de eerste en *enige* keer. Want, helaas, toen ik er vorig jaar weer was, was het al niet meer zoals het is geweest. In dit jaar *nu, is alles weg.* Een vreselijk gezicht. Laten we hopen tijdelijk. Ik zal alleen voor een vierde keer terugkomen, wanneer alles is teruggebracht in Lina's oorspronkelijke, grootse manier, inclusief het water rondom het laaggelegen gebouwdeel en de meer ingesloten oplossing van de trap, die me ooit opslokte van de straat en direct naar de wijde omvang van het interieur bracht. *Laat het MASP een prachtige uitzondering blijven voor de verkeerde regels en gebruiken.*

Dit artikel is eerder gepubliceerd onder de titel 'A superlative gift', in: *Museu de Arte de São Paulo. Lina Bo Bardi 1957-1968,* São Paulo / Lisboa 1997.

Factor Brazilië: weidsheid

Sensualiteit, schaal en segregatie

Hans van Dijk

Belijdende christenen zien de dood als toegangspoort tot de hemel. Voor architectuurliefhebbers vormt de hemel een poort naar Brazilië. Men bereikt het via de weidsheid van het luchtruim. Voordat men er voet aan de grond zet, passeert de luchtreiziger de *city of clouds*; de grootschalige, enkel uit waterdamp opgetrokken, driedimensionale architectuur die Steven Holl eens karakteriseerde als de eigentijdse evenknie van de middeleeuwse stadspoort.

Het lijkt of Brazilië als reisbestemming weer populair is geworden. Is dat alleen te verklaren door de toeristische verlokkingen van het land en het verlangen naar een lijfelijke confrontatie met de architectuur die al lang via boeken en tijdschriften is ingedaald in de canonieke architectuurgeschiedenis? Wat neemt men uit Brazilië mee, behalve de op talloze dia's vastgelegde bevestiging van het beeld dat voor vertrek al in de reisbagage zat?

De legendarische geschiedenis van de moderne architectuur in Brazilië begon omstreeks 1940 en werd terstond op internationaal niveau herkend en erkend.[1] Sindsdien is het beeld niet wezenlijk veranderd, hooguit gedetailleerder beschreven in nieuwe studies.[2] Diepgravend onderzoek naar Latijns Amerikaanse architectuur wordt doorgaans in Spaanse literatuur gepubliceerd en onderzoek naar Braziliaanse architectuur verschijnt in Portugese literatuur. Het zijn beide wereldtalen, maar de schaarsheid van Engelse vertalingen vormt een barrière in de verspreiding van kennis en inzicht in de ontwikkelingen op dit continent.[3] Het legendarische momentum van de jaren vijftig veroorzaakt door de samenstand van politiek daadkrachtige opdrachtgevers, ambitieuze maatschappelijke opgaven en de bloei van getalenteerde ontwerpers als Costa, Reidy, Burle Marx en Bo Bardi is definitief in de geschiedschrijving bijgezet en heeft sindsdien geen vervolg gekregen.[4]

Toerisme, ook architectuurtoerisme, is slechts productief als de zintuiglijke ervaring iets oplevert dat de cerebrale voorkennis overstijgt. Toeristen zijn voor *alles* te interesseren. Deze geïntensiveerde nieuwsgierigheid en de tijdelijke verhoging van het IQ vormen de luxueuze rudimenten van het overlevingsinstinct waaraan het menselijk lichaam in een vreemde omgeving is onderworpen. Architectuurtoeristen die – opnieuw via de *city of clouds* – het 'continent' Brazilië weer verlaten, krabbelen op de achterkant van hun instapkaart de resultaten van hun tijdelijke bewustzijnsverruiming: de factor Brazilië. Die is drieledig: sensualiteit als stijl, schaal in de savanne en segregatie in São Paulo.

Sensualiteit

Tien jaar geleden verdedigde Peter Buchanan de stelling dat de in Europa uitgevonden moderne architectuur nergens zo op haar plaats was als in Brazilië.[5] Le Corbusiers *cinq points de l'architecture* karakteriseren er een anonieme *vernacular*. Architectuur is vanouds gemotiveerd als bescherming tegen de natuurkrachten. Met zijn *pilotis*, dakterrassen, vrije gevels en plattegronden wilde Le Corbusier de mens ontvankelijk maken voor de essentiële geneugten van de natuur: zon, ruimte en groen. Maar het klimaat moet er naar zijn. In het tropische en subtropische Brazilië was dat het geval. Achter de stranden van Copacabana en Ipanema zijn de *cinq points* pand voor pand toegepast in appartementengebouwen met tien tot vijftien verdiepingen. Gezamenlijk vormen ze de door Le Corbusier verafschuwde *rue corridor*. Maar het straattenue – bermuda-shorts, T-shirts, bikini's – vormt het doorslaggevende bewijs van Buchanans observatie. De eredienst aan de natuur, waarvoor Le Corbusier een cerebraal scenario schreef, wordt in Rio dagelijks in de openlucht en lijfelijk gecelebreerd.

Het prettige, tropische klimaat, het dramatische berg- en strandlandschap waarin Rio de Janeiro zich heeft genesteld, de zonverbrande vrouwen op de stranden, dat waren de inspiratiebronnen van Oscar Niemeyer. Niemeyer bekeek de *city of clouds* van onderaf en ontwaarde in de wolken vrouwengestalten die naarmate ze verwaaiden nog onbereikbaarder werden: een Rorschachtest met een freudiaanse afloop.[6]

De drijfveer van zijn creatieve energie projecteerde hij in zijn creatieve dubbelganger, het onbewuste, die telkens het verlangen naar schoonheid in hem aanwakkerde. Het zijn wellicht primaire hartstochten die de schilderkunst, literatuur en film veelvuldig hebben geïnspireerd. Maar het levensgenot, laat staan de tropische variant ervan, is in de moderne architectuur angstvallig gemeden, als betrof het de erfzonde.

Niemeyer heeft de zonovergoten en hedonistische levensstijl verenigd met de strenge leerstellingen van de moderne architectuur. Het Casa das Canoas, dat hij in 1953 voor zichzelf bouwde, vormt daarvan een autobiografisch bewijs. Het is een ode aan de vrouw en was dan ook de plek waar hij graag dames ontving. Bij de bouw ervan was hij voor het eerst ontslagen van de plicht om zijn ontwerpen verbaal te legitimeren jegens zijn opdrachtgevers. Dat voordeel had hij opnieuw bij de bouw van de regeringsgebouwen in Brasília. Daarbij genoot hij het blinde vertrouwen van president Juscelino Kubitschek, die hem al eerder, als burgemeester van Belo Horizonte en gouverneur van de deelstaat Minas Gerais, vele opdrachten had gegeven.

Niemeyers regeringsgebouwen in Brasília vormen misschien te veel van hetzelfde. Het zijn bijna allemaal dozen van glas en geanodiseerd aluminium, gevat binnen een eigentijdse, sculpturale variant van de Griekse peripteros-tempel. In dit genre vormt het gebouw voor het Ministerie van Buitenlandse Zaken een hoogtepunt. Het bevat slechts lege, kolomvrije representatieruimten en is omgeven door een colonnade, compleet met hoekprobleem plus -oplossing. Hier ontstijgt de sublimatie het hedonisme en de erotiek en bereikt het de ernstiger niveaus van de monumentale representatie.

Niemeyer heeft de moderne architectuur ontdaan van het keurslijf van het functionalisme en de verbale legitimering waaraan hij zo'n hekel had.[7] Zelfs het monumentale karakter van zijn overheidsgebouwen is niet gekoloniseerd door al te letterlijke, politieke symboliek of iconografie, ook niet toen hij tijdens de militaire dictatuur in Frankrijk partijgebouwen maakte voor zijn communistische geestverwanten.

Niemeyers verdienste is dat hij het modernisme emancipeerde tot louter stijl, zonder schatplichtigheid jegens programmatische, ideologische of wijsgerige legitimeringen. Dat maakt hem relevant in een periode waarin de architectonische voorhoede verstrikt lijkt te zijn geraakt in de representatie van wereldbeelden, nu eens gefragmenteerd, dan weer vloeibaar.

In latere werken, zoals het Memorial da América Latina in São Paulo, werd Niemeyers werk grof en vulgair. Maar met zijn jongste schepping, het Museu de Arte Contemporânea in Niterói gaf hij opnieuw een overtuigend antwoord op het landschap van Baía de Guanabara met zijn geliefde Rio de Janeiro aan de horizon.

Schaal

De legendarische architecten van de jaren veertig en vijftig hebben met hun ontdekking van de grote schaal een impuls van Le Corbusier benut die elders veel later werd gevoeld en toegelaten. Vanuit een vliegtuig raakte hij bezeten door het landschap van Rio de Janeiro en besefte dat dat het enige genoegen is dat de bewoner van de *favela* op de berghelling is gegund. In 1929 herontwierp hij, volgens zijn gewoonte, de gehele stad. Hij stelde een megastructuur voor van honderd meter hoog, die de contouren van het landschap volgde en waarvan het dak een snelweg vormde. Hier ontstond het veel bekender geworden *Plan Obus* voor Algiers van twee jaar later. De individuele invulling van de gecurvde megastructuur herinnert aan de spontane architectuur van de Braziliaanse *favela*.

Deze visioenen waren destijds, en ook nu nog, *too far out*. Maar ze kregen hun eerste echo's in de gigantische, gebogen woonblokken van Affonso Eduardo Reidy in Pedregulho en Conjunto da Gávea. De typologische vernieuwing – de combinatie van brede galerijen en maisonnettes – liep vooruit op de voorstellen van Team Ten, maar de grootschalige omarming en versterking van het aangetroffen landschap kan nog steeds als inspirerend voorbeeld dienen.

Op het niveau van het individuele gebouw werd de grote schaal al ontdekt in het gebouw dat doorgaans wordt aangemerkt als het begin van de moderne architectuur in Brazilië: het Ministerie van Onderwijs en Volksgezondheid (tegenwoordig: Onderwijs en Cultuur) in Rio de Janeiro. De combinatie van *pilotis*, een horizontaal bouwvolume en een verticale schijf vormde in 1936 al een voorbeeld dat na de Tweede Wereldoorlog in Europa, de Verenigde Staten en Japan veelvuldig werd nagevolgd in kantoorgebouwen, hotels en regeringscentra. De echo's ervan zijn zelfs te vinden in het regeringscentrum in Brasília, ontworpen door Niemeyer, en het gebouw van de Verenigde Naties in New York, waarbij Niemeyer een adviserende rol vervulde. Bij het ontwerpen van het ministeriegebouw in Rio had Lúcio Costa de leiding van het ontwerpteam en speelden de adviezen van Le Corbusier een belangrijke rol. Maar het was de destijds 29-jarige Niemeyer die het bouwvolume verschoof naar het midden van het kavel en de hoogte van de *pilotis* verdubbelde tot tien meter. Die schaalvergroting maakte het bouwblok tot een royaal plein dat die naam verdient.

Betonconstructies met grote overspanningen vormen in de Braziliaanse architectuur nog steeds passende antwoorden op de door brede avenues en autosnelwegen bepaalde schaal van de stad, zoals blijkt uit het Museu de Arte de São Paulo van Lina Bo Bardi. In het geval van het Museu Brasileiro de Escultura van Paulo Mendes da Rocha, in dezelfde stad, transformeert de architectuur dankzij deze grote overspanning de daken van de ondergronds aangelegde museumzalen tot een stedelijk landschap. De horizontale weidsheid wordt benadrukt, de afwezigheid van kolommen elimineert de herinnering aan architectuur in de meer gangbare betekenis van het woord.

Lúcio Costa's vierhonderd meter brede en kilometers lange Monumentale As van Brasília overtreft het *tapis vert* van het paleis in Versailles. Wat op tekeningen, foto's en zelfs vanuit de lucht niet te zien is, openbaart zich tijdens een bezoek ter plekke: door het hoogteverschil tussen haar begin en einde maakt deze as de weidsheid van de savanne tot diep in de stad ervaarbaar. Het grootschalige karakter van de individuele gebouwen – en ook de monumentaliteit van Niemeyers regeringstempels – is hier onontkoombaar.

De grote schaal is lange tijd anathema geweest in Europa. In Nederland was Maaskant de enige architect die haar aandurfde en daarmee heeft hij veel kritiek geoogst.

Nu ook in de Europese steden opgaven worden gesteld met grootschalige programma's op stedelijke leegtes in verlaten haven- en industrieterreinen, bovenop gereorganiseerde spoorwegemplacementen, langs uitgestrekte bundels infrastructuur en in de stedelijke periferie, wint het vermogen om met de grote schaal om te gaan aan relevantie. Een halve eeuw geleden heeft de Braziliaanse architectuur dat vermogen ontwikkeld. *Bigness* kenmerkt de nieuwe architectuuropgaven in de Europese steden. De Braziliaanse *largeness* is wellicht een model waarmee het door Rem Koolhaas doodverklaarde instrumentarium van de architectuur kan worden gereanimeerd. *Bigness* is een fenomeen van grote maten, getallen en hoeveelheden. *Largeness* gaat over verhoudingen, schaal, gepaste representatie van grote gebouwen met ingewikkelde programma's en een verschijning die een hele stad van karakter kan doen veranderen. Het is een les die in Brazilië te leren is.

Segregatie

Gezien vanuit de lucht is er geen groter contrast denkbaar dan dat tussen Rio de Janeiro en São Paulo. De 'trialectiek' tussen stad, landschap en hemel wordt in Rio gedomineerd door het landschap dat het altijd zal winnen van de stad. Een poging om die strijd aan te gaan, was het afgraven van de berg Morro do Castelo in 1922, om een tabula rasa te creëren voor een modern stadscentrum. Met de vrijgekomen grond werd onder meer een kunstmatig schiereiland aangelegd ten behoeve van het vliegveld Santos Dumont. De startbaan ervan werd met vermetele strijdlustigheid en verbazingwekkende precisie gericht op het meest markante element van het landschap van Rio: het Suikerbrood. Maar het landschap is voor altijd de meerdere van de stedenbouw. In Rio biedt het de onderlegger voor het landschap van de sociale segregatie. Omdat de meeste *favelas* op de berghellingen zijn ontstaan, bevinden ze zich op vele plaatsen vlakbij de wijken voor de beter gesitueerden.

In São Paulo is de situatie totaal verschillend. Als daar al een landschap bestond, dan is het toegedekt door een verstikkende en ongeremd uitdijende verstedelijking. Wie voor binnenlandse bestemmingen vertrekt, is aangewezen op het vliegveld Congonhas. Aanvankelijk lag dat ordentelijk op acht kilometer afstand van de plek waar de jezuïeten de stad in 1554 hebben gesticht. Tegenwoordig ligt het temidden van woonwijken en kantoorgebouwen. De stad heeft het vliegveld ingehaald en voorbij gestreefd. De luchtreiziger heeft pas twintig minuten na het opstijgen de indruk São Paulo te hebben verlaten.

Historici zijn vrij exact over het inwoneraantal van deze stad in het verleden. In 1870 waren het er 20.000, twintig jaar later tweemaal zoveel. Tegenwoordig weet niemand precies hoeveel *paulistanos* er zijn. Statistici, wetenschappers en journalisten noemen aantallen tussen de 11 en 22 miljoen. Een ding staat vast: São Paulo is een megapool.[8] Hoewel de megapolen van Zuidoost-Azië zich steeds vaker in een positieve belangstelling mogen verheugen, worden die van Latijns Amerika steevast geassocieerd met het doemscenario van ongebreidelde groei en extreme armoede. Het is echter een misvatting om te denken dat dit een soort natuurverschijnsel is. De segregatie, de sociale uitsluiting en de woonomstandigheden in de *favelas* zijn producten van historische omstandigheden van vrij recente datum. In de jaren veertig, toen dictator Vargas met zijn industrialisatiepolitiek begon, was er veel werkgelegenheid en kon de vrije markt voorzien in de benodigde goedkope woningen. Huurwetten, bedoeld ter bescherming van de arme bewoners, maakten aan dit proces een einde. Het 'economische wonder' na de militaire staatsgreep van 1964 markeert het begin van de extreme segregatie. In de jaren zeventig kwamen vijftien van de honderd nieuwkomers in de *favelas* terecht, tegenwoordig is dat percentage 85.

Megapolen als São Paulo zijn ontstaan door de concentratie van de economie van een land, versterkt door het eroderen van een kleinschalige agrarische bedrijfsvoering. Het wegvallen van de industriële werkgelegenheid, de verschuiving naar de dienstensector en een op export georiënteerde productie markeren de wijze waarop São Paulo inspeelt op de globalisering van de economie. Het lijkt daardoor dat de stad, net als andere megapolen in Latijns Amerika, tegen de grenzen van haar groei op loopt. Verstedelijking van kleinere kernen in de omtrek laat zien dat het wenkende perspectief van de gigant verbleekt.[9]

Maar degenen die er eerder door werden aangetrokken, zitten er nog. Zo recent als de *favelas* in deze stad zijn, zo recent zijn ook de programma's en initiatieven om de huisvestingssituatie te verbeteren en de sociale uitsluiting teniet te doen. Hier verschijnt de architectuur in de rol van katalysator. Veel projecten om het onderwijs, de werkgelegenheid en de volksgezondheid te verbeteren, zouden nooit van de grond zijn gekomen als niet eerst met een woningbouw- of verbeteringsproject was begonnen en de energie van de bewoners van *favelas* was geactiveerd. De zelfhulpbouw wordt door architecten met een meer traditionele maatschappelijke bewogenheid nog als een inadequaat antwoord beschouwd. Maar er wordt althans een perspectief geboden, en ook nog tegen lagere kosten dan de formele bouw- en volkshuisvestingssector ooit kan bieden. Dat is leerzaam, ook voor delen van de wereld waar de segregatie anders van aard en kleiner van omvang is.

Dit artikel is een uitgebreide versie van het gelijknamige, inleidende verhaal in het themagedeelte over Brazilië verzord door Hans van Dijk en Paul Meurs in *Archis,* (1998)1.

1 Al in 1943 verscheen in New York: P.L. Goodwin, *Brazil Builds.*

2 Vier jaar geleden verscheen een uitgebreide studie over Lina Bo Bardi: Marcelo Carvalho Ferraz (ed.), *Lina Bo Bardi,* São Paulo / Milano, 1994. Over João Batista Vilanova Artigas verscheen onder redactie van dezelfde auteur: *Vilanova Artigas,* São Paulo 1997.

3 Voor een overzicht van de recente literatuur zie het themanummer 'Other Americas. Other Architecture', *Design Book Review,* (1994)32/33. Naast hoofdstukken in de handboeken van de architectuurgeschiedenis biedt de volgende bron een gedetailleerd perspectief op de architectuurgeschiedenis van Brazilië: Marlene Milan Acayaba en Sylvia Ficher, 'Brazil', in: San Denson, *International Handbook of Contemporaray Developments,* Greenwood Press, pp. 153-173.

4 Voor de recente geschiedenis van de Braziliaanse architectuur zie: Hugo Segawa, 'Veroordeeld tot moderniteit', *Archis,* (1997)11, pp. 72-79.

5 Peter Buchanan, 'Formas flotantas, espacios fluidos. La poética de Oscar Niemeyer' en 'Floating Form, Fluid Space. The poetics of Oscar Niemeyer', *A&V* (reeks Arquitectura y Vivienda), (1988)13, pp. 28-35, 85-86.

6 Oscar Niemeyer, 'Nuvens'/'Clouds', in: Oscar Niemeyer, *Meu sósia e eu/My double and me,* Rio de Janeiro 1992, pp. 58-59, 129.

7 Oscar Niemeyer, 'Meu sósia e eu'/'My double and me', in: ibidem, pp. 11, 123.

8 Rod Nordland, 'Megacities', *Newsweek,* 10 June 1996, pp. 40-45.

9 Saskia Sassen, 'The Impacts of Economic Globalization on Cities in Latin America and the Caribbean', *Design Book Review,* (1994)12-13, pp. 35-37.

Dank aan

Rio de Janeiro

Ana Lúcia Niemeyer, Annie Dornelles Facó, Augusto Ivan de Freitas Pinheiro, Ceça Guimaraens, Ineke Holtwijk, Ítalo Campofiorito, Livio Sansone, Lúcio Costa, Luiz Paulo Conde, Marina Ribeiro, Natália en Márcio Amazonas Ferreira, MEC, MAC Niterói, MAM, Oscar Niemeyer, Rio Cidade, Roberto Segre, Sérgio Magalhães, Sítio Burle Marx, Verena Andreatta, Yara de Abreu

Brasília

Alexandra Reschke, Benny Schvasberg, COOHACOSAM Samambaia, Edsom Ortega, Fátima Gonçalves, Geraldo Nogueira Batista, Günter en Maria Elaine Kohlsdorf, GDF, Hendrik Jan en mevrouw Van Oordt, IDHAB, Jacques Pena, Júlio Goulart, João Eustácio, Luiz Amore, Marilene Menezes, Marisa Gerards, Pedro Câmara, Rodrigo Rollemberg, Sylvia Ficher, Tássia Regino, UNB

Curitiba

Carlos Ceneviva, Cássio Taniguchi, Célia Cordeiro, CIC, Euclides Rovani, IPPUC, Ivo Mendes Lima, Jaime Lerner, Leny Toniolo, Liana Vallicelli, Luciano A. Canto, Luís Hayakawa, Maria Elisa Paciornik, Mauro José Magnabusco, Milna en Nereu Barão, Nicolau Irnthon Klüppel, Norberto Stavinski, Osvaldo Navaro Alves, Rafael Dely, Rafael Greca de Macedo, SMMA, Tony Bruinjé, ULMA, URBS

Salvador

Ana Fernandes, Ana Liberato, Angela West Padrão, Anna Beatriz Galvão, DOCOMOMO Brasil, Francisco Senna, Fundação Gregório de Mattos, João Filgueiras Lima (Lelé), Luíz Antônio Cardoso (Lula), Hospital Sarah Kubitschek, Luiza Simões Vieira, Malu Fontes, Marco Aurélio Gomes, Naia Alban, Ricardo Arita, Silvia Mizuno

São Paulo

Abílio Guerra, Alfredo Buso, André Sales, Banespa, Beta Carvalho, Cecília Horner Hoe, Celina Kuniyoshi, Celso Daniel, Centro Cultural Vergueiro, Ciro Pirondi, Cláudia Varella, COHAB-ST, Construtora Albuquerque Takaoka, Construtora Company, Daniel Moribe, Elisete Borim, Fernando Uehara, Giorgia Marcucci, Heitor Frúgoli Jr, Instituto Lina Bo e P.M. Bardi, Jeroen Klink, Joëlke Offringa, Jonas Moribe, Júlio Katinski, Júlio en Shigueko Moribe, José Eduardo de Assis Lefèvre, FAU USP, Haifa Sabbag, Hugo Segawa, Lasanha, Lucas Fehr, Luiz Fisberg, Marcelo Suzuki, Mário Pini, Márcia K. Mori, Maria Cecilia Scharlach, Mirian Kanashiro, Murillo Marx, Nestor Goulart Reis Filho, Lúcio Gomes Machado, Marcelo Carvalho Ferraz, Marcos de Sousa, Margareth en Romão da Silva Pereira, MUBE, Nabil Bonduki, Nelson Kon, Paulo en Gilda Bruna, Paulo Mendes da Rocha, Raquel Rolnik, Rosana Denaldi, SESC Pompéia, Silvana Romano, Stella Hypolito Sartori, Teresa Caldeira, Wilson dos Santos Jr (Caracol)

En verder

Aldo en Hannie van Eyck (Loenen), Carlos Asfora (Beijing), Els Hoek (Amsterdam), Erika Nagtegaal (Nieuwegein), Geert en Koosje Banck (Bussum), Irene Zwetsch (Luxemburg), Joseph en Sonia Luyten (Houthem-Valkenburg), James Holston (Los Angeles), Jenneken Berends (Delft), Jos Michels en Mariska van der Ploeg (Schiphol), Max Risselada (Delft), Olívia de Oliveira en Serge Butikofer (Lausanne), Patrícia Moribe (Utrecht), Peter Veer (Amsterdam), René de Jonge (Heemstede), Roos van der Meijden (Amsterdam), Sharita Castillion (Den Haag), Stylos (Delft), Tony en Ana Lloyd-Jones (Londen), Vera Pedrosa (Wassenaar)

Personalia

Heitor Frúgoli jr is sociaal wetenschapper en master in de antropologie. Hij verricht promotieonderzoek aan de Universidade de São Paulo en is docent aan de Escola de Administração de Empresas de São Paulo en aan de Fundação Getúlio Vargas. In 1995 en 1996 was hij verbonden aan het Center for Iberian and Latin American Studies van de University of California in San Diego, met een beurs uit het Braziliaans-Amerikaanse samenwerkingsprogramma CAPES/Fulbright.
pp. 296-309

James Holston doceert antropologie aan de University of California in San Diego en is verbonden aan de Universidade de São Paulo. Hij schreef het boek *The Modernist City: An Antropological Critique of Brasília* (Chicago 1989) en was redacteur van *Cities and Citizenship*. Momenteel werkt hij aan een boek over de tweedeling van de democratische maatschappij in São Paulo.
pp. 137-151

Hugo Segawa publiceert regelmatig over Braziliaanse en Latijns Amerikaanse architectuur en is verbonden aan de afdeling Architectuur en Stedenbouw van de School of Engineering of São Carlos van de Universidade de São Paulo. Hij was redacteur van *Arquitecturas no Brasil, Anos 80* (São Paulo 1988), curator van de tentoonstelling *Arquitetura Brasileira Recente* in het Deutsches Architektur Museum Frankfurt (1994) en promoveerde op *Ao Amor do Público. Jardins no Brasil* (São Paulo 1996). pp. 81-93

Margareth da Silva Pereira is architect en stedenbouwer. Zij promoveerde aan de École des Hautes Etudes en Sciences Sociales de Paris. Momenteel is zij verbonden aan de Katholieke Universiteit van Campinas (PUCCAMP), bij São Paulo. pp. 41-57

Esther Agricola is architectuurhistoricus en publiceerde over architectuur en stedenbouw onder meer in *De geruisloze doorbraak. De geschiedenis van de architectuur en stedebouw tijdens de bezetting en wederopbouw van Nederland* (Rotterdam 1995) en *De regie van de stad. Noord-Europese stedebouw 1900-2000* (Rotterdam 1997). Zij was eindredacteur van *De naoorlogse wijk centraal* (Rotterdam 1997) en de CD-ROM *Parkstad Nu!* (Den Haag 1997) en coördinator van Stichting Van na de Oorlog. Ze is werkzaam bij het Nederlands Instituut voor Ruimtelijke Ordening en Volkshuisvesting en de Stichting Hoogbouw en doet bij de Universiteit van Amsterdam promotieonderzoek naar de hoofdstad als etalage van de natie in Europese staten vanaf 1850.

Paul Meurs, The Urban Fabric, Utrecht. Studeerde Architectuur en Restauratie aan de TU-Delft (1988). Hij doet sinds 1986 regelmatig onderzoek in Brazilië en was verbonden aan de Universidade de São Paulo. In *Archis* en *de Architect* publiceerde hij over Braziliaanse architectuur en stedenbouw. De permanente contacten met Brazilië hebben sindsdien geleid tot studiereizen, tentoonstellingen, archiefonderzoek, documentaires en publicaties in beide landen. Hij werkt momenteel aan een proefschrift over de ontwerpen voor de moderne, historische binnensteden in Nederland in de periode 1880-1940. pp. 196-209, 247-259

Alle teksten waarbij geen auteur is vermeld, zijn van Paul Meurs.

ef Apers, ingenieur-architect Febelcem, ent. pp. 274-280

odewijk Baljon, Lodewijk Baljon tuin- n landschapsarchitectuur, Amsterdam. p. 60-61, 175-177

elix Claus, Claus en Kaan Architecten na, Amsterdam/Rotterdam. pp. 178-180

o Coenen, Jo Coenen & Co. Architekten v, Maastricht, hoogleraar TU-Eindhoven. p. 349-353

ans van Dijk, architectuurcriticus en edacteur *Archis*, Rotterdam. pp. 371-380

artin van Dort, Archivolt Architecten na, Amsterdam. pp. 342-345

arc Dubois, architectuurcriticus en ocent Hogeschool Wenk, Gent/Brussel. p. 116-122

ldo van Eyck, A&H van Eyck Architec- en bv, Amsterdam. pp. 361-369

ick van Gameren, de architecten- groep, Amsterdam. pp. 357-360

rans de Haas, W/E adviseurs duur- zaam bouwen, Gouda. pp. 229-231

ubert-Jan Henket, Hubert-Jan Henket na Architecten, Esch, hoogleraar U-Eindhoven, voorzitter Docomomo nternational, Eindhoven. pp. 185-191

acques van der Jagt, directie Uitvoe- ng en Coördinatie Ruimtelijk Beleid ijksplanologische Dienst, Den Haag. p. 169-171

Wessel de Jonge, Leo de Jonge Architecten Rotterdam, secretaris Docomomo International, Eindhoven. pp. 181-184

Simon Jonker, algemeen projectleider gemeente Rotterdam. pp. 232-234

Sibylle Kalfsbeek-Bandel, Daad Architecten, Borger. pp. 112-113

Hans Köhne, ENCI/VNC, 's Hertogenbosch. pp. 8-9, 281-284

Teun Koolhaas, bv Ontwerpbureau Teun Koolhaas Associates, Almere. pp. 313-316

Adriaan Kuyvenhoven, Mabon bv, Rijswijk. pp. 310-312

Hans van der Laan, Architektenburo Van der Laan bv, 's-Hertogenbosch. pp. 71-77

Oscar Martijn, afdeling Verkeer en Vervoer, dienst Stedebouw + Volkshuisvesting gemeente Rotterdam. pp. 212-213

Tracy Metz, journalist en redacteur *NRC Handelsblad*, Amsterdam. pp. 94-104

Jaap Modder, NIROV, Den Haag. pp. 16-21

Bas Molenaar, EGM Architecten, Dordrecht. pp. 265-266

Gerard Peters, DCMR Milieudienst, Rijnmond. pp. 235-239

Hans Putter, Archivolt Architecten bna, Amsterdam. pp. 25-30

Esther Sassenburg, afdeling Ruimtelijke Ordening, dienst Stedebouw + Volkshuisvesting gemeente Rotterdam. pp. 212-213

Frans van de Seyp, Kokon Architecten, Rotterdam. pp. 285-287

Ria Smit, Bureau Ria Smit Architect, Amsterdam. p. 329

Max van Son, Butzelaar Van Son architecten, Amsterdam. pp. 105-109

Roelf Steenhuis, Roelf Steenhuis Architecten bv, Delft. pp. 271-273

Hein Struben, Hein Struben Advies bv, Overveen. pp. 317-319

Peter Thole, Architekten Associatie Van Heumen + Thole, Zaltbommel. pp. 31-36, 123-129

Machiel van der Torre, Duinker van der Torre samenwerkende architecten, Amsterdam. p. 80

Marc Verheijen, afdeling Verkeer en Vervoer, dienst Stedebouw + Volkshuisvesting gemeente Rotterdam. pp. 212-213

Ronald Volk, afdeling Ruimtelijke Ordening, dienst Stedebouw + Volkshuisvesting gemeente Rotterdam. pp. 338-341

Marjan van der Waals, Van der Waals/ Zeinstra architecten, Amsterdam. pp. 320-322

Colofon

Deze publicatie werd samengesteld door het NIROV
en The Urban Fabric, op initiatief van VNC.

Redactie: Paul Meurs en Esther Agricola
Eindredactie: Solange de Boer
Vormgeving: Beukers Scholma, Amsterdam
Vertalingen uit het Engels en Portugees: Paul Meurs
Druk: Drukkerij Vita Nova, Breda
Productie: Astrid Vorstermans
Uitgever: Simon Franke

Het onderzoek van Paul Meurs in Brazilië in de periode 1988-1993, dat aan de basis van de studiereizen lag, werd mede mogelijk gemaakt door een startstipendium en een werkbeurs van de Stichting Fonds voor Beeldende Kunsten, Vormgeving en Bouwkunst, Amsterdam.

ISBN: 90-5662-067-3

Fotoverantwoording

foto omslag: vliegveld Congonhas, São Paulo, 1995.

b = boven l = links m = midden o = onder r = rechts

afb. uit Oscar Niemeyer, *Meu sósia e eu/My double and me,* Rio de Janeiro 1992: p. 115
afb. uit Jean Petit, *Niemeyer. Poète d'Architecture,* Lugano 1995: p. 119
Jef Apers, Brussel: pp. 264 (lo, mo), 276, 277, 282 (lo, rb), 344
Lodewijk Baljon, Amsterdam: pp. 58 (o), 152, 156, 176
Lúcio Costa, Rio de Janeiro: pp. 65 (o), 135
EMURB, São Paulo (Cristiano Mascaro): p. 336
Dick van Gameren, Amsterdam: p. 358 (o)
Instituto Lina Bo e P.M. Bardi, São Paulo: pp. 359, 364, 365
IplanRio/RioArte, Rio de Janeiro: p. 70
IPPUC, Curitiba: pp. 206, 207, 222 (o)
Wessel de Jonge, Rotterdam: pp. 182, 183, 264 (b), 351
Nelson Kon, São Paulo: omslag, pp. 291, 294, 299
Mauritshuis, Den Haag (inv.nr. 706): p. 51
Paul Meurs, Utrecht: pp. 6, 10, 14, 18, 22, 50, 54, 58 (b), 63, 65 (b), 67, 73, 74, 75, 90 (lo, ro), 102, 103, 106, 107, 110, 111, 114, 118 (o), 125, 129, 131, 141, 149, 153, 157, 160, 161, 164, 165, 168, 173, 179, 188, 210, 211, 214, 215, 217, 218, 222 (b), 223, 226, 227, 237, 243, 244, 253, 260, 261, 264 (ro), 269, 270, 282 (lb, ro), 286, 300, 307, 319, 325, 326, 328, 332, 333, 339, 347, 355, 358 (b)
Jaap Modder, Wageningen: pp. 55, 90 (b), 98, 145, 187, 265
Oscar Niemeyer, Rio de Janeiro: pp. 115, 118 (b)
Marco de Nood, Dordrecht: pp. 42, 59
Hans Putter, Amsterdam: pp. 26-30
Secretaria da Cultura e Fundação Cultural do DF, Brasília (Celso Oliveira): p. 148
Ria Smit, Amsterdam: p. 329
Peter Thole, Zaltbommel: pp. 32-36
URBS, Curitiba: p. 211 (ro)
Ronald Volk, Rotterdam: p. 79

Niet alle rechthebbenden van de gebruikte illustraties konden worden achterhaald. Belanghebbenden wordt verzocht contact op te nemen met het NIROV, Postbus 30833, 2500 GV Den Haag.